本成果得到中国人民大学"985工程"
"科学研究基金"项目的支持

Russian Language and
Cultural History

俄语语言
文化史

钱晓蕙 陈晓慧 著

图书在版编目（CIP）数据

俄语语言文化史／钱晓蕙，陈晓慧著. —北京：北京大学出版社，2015.1
ISBN 978-7-301-25400-4

Ⅰ.①俄… Ⅱ.①钱…②陈… Ⅲ.①俄语－语言史 Ⅳ.①H350.9

中国版本图书馆CIP数据核字（2015）第018084号

书　　名	俄语语言文化史
著作责任者	钱晓蕙　陈晓慧　著
责任编辑	李　哲
标准书号	ISBN 978-7-301-25400-4
出版发行	北京大学出版社
地　　址	北京市海淀区成府路205号　100871
网　　址	http://www.pup.cn　新浪官方微博：@北京大学出版社
电子信箱	pup_russian@163.com
电　　话	邮购部 62752015　发行部 62750672　编辑部 62759634
印刷者	北京大学印刷厂
经销者	新华书店
	720毫米×1020毫米　16开本　18.25印张　240千字
	2015年1月第1版　2015年1月第1次印刷
定　　价	45.00元

未经许可，不得以任何方式复制或抄袭本书之部分或全部内容。
版权所有，侵权必究
举报电话：010-62752024　电子信箱：fd@pup.pku.edu.cn
图书如有印装质量问题，请与出版部联系，电话：010-62756370

前　言

《俄语语言文化史》是中国人民大学"985工程"科学研究基金（中央高校基本科研业务费专项资金资助）项目成果(2012Z001，supported by the Fundamental Research Funds for the Central Universities, and the Research Funds of Renmin University of China)和北京市"人才培养共建项目"成果。

本书旨在厘清俄语的起源、俄语与古斯拉夫语、教会斯拉夫语的关系，以及俄语如何在民族融合过程中经历多种方言向共同语的过渡，最终形成具有5种功能语体的俄语标准语的艰难历程。

本书以历时研究为主线，系统阐述俄语的起源、发展与现状，并对俄语未来的发展做出预测。在总结归纳俄语发展的过程中，简明扼要地阐述该语言在语音、语法、词汇、方言等方面的特点，厘清总体发展变化的线条脉络。以语音、语法、词汇为例，对比分析俄语在不同历史时期的变化。以共时研究的方法，对比分析使用该语言的国家或地区的经济实力、人口素质和文化影响力等因素，指出该语言目前的社会地位及发展趋势。

本书以史为据、以历史年代为序、以语言发展脉络为主线，重点介绍俄语标准语的发展历程。为避免内容繁复，本书只选取影响俄语语言发展进程的史实进行研究撰写，尊重历史，透彻分析，正确结论。

主要观点：现代科学中，全民语言现存的完美形式(因此也是最高形式)被称作标准语。它具有发达的文体体系、丰富的词汇资源、有序的语法结构、构形手段和使用规范，历经历史洗礼、不断发展。俄语标准语是一个历史范畴，与人民生活息息相关。9—11世纪，古罗斯民族整固，基督教被罗斯接受，俄罗斯从此有了统一的精神文化空间。在这样的历史环境下，俄语标准语的雏形在斯拉夫书面语和民间文学语言的土壤上诞生。强化的莫斯科中心地位使莫斯科方言成为其诞生的基础。这是精选的语言。该语言在与民间口语、教会斯拉夫语、西欧各语言要素长达数个世纪的争斗中不断完善，18世纪形成自己的规范。这一过程与俄罗斯民族的统一、国家体制的整固、经济、科学、文化的发展紧密联系。这表明，民族语言的形成与发展总是与民族、国家的建立相伴而行；语言是保障国家统一、建设共同文明的工具与手段。

俄语标准语是精选的语言，具有辐射周边行政、政治中心的作用。俄罗斯民族的发展史决定了俄语标准语的形成与演变。统一语言的选择反映了俄罗斯同心同德、集多人之力于一人之手之精神，体现了联合统一的思想最终战胜割据的思想。11—12世纪的基辅共同语、14—15世纪的莫斯科共同语、莫斯科公国的公文事务语言等均是部落公国统一后结出的硕果。

俄语标准语的发展与基辅、莫斯科两大政治宗教中心密切相关。基辅罗斯时代(10—14世纪初)的古罗斯部族文学书面语与基辅共同语，莫斯科公国时代(14—17世纪上半叶)的大俄罗斯部族文学书面语与莫斯科共同语，俄罗斯民族和俄罗斯民族语言形成初期的俄罗斯文学语言(17世纪下半叶—18世纪)，以及普希金时代形成的俄语标准语(18世纪—19世纪)无不与这两个中心有关。纵观俄罗斯民族语言形成的历史不难发现，原本水火不容的笔语和口语，随着时代的发展相互抵近，至普希金时代，口语不仅是大众口头交际用语，而且作为修辞手段出现在普希金的作品中，从而确立其标准语一员之地位。

俄罗斯文学语言为俄语标准语提供了新的语言规范，但文学语言不等于标准语，因为，文学语言无法涵盖所有文体。唯有20世纪70—90年代建构的具有5种功能语体的俄语标准语可保障俄罗斯民族在其生存的各个领域(政治、经济、法律、公文事务、文学艺术、日常生活等)发挥职能。

本书的创新之处：系统阐述俄语语言文化史的发展进程。语言学、文学、文化、翻译等学科相互补充，融会贯通。从母语为汉语的人的视角，剖析俄语的特点。从不同角度(语音、语法、词汇、文学创作等方面)分析语种间的相互影响。

全面归纳外来语借词的成分、数量与出处。图文并茂，通俗易懂，知识性与趣味性互补，可读性强，为进一步研究俄语语言文化史提供有价值的参考。

本书是一部综合语言学、文学、文化、翻译等学科内容的著作，涵盖语言、文化、文学、历史、政治、经济等诸多领域，以及宗教、军事、人口、移民、科技、商贸、民族融合、自然灾害、环境变化等因素。内容翔实，材料可靠，论述清楚，文字简洁易懂，适合于本科生、研究生教学或自学使用，也可作为高等院校外国语言文学、俄语语言文化学方向的研究生和本科生学位论文的参考书。

本书由钱晓蕙组织编写，分工如下：钱晓蕙(上篇、中篇)，陈晓慧(下篇)。全书统稿钱晓蕙。

本成果受到中国人民大学"985工程""科学研究基金"项目的支持。感谢中国人民大学对该项目的支持，感谢俄罗斯专家安娜·佐伯妮娜(Anna Zobnina)的答疑。诚恳欢迎使用本书的广大师生、读者对书中的疏漏、错误给予指正。

钱晓蕙　陈晓慧

2014年4月

目　　录

引　言 1
  1. 俄语标准语的概念　　　　　　　　　　　　　　　　　　　1
  2. 语体的概念　　　　　　　　　　　　　　　　　　　　　　5
  3. 俄语标准语的历史分期　　　　　　　　　　　　　　　　　7

上篇　古俄语

第一章　俄罗斯文字的起源（9—14世纪初） 13
  1. 古罗斯民族　　　　　　　　　　　　　　　　　　　　　13
  2. 基辅罗斯　　　　　　　　　　　　　　　　　　　　　　14
  3. 古罗斯的语言状况　　　　　　　　　　　　　　　　　　18
  4. 古斯拉夫语　　　　　　　　　　　　　　　　　　　　　20
  5. 古罗斯规范笔语　　　　　　　　　　　　　　　　　　　24
  6. 古罗斯笔语文献　　　　　　　　　　　　　　　　　　　27
  7. 古罗斯事务语言　　　　　　　　　　　　　　　　　　　41

第二章　大俄罗斯民族的规范笔语（14—17世纪中） 45
  1.（大）俄罗斯民族的活动中心——莫斯科　　　　　　　　45
  2. 莫斯科维亚的语言环境　　　　　　　　　　　　　　　　46
  3.（大）俄罗斯民族语言的特点　　　　　　　　　　　　　48
  4. 教会斯拉夫语改革　　　　　　　　　　　　　　　　　　51
  5. 民间文学类语言　　　　　　　　　　　　　　　　　　　59
  6. 莫斯科维亚的事务语言　　　　　　　　　　　　　　　　65
  7. 莫斯科维亚的规范笔语　　　　　　　　　　　　　　　　70

中篇　俄语标准语的雏形

第三章　俄罗斯民族语言的确立（17世纪下半叶—18世纪初） 83

1. 俄罗斯民族语言形成初期的语言环境 　　　　　　　　　83
2. 俄罗斯文学语言 　　　　　　　　　　　　　　　　　84
3. 俄罗斯古文献的语言特点 　　　　　　　　　　　　　89
4. 西南罗斯文化对俄语的影响 　　　　　　　　　　　　110
5. 彼得大帝时代的俄语 　　　　　　　　　　　　　　　117

第四章　俄罗斯民族语言的发展（18世纪中后期）　　　132

1. 俄语学的奠基人——罗蒙诺索夫 　　　　　　　　　132
2. 罗蒙诺索夫的修辞体系 　　　　　　　　　　　　　136
3. 克服三语体局限，探索语言新规范 　　　　　　　　143
4. 新文体的创始人——卡拉姆津 　　　　　　　　　　159
5. 卡拉姆津的选词原则 　　　　　　　　　　　　　　163
6. 俄语句法改革 　　　　　　　　　　　　　　　　　169

第五章　前普希金时代的俄罗斯文学语言（18世纪末—19世纪初）　　　176

1. 18世纪末至19世纪初的语言环境 　　　　　　　　　176
2. 俗语在俄罗斯文学语言中的命运 　　　　　　　　　178
3. 克雷洛夫寓言的语言创新 　　　　　　　　　　　　184
4. 俄国十二月党人对俄语发展的创造性贡献 　　　　　191
5. 格里鲍耶陀夫戏剧作品对文学语体的完善 　　　　　195

下篇　现代俄语标准语

第六章　从普希金到十月革命前的俄语标准语
（19世纪30年代—20世纪初）　　　211

1. 现代俄语标准语的奠基人——普希金 　　　　　　　211
2. 莱蒙托夫和果戈理对标准语发展的贡献 　　　　　　215
3. 别林斯基对俄语标准语发展的意义和作用 　　　　　219
4. 俄语标准语语体的丰富和发展 　　　　　　　　　　223
5. 俄语标准语语言的变化 　　　　　　　　　　　　　226
6. 语言学家对俄语标准语发展的影响 　　　　　　　　237

第七章　苏联时期的俄语标准语（1917—20世纪中后期）　　　244

1. 十月革命对俄语标准语发展的意义 … 244
2. 1917—1918年的俄语正字法改革 … 245
3. 列宁和高尔基对俄语标准语发展的贡献 … 247
4. 俄语标准语语体的丰富和完善 … 251
5. 俄语标准语语言的变化 … 253
6. 语言学家对俄语标准语的影响 … 261

第八章 新世纪之交的俄语标准语（20世纪末—21世纪初） … 264

1. 苏联解体对俄语标准语的影响 … 264
2. 俄语标准语词汇的变化 … 265
3. 俄语标准语法的变化 … 272
4. 俄语标准语语音的变化 … 272
5. 俄语标准语的发展趋势 … 273

参考书目 … 276

引　言

1. 俄语标准语的概念

俄语标准语是俄罗斯全民语言的规范形式。它形成于历史，不断发展。俄语标准语具有完善的语言体系，丰富的词汇资源，有序的语法结构，词汇构形规则和使用规范，是说者与写者的理想语言。

俄语标准语作为国际通用语言之一具有如下特征：（1）完善、有序，是俄罗斯"全民语言的完善形式"[1]；（2）是涵盖所有言语变体[2]的俄罗斯社会的法定规范；（3）稳定而连续；（4）主导民族语言体系，是所有社会成员必须遵守的语言规范；（5）有发达的文体体系，各文体相互渗透，一种文体的言语手段可巧妙地迁移到另一文体，创造更加丰富的形象；（6）通用，可用于生活的各个领域，是人们在科学、生产、政治、文化、社会生活中相互沟通、表达感受的工具；（7）有口语和笔语形式，二者彼此关联、相互补充。以上特征构成俄语标准语统一体系，缺少其中任何一环势必导致标准语定义的不完整与片面。[3]

标准语属历史范畴，与人民生活息息相关。988年，罗斯受洗，统一精神文化空间为俄语标准语的形成提供了先决条件。然而，标准语的形成并非一蹴而就，它经历了漫长的历史过程：基辅共同语（11—14世纪）、莫斯科共同语（14—17世纪中期），俄语标准语（18—19世纪初）。后者在民间口语、教会斯拉夫语和西欧外来语元素的争斗中，在民族统一体——国家形成后，在俄罗斯经济、科学、文化生活快速发展的条件下，由普希金确立，并在其后众多杰出文学

1　Будагов Р.А. Литературные языки и языковые стили. М., 1967, c.5.
2　指"同一内容"的多重表达式，它们相互关联、依存，不管其为中性言语手段还是具有某种修辞色彩。
3　Филин Ф.П. Истоки и судьбы русского литературного языка. Изд. 2-е. М.: КРАСАНД, 2010. 175-176.

家、政论家的创作中得到发展与完善（19—20世纪）。

俄语标准语是精选的语言。它作为俄罗斯民族"共同的语言伴随国家的形成而生"，是"统一、整固国家的手段，是传播大众文化的工具"。[1]

20世纪，随着俄语使用者人数的增加与成分[2]的改变、教育水平的提高、教育在社会信息化和政治经济中作用的增强，俄语标准语功能不断扩大，语言的民主化与规范化趋势更加明显，修辞体系进一步完善。众多迹象表明，俄语标准语作为全民语言的特殊形式已成为选择和使用语言体系各层级单位的典范。

21世纪，俄语标准语具有了以下特征：（1）超方言性；（2）是俄语使用者的必备语言；（3）使用范围广，功能多，服务于俄罗斯生活的方方面面（从国家政治、法律、教育、公文处理、文学艺术到大众传媒，从语言个体的日常交际、独白到口语对话等）；（4）可用于人类知识的传播，逻辑思维与审美；（5）具有丰富的言语色彩与表义能力；（6）有口、笔语形式；（7）相对稳定；（8）规范，但允许变体存在；（9）有丰富的文体。

俄语标准语不同于全民语言的其他形式（如方言、职业行话、隐语等），与一切不规范的言语对立。然而，标准语不排斥口语，因为口语能够使笔语更加丰富，更加生动。"口语与笔语是标准语的两级，二者在统一语言的作品中，根据言语的交际目的、体裁、语境和说话人的个性特征，以不同程度、不同比例呈现"[3]。

规范是标准语的重要特征之一。在俄语标准语的历史上，书面语规范早于口语规范。常用的中性语言手段是规范的核心。"规范经权威专家使用得到确认，成为社会公认的准则，在现实言语中具化，反映语言的发展规律"[4]。任何词汇或语法手段、语法或语音形式经权威文本的规范、使用与推广，均可成为范本。规范经编纂固定下来，呈现在语法著作、教科书和词典里。编纂"使标准语规范

1　Ушаков Д.Н. Русский язык. М., 1995. С.208.
2　苏联是多民族国家，苏联时期，国际社会、各族人民加强在政治经济文化方面的互动，使用俄语的人数剧增，成分也发生了变化。
3　Золотова Г.А., Онипенко Н.К., Сидорова М.Ю. Коммуникативная грамматика русского языка. М., 1998. С.15.
4　Горбачевич К.С. Нормы современного русского литературного языка. М., 1978. С.31.

获得高强制性与稳定性"[1]。规范的特征包括：（1）经常广泛地使用；（2）语言表达形式符合语言发展既定时期的标准语体系；（3）公众认可[2]。书面语规范比口语规范更具稳定性。规范有助于语言品味的养成，有助于语言使用者价值取向的形成。

国家出现前有无标准语？对此俄罗斯学界看法不一。19世纪的俄罗斯语言学家把标准语（литературный язык）混同于文学语言（язык художественной литературы），认为古罗斯和莫斯科罗斯只有笔语（письменный язык），没有标准语[3]。20世纪，有学者（Б.В.Томашевский[4]，А.В.Исаченко）区分笔语和标准语："既然我们没有能力从我国大量古文献中区分出规范作品，则在谈论18世纪以前的笔语时，不应使用'标准语'这一术语。……现代意义上的俄语标准语产生于18世纪。因此，俄语标准语的发展进程应定为18世纪初至今"[5]。也有学者主张区分国家出现前的笔语和国家出现后的标准语，并用事实证明自己的观点："国家出现前没有法律汇编，因此，不可能有法定规范，有的只是五花八门的言语表达（如混用东斯拉夫语和教会斯拉夫语词）。个性鲜明的作家和文化人的作用还不明显"[6]。

的确，俄罗斯国家出现前后，各类言语无论在结构上，还是在功能上有着本质区别。上面提到的标准语特征显然不适用于古罗斯规范语言和其他早期语言。但这是否意味着"笔语"和"标准语"之间有着不可逾越的鸿沟？是否表明二者无法连结为具有同一名称、但有历史差异的俄语呢？事实并非如此。

国家语言和标准语是两个不同的概念。广义的文献（不仅指文学文本）在国家出现前的很长时间里就已存在，因为，文献不可能没有自己特定的语言表达形式而存在。"否定古罗斯有标准语和用笔语偷换标准语的概念是不切实际和非历史的。……从历史的角度解释国家出现前（至17世纪中期）的古俄语和国家

---

1 Ремнева М.Л. Пути развития русского литературного языка XI-XVII вв. М., 2003. С.28.

2 见：Лингвистический энциклопедический словарь. М., 1990. С. 338.

3 见：Будде К.Ф. Лекции по истории русского языка. 2-е изд.Казань, 1913, с 27.

4 Томашевский Б.В.Язык и литература. — В кн.: Вопросы литературоведения в свете трудов И.В.Сталина по языкознанию. М., 1951, с.177-179.

5 Исаченко А.В. К вопросу о периодизации истории русского языка. — в кн.: Вопросы теории и истории русского языка. Л., 1963, с. 153.

6 Филин Ф.П. Истоки и судьбы русского литературного языка. М.: КРАСАНД.2010.С.178.

出现后（自17—18世纪）的俄语标准语在结构、功能和修辞上的差异不是更好吗？"[1]

说到编纂，早在国家出现前就有。亚历山大语法和波你尼语法（Александрийские грамматики и Грамматики Панини）因社会需要而生。二者对语言结构进行理论诠释，并给出实用建议。罗蒙诺索夫的三语体理论影响俄语标准语的形成。当然，编纂和编纂不同。语言学越发展，编纂的方式就越完善。不能认为编纂是一个让我们把"标准语"和"笔语"彻底分开的标志。当确定标准语是一个历史范畴时，该标志是个变量，而非常数。事实上，国家出现前后的规范语言之间除差别外，还有许多相似之处。

首先，标准语称谓本身意味深长：俄语标准语、乌克兰语标准语、白俄罗斯语标准语、法语标准语、英语标准语、罗马语标准语、波兰语标准语、德语标准语、捷克语标准语、保加利亚语标准语、塞尔维亚语标准语等。这些标准语传统上都包括国家语言与国家出现前的语言，文字记载是其共同特征。不同的文字符号反映不同时代的语言状况。

其次，标准语有笔语和口语两种形式。所以标准语不等于笔语。然而，这是否意味着笔语不应被看作是标准语的重要特征呢？当然不是。文字是语言的物质"外壳"，在结构言语中起积极作用。文字把预先想好的、经过深思熟虑的言语转化为文本。这是"自发的"日常口语无法比拟的。文字作为传递言语的手段产生于公元前3—4世纪的早期阶级社会，是古代文明与后续文明的重要组成部分[2]。文字具有惊人的特性：它跨越时空传递言语，累积信息。在收音机、电视机、录音机等设备发明前（高度发达的标准语已存在，因为没有标准语就不可能有这些技术成果），信息只能通过声音向受话人传递。当然，必要时可派出使者，但使者有可能忘记信息或曲解信息原意。而书信经手手相传、跨越千山万水，始终是正确的。说过的话只能记忆，但人的记忆是有限的。书面文件历经千百年流传至今，保持不变。文字意味着对文化遗产的保护，而口口相传往往会

1　Виноградов В.В. Основные проблемы и задачи изучения русского литературного языка донациональной эпохи. — В кн.: Славянские литературные языки в донациональный период（Тезисы докладов）. М., 1969. с. 3.

2　О типах письма см.: Дьяконов И.П. Письмо. — БСЭ.2-е изд. М., 1975, т.19, с.1699-1726（там же библиография）.

使遗产变形乃至消失。所以，每一次发掘整理书面文献都是一次科学考察活动。

第三，印刷术的发明使文字的交际范围扩大，并随识字人数的增加不断强化。从语言学的观点出发，文字的重要性还在于它反映语言的变化。笔语与口语不同，经加工、编纂更具组织性，这是文字的特性。有了文字，人们不再依赖记忆，开始用视觉接受言语。通过文字，语言以规范的形式固定下来。外来文化通过文字影响俄语，丰富俄语。笔语中的新词影响口语。同一语言的口语形式与笔语形式无论在国家出现前，还是在国家建立后都联系紧密，尽管这种联系在不同时期有所差异。由此可见，文字尽管不是唯一的，但必然是标准语最重要的特征之一。而标准语是社会文明的标志。

标准语是语言的一个类别，随阶级社会的出现而生，具有如下特征：（1）有发达的文字，文字提升言语文本的组织性，使语言具有跨时空的交际能力；（2）经加工得到公认，具有超方言的稳定性，有助于维护传统，按规范文献标准编纂文本；（3）标准语作为文明的工具服务于国家，满足社会、社会团体、社会成员、各阶层人士的需求[1]。

然而，国家出现前后的标准语是有差别的：（1）国家出现前的标准语未形成带日常会话（民间言语）的统一完整的体系；（2）该标准语不具备全面的配价，不能满足社会的全部需求；（3）该标准语容许各地方言自由平等地使用，尽管比民间文学语言的自由度要小[2]。

综上，俄语标准语是通用语言。国家出现前以文本形式呈现，仅存于书面语；国家成立后，标准语不仅包括书面语，而且包括规范的口语。文学语言不等同于标准语。尽管文学语言在标准语形成初期起过重要作用，但不应把俄语标准语的历史混同于俄罗斯文学语言的发展史。因为，俄语标准语经历史洗礼最终转化为多功能的语言体系，不仅为文学服务，而且可满足俄罗斯民族在不同时期、不同领域的需求。

2. 语体的概念

语体形成于历史，体现于文本。丰富的文体体系是发达标准语的特征，是

1　Филин Ф.П. Истоки и судьбы русского литературного языка. М.: КРАСАНД, 2010. С.189.
2　Там же.

"整体存在于局部的辩证统一。局部相互联系,各自独立"[1]。语体是以功能为前提在社会特定领域对语言手段的选择、组配与使用[2]。

功能语体是标准语的分语体,选用哪个语体取决于交际目的和任务。同一思想可用不同语体表达,履行不同功能。功能语体语言手段的选择和语言形式的组配受语言外因素影响。"每个语体都有自己特定的使用范围与主题,反映社会生活的某个方面,有特定的交际条件(正式、非正式、无拘束等)、主要目的与任务"[3]。社会分化在修辞体系的发展中(从最初的口语与笔语分化开始)起举足轻重的作用。"标准语为之服务的社会越分化,标准语的文体结构就越复杂"[4]。

功能语体以体裁形式呈现。交际目的,"言语行为的范围,语言使用的性质,语言特有的言语功能"[5]是体裁形成的重要因素。体裁体系的变化与标准语的进化有关。"靠民间言语要素扩张的标准语必然使新的体裁手段进入标准语各语体(如文学、科技、政论、口语体等),参与言语作品的建构……必然导致体裁的重组与更新"[6]。

俄语标准语有5个分语体:科学语体、公文事务语体、报刊政论语体、文学语体和日常口语体。科学语体准确、客观、逻辑性强。公文事务语体精准、周详、刻板。报刊政论语体极具信息性、论证性、现实性,富有情感,打动人心。文学语体具有社会、审美双重特点,是文学艺术创作的工具。作家的个人风格不是标准语历史研究的对象,但语言大师的个人风格有可能反映特定时期语言的本质,语言的整体状况及发展趋势。因为,杰出作家的语言影响社会的品味与偏好,影响语言的发展。社会往往把杰出作家的个人习语视为标准,作为设定规范的标尺。文学语言具有标准语的所有优点:良好的语言表达与沟通能力,灵活丰

---

1 Кожин А.Н., Крылова О.А., Одинцов В.В. Функциональные типы русской речи. М., 1982. С. 64.

2 Виноградов В.В. Итоги обсуждения вопросов стилистики //Вопр. языкознания. 1955.№1. С.73.

3 Солганик Г.Я. Стилистика текста. М., 2002. С. 174.

4 Щерба Л.в. Избр. работы по русскому языку. 1957. С. 117.

5 Кожин А. Н. Современный русский литературный язык: Лексикология. Стилистика. Лингвопоэтика. С.105.

6 Бахтин М.М. Эстетика словесного творчества. М., 1986. С.256-257.

富的表现形式，极佳的言语典范。文学语言因此在俄语标准语中占据特殊地位。口语[1]体作为独立的分语体诞生于20世纪90年代，用于广播电视，后被作家、记者有选择地用于文学作品、现场报道。口语影响的加强左右标准语规范与修辞体系的发展。灵活的规范、同一上下文中不同言语单位在文体中的中和使用，促使学者们重新审视口语的使用范围，也使口语体在20世纪末—21世纪初成为独立的语体，俄语标准语修辞体系中不可或缺的一员。

3. 俄语标准语的历史分期

不同时期有不同的分期理论，但"无论把哪一种分期理论放在首位（标准语结构变化原则、社会功能变化原则、语体划分原则、标准语与口语关系变化原则、标准语的历史与文学文化史关系原则、标准语历史阶段与俄罗斯民族史的对应关系原则），结论都是一样的，即标准语发展的方方面面彼此联系，与俄罗斯民族的历史密切相关"[2]。

俄罗斯民族的形成与发展决定俄语标准语的进化。统一的思想、集权的思想是俄罗斯民族的精神支柱。这反映在统一语言的选择上。11—12世纪的基辅共同语，14—15世纪的莫斯科共同语，莫斯科维亚的事务语言等[3]充分证明，俄罗斯民族语言的进化、发展与俄罗斯国家的建立密不可分，与基辅、莫斯科这两个政治宗教中心联系紧密。

为避免过度分割，俄罗斯学者大都将俄语标准语的发展分为国家形成前与形成后两个时期。第一时期，即国家形成前时期，分为三个子时期：

（1）基辅时期（10—12世纪初），即统一斯拉夫民族和相对统一的古罗斯国时期；

（2）封建割据时代（12—14世纪中期），即东斯拉夫各地方言在文本中平行呈现时期；

（3）莫斯科国时期，即莫斯科国语言在罗斯东北部形成时期（14—17世

---

1 内含规范口语体（литературно-разговорный）与亲昵口语体（фамильярно- разговорный）。
2 Горшков А.И. Теория и история русского литературного языка. М.,1969. С.55.
3 沙赫玛托夫认为，俄语标准语的历史与俄罗斯国家史、俄罗斯民间文学史交汇在一起。
见：Виноградов В.В. История русского литературного языка в изображении академика А.А.Шахматова// Виноградов В.В. История русских лингвистических учений. С. 254-255.

纪）；

第二时期，即国家形成至今，也分为三个子时期：

（1）前普希金时期（17世纪中期或下半叶至19世纪初）。这是一个过渡期，是国家语言规范在语法、语音体系基本形成条件下逐渐确立，但还需更新、规范词汇—修辞体系的时期；

（2）普希金到高尔基时期（19世纪30年代至20世纪初），即民主运动、俄罗斯文学、政论作品繁荣条件下词汇极大丰富的时期；

（3）始于1917年十月革命的苏联时期。[1]

也有学者（А.И.Горшков）认为，俄语标准语的历史应从11世纪（即首批文献问世）至今[2]，包括基辅罗斯衰落后的封建割据时代（12至14世纪中期），大俄罗斯民族形成时期（14世纪），国家形成时期（17世纪末至18世纪），词汇扩张、文体发展时期（19世纪下半叶）和标准语社会功能强化时期（20世纪）。戈尔什科夫的分期强调学者和作家在国家形成后为强化语言的统一所做的规范性工作和所起的作用。如罗蒙诺索夫、特列季亚科夫斯基、冯维精、诺维科夫、拉季舍夫在语言学方面的建树，卡拉姆津、克雷洛夫、格里鲍耶陀夫在规范句法、消除古旧语法形式中的探索和普希金在人民性原则基础上创立标准语规范等。各个时代杰出作家的创作促进了俄语标准语的规范、文体的发展，也影响到标准语历史周期的划分。

戈氏对俄语标准语的历史分期也是两分法：国家形成前（17世纪）和国家形成后（17世纪中期）。

"1.国家形成前俄语标准语的发展（古罗斯标准语的形成与发展）

（1）古罗斯民族标准语（11至14世纪初）

（2）大俄罗斯民族标准语（14至17世纪）

2.国家形成后俄语标准语的发展

（1）俄罗斯国家标准语的形成（17世纪中期至普希金）

（2）从普希金到20世纪初的俄语标准语的发展

1　见：Мещерский Н.А. История русского литературного языка. Л., 1981. С. 17-19.
2　见：Русский язык: Энциклопедия/ Под ред.Ф.П.Филина. М., 1979.С.99-101.

（3）苏联时期俄语标准语的发展"[1]。

库斯塔廖娃（М.А.Кустарёва）按时间顺序为俄语标准语作如下分期：

（1）古罗斯标准语（11至14世纪），即罗斯人使用的基辅共同语；

（2）大俄罗斯民族标准语（14至17世纪中）：含双语，初期差别巨大，末期相互抵近，融为一体；

（3）俄罗斯国家形成时期的标准语（17世纪中至19世纪初）：语言开始规范，双语终止；

（4）俄罗斯国家标准语（19世纪20年代至20世纪）：标准语规范更加明确、稳定，体现在小说、新闻和科技文献中。

（5）苏联时期的标准语。该标准语是苏联时期各民族交往、国际交流的工具，是世界通用语言之一。该语言因其自身的功能与地位，也被称作"新型社会主义国家"标准语。[2]

纵观俄罗斯学者观点，考虑学科传统，我们认为把俄语标准语的发展时期分为国家形成前与形成后是合理的。19世纪末至今的历史时期可看作标准语的成熟期。这一时期的标准语具备多种功能，可保障俄罗斯社会的语言交流和科学、文化、教育的发展。有鉴于此，兼顾各历史时期的语言状况，本书按以下分期撰写：

（1）基辅罗斯时期古罗斯民族的规范笔语（9至14世纪初）；

（2）莫斯科国时期大俄罗斯民族的规范笔语（14至17世纪中）；

（3）俄罗斯国家建立、俄罗斯民族语言形成初期的俄语（17世纪下半叶至18世纪）；

（4）普希金以前的俄罗斯文学语言（18至19世纪初）；

（5）普希金时代的俄语标准语：创立新的语言规范，确认文学语言为范本语言，即标准语（19世纪的前30年）；

（6）俄罗斯民族文学与政论作品蓬勃发展、规范的切合现实的新修辞体系整合时期的俄语标准语（19世纪40—80年代）；

（7）成熟期的俄语标准语（19世纪末至今）。

---

1 Горшков А.И. Теория и история русского литературного языка. М., 1984. С.57.
2 见：Кустарева М.А. История русского литературного языка. М., 1971.Ч.1.С.17-19.

上篇 古俄语

第一章

俄罗斯文字的起源（9—14世纪初）

1. 古罗斯民族

古斯拉夫人是斯拉夫民族的祖先。公元5世纪前，斯拉夫人是统一的人类集体，居住在日耳曼以东，易北河、奥德河至第聂伯河中游，波罗的海沿岸至多瑙河下游及黑海沿岸。公元5至6世纪，以喀尔巴阡山脉北部地区为发祥地的斯拉夫部落受日耳曼人袭扰，分三路向东、西、南方向迁徙。7世纪分为3支：东斯拉夫人、西斯拉夫人和南斯拉夫人。东斯拉夫人向东迁徙，进入第聂伯河流域和东欧大平原定居，与当地土著融合，形成现在的俄罗斯人、乌克兰人和白俄罗斯人；西斯拉夫人向西进入奥德河和易北河河间地区，形成现在的波兰人、卢日支人、捷克人和斯洛伐克人；南斯拉夫人向南进入波希米亚、摩拉维亚、匈牙利、巴尔干地区，形成现在的保加利亚人、塞尔维亚人、克罗地亚人、斯洛文尼亚人和马其顿人。

东斯拉夫人有自己的文化。东斯拉夫部落从事农耕、畜牧和渔猎。村社（мир）在古罗斯农村生活中具有重要意义。随着时间的推移，东斯拉夫人的氏族村社逐渐被地域性村社取代。各村社有自己的土地与住户。自然经济是农民和封建主生产生活的主要特点：资源自给自足，不为市场生产劳动。

东斯拉夫民族有15个部落或部落联盟，分散在第聂伯河中游及周边地区，波利安人的居住地基辅是东斯拉

西斯拉夫民族国家　东斯拉夫民族国家
南斯拉夫民族国家

夫民族生产生活的中心。该地区因生活在罗斯河（Рось）流域的"罗斯"部落被称作罗斯（Русь）[1]。

2. 基辅罗斯

9世纪前后，城市在东斯拉夫人生活中的作用凸显。当时的城市大多建在商路上。其中最重要的商路有两条：一条是穿过西德维纳河、沃尔霍夫河及其支流、越过沃洛吉河水系转入第聂伯河、抵黑海，再沿黑海岸直抵拜占庭的"瓦—希"商道（путь "из варят в греки"[2]）；另一条是把罗斯和东方各国连接起来的伏尔加河商路。基辅、诺夫哥罗德、契尔尼哥夫、南别列亚斯拉夫尔、斯摩棱斯克、苏兹达里、木罗姆等大城市均建在商路两侧。9世纪建有城堡的大城市已达24座。

东斯拉夫人部落公国是罗斯国的雏形。9世纪，原始制度解体，部落公国或联合，或结成更大规模的联盟[3]，如南方的基辅和北方的诺夫哥罗德。随着东斯拉夫人社会、经济、政治的发展，东斯拉夫部族进一步整合，基辅周边的波利安人、斯洛文人[4]、拉基米奇人[5]、克里维奇人[6]等部族土地被兼并，形成早期封建制国家——基辅罗斯。基辅原住民波利安人，与波利安人有"亲缘"关系的德列夫利安人[7]、乌利奇人[8]、底维尔人[9]、布格人[10]、沃伦人[11]，来自古罗斯其他地区的移民（如北方移民），以及罗斯受洗后来到基辅的希腊人和南斯拉夫人使基辅人口

---

1 罗斯Русь（Русская земля）是9世纪第聂伯河中游东斯拉夫人最早国家的称名，12世纪用来称谓基辅罗斯，12—13世纪是古罗斯各公国的总称。13世纪出现"白罗斯"（Белая Русь）、"小罗斯"（Малая Русь）等称名。Русь这一术语后被用于指称古罗斯国家东北部领土，是"俄罗斯"的前身。

2 这是古代波罗的海至黑海的商贾水道。11—12世纪，罗斯、北欧、拜占庭的商人们在此商路上贸易往来，沿途建起多座大城市，如大诺夫哥罗德、基辅等。

3 据史料记载，9世纪曾有过一个以诺夫哥罗德为中心的斯拉夫联盟和三个大规模的斯拉夫部落联盟：库亚维亚（Куявия）、斯拉维亚（Славия）和阿尔塔尼亚（Артания）联盟。库亚维亚位于基辅周边；斯拉维亚在伊尔明湖地区，诺夫哥罗德是其中心；阿尔塔尼亚所在地史学家说法不一，一说在梁赞，一说在契尔尼哥夫。

4 伊尔门（湖）斯拉夫人，斯拉夫人旧称或指某些斯拉夫部族。

5 古代东斯拉夫部落联盟。

6 6—10世纪西德维纳河、第聂伯河和伏尔加河上游的东斯拉夫部落联盟。

7 古斯拉夫部族。

8 10世纪中叶前的东斯拉夫人部落联盟。

9 9—11世纪居住在德涅特河与多瑙河之间的斯拉夫部族。

10 居住在西布格河上游的东斯拉夫人部落集团。

11 韦伦人，东斯拉夫某些部落的联盟，10—11世纪居住在西布格河上游地区。

剧增。斯拉夫民族和非斯拉夫民族共同生活与劳作繁荣了基辅及周边地区，为古罗斯民族的统一奠定了基础。

公元8世纪末至9世纪中，基辅、诺夫哥罗德、梁赞地区的三大部落冲突不断，攻伐不止。公元862年，诺夫哥罗德的斯拉夫人推举国王失败，竟然想找一个强大的外来民族帮助恢复本地区的秩序与和平。于是，他们向北欧强悍的诺曼人（东斯拉夫人称之为瓦良格人）求援。瓦良格人从事长途贩运，也干些海盗营生。他们体格强壮，意志坚定，精明强干，为东斯拉夫人所敬佩。东斯拉夫人渡海至斯堪的那维亚半岛，向瓦良格人求援。瓦良格酋长留里克，"接受邀请"，率弟兄来到诺夫哥罗德，平定了东斯拉夫各部落的争斗，成为诺夫哥罗德首任王公，建立留里克王朝，开始了长达七百年对罗斯的统治。879年，留里克去世，同族兄弟奥列格（Олег, 879—882）继位[1]，掌控国家最高权力。882年，奥列格大公占领克里维奇人首都斯摩棱斯克，进逼基辅，杀死阿斯科尔德和基尔，占领基辅，建立以基辅为首都的早期封建君主制国家——基辅罗斯。奥列格死后，伊戈尔（Игорь, 912—945）继位，执政期间继续扩大古罗斯国的版图，巩固皇权。这一时期，多个东斯拉夫部族相继归顺基辅。945年，伊戈尔执政时期，德列夫利安人（древляне）[2]不满基辅大公的横征暴敛，举行起义。起义者杀死伊戈尔大公，大公幼子斯维亚托斯拉夫（Святослав）继位，母亲奥莉加（Ольга）协同治理国家（945—964）。奥莉加是一位明智审慎的女性，955年，和平进军君士坦丁堡，接受洗礼[3]。奥莉加死后，斯维亚托斯拉夫完成对保加利亚国的远征。回国途中，被佩彻涅格人（печенеги）[4]杀死（972年）。

斯维亚托斯拉夫（964—972）执政期间，采取一系列强有力的行政与军事举措。多次征战，兼并维亚迪奇人土地，打败保加利亚，征服莫尔多部落，粉碎可萨汗国，占领北高加索和亚速海沿岸地区，与拜占庭分庭抗礼。

973年，斯维亚托斯拉夫的儿子雅罗波尔克（Ярополк）登上王位。但很快被其同父异母的兄弟诺夫哥罗德的弗拉基米尔大公（Владимир）杀死。弗拉

1　该政权本应由留里克之子伊戈尔（Игорь, 912—945）继承。
2　古斯拉夫部族。
3　此时的斯维亚托斯拉夫及其侍卫还是异教徒。
4　8—12世纪伏尔加河中下游左岸草原上的突厥部落和萨尔玛特部落联盟。

基米尔大公是留里克的曾孙、基辅罗斯的一代雄主。执政时期（980—1015），镇压叛乱的维亚迪奇人和拉斯米奇人（**вятичи и радимичи**）[1]，对波兰、立陶宛、匈牙利等邻国用兵，扩展疆域，划定大公国版图。基辅大公国的疆域，东起顿河，西至喀尔巴阡山，面积达一百万平方公里，囊括了东斯拉夫的全部疆土，成为东欧大国。988年，弗拉基米尔利用拜占庭[2]帝国的困境，强娶拜占庭公主安娜（**Анна**）为妻。作为交换条件，他把中世纪的异族文化引入基辅：亲率基辅罗斯全国之众，抛弃神话色彩浓重的多神教，接受基督教，成为东正教教徒。罗斯受洗（988年）后，斯拉夫书籍流入基辅，首批基督教教堂建立，博学之士把新文化带入罗斯。受拜占庭文明影响，基辅罗斯迅速摆脱原始落后的状态，实现经济文化的飞跃。988—989年，弗拉基米尔大公定东正教为国教，强化基辅罗斯国政权和领土的统一，扩大与基督教各国的联系，提高罗斯的国际地位，促进俄罗斯文化的发展。

弗拉基米尔大公在位三十五年，是"跨世纪"的君主，死后（1015年）诸子争位。弗拉基米尔一世的长子斯维亚托波尔克（**Святополк**）杀死弟弟鲍里斯和格列博（**Борис и Глеб**）登上王位，受到诅咒，历史上被称为十恶不赦者。

Ярослав, 1019—1054

1017年，雅罗斯拉夫（**Ярослав**, 1019—1054）发动兵变，击溃斯维亚托波尔克，攻占基辅，登上王位。雅罗斯拉夫学识渊博，人称"智者雅罗斯拉夫（**Ярослав Мудрый**）"。在位三十五年，彻底消灭南方草原的佩彻涅格人，制订《雅罗斯拉夫法典》。雅罗斯拉夫执政时期（11世纪上半叶）是基辅罗斯发展的鼎盛期：基辅罗斯成为中世纪欧洲最大的国家，规模宏大美丽的基辅城被称作"俄罗斯城市之母"。雅罗斯拉夫不满足大公封号，自称沙皇。

10—11世纪（伊戈尔、奥莉加、斯维亚托

---

1 古斯拉夫部族联盟。
2 拜占庭帝国本为罗马帝国的东半部，以拉丁语和拉丁文化为基础，但与西罗马帝国分裂后，逐渐发展为以希腊文化、希腊语和东正教为立国基础，不同于古罗马帝国和西罗马帝国的新国家。476年西罗马帝国灭亡前，该帝国被称为"东罗马帝国"。

波尔克、弗拉基米尔和雅罗斯拉夫执政时期），东斯拉夫国家政体、封建生产方式形成，城市开始建设，出现新的手工业，农业、畜牧业迅猛发展。罗斯受洗加速了封建意识形态、封建文化的形成。雅罗斯拉夫执政期间，新城雅罗斯拉夫尔（Ярославль）和尤利耶夫（Юрьев[1]）落成，旧城改造，手工业贸易中心扩大，教会斯拉夫文化教育中心佩切尔斯科修道院（Печерский монастырь）奠基，首部《俄国法典》（Русская Правда）[2]问世。多部希腊宗教礼仪书籍被译成斯拉夫语，独特的古罗斯文字创立，开办用斯拉夫语授课的学校。在希腊文化和南斯拉夫文化的影响下，东斯拉夫文化、文学和建筑学得到发展。这一时期被称为斯拉夫文献史上的白银时代（Серебряный век）。

11世纪中期，基辅成为留里克大帝国政治、文化、生活中心，"俄罗斯城市之母"。罗斯的思想，统一全罗斯民族的思想萌芽。基辅罗斯与南部、西部的斯拉夫人、拜占庭、西欧、高加索、中亚各族人民建立联系，与东西方各国通商，与波兰、法国、匈牙利、挪威等国皇族联姻[3]，建立起广泛的政治联系。

雅罗斯拉夫去世后，封建制度继续发展，但分裂趋势渐趋明朗。各大中心城市（诺夫哥罗德、切尔尼哥夫、波洛茨克等）经济独立，各公国为摆脱基辅统治、争取政治独立的斗争日趋白热化。1097年，各公国大公在留别切城聚会，通过决议，各自宣布独立，确认对祖上领地享有继承权。弗拉基米尔·莫诺马赫（Владимир II Мономах，1113—1125执政）在社会矛盾加剧、外来危险增长的情况下，曾设法延缓基辅国的解体。但大公间的内讧，波洛夫人（половцы[4]）的袭扰使基辅国国力衰竭。1132年，基辅国分裂，封建割据开始。始于7世纪的基督教分裂活动加速了这一进程[5]。姆斯季斯拉夫·弗拉基米罗

---

1 爱沙尼亚城市塔尔图（Тарту）的旧称。
2 这是一部古罗斯封建制法典，内含多个独立法典，如：贤明雅罗斯拉夫法典（Правда Ярослава Мудрого），雅罗斯拉维奇法典（Правда Ярославичей），弗拉基米尔.莫诺马赫法规（Устав Владимира Мономаха）等。该法典保护大公卫队成员和侍从的生活及财产，明确封建制下各阶层的地位、义务、继承权等。该法典制定于11世纪上半叶雅罗斯拉夫执政时期，有3个版本：简本、详本、缩略本。
3 智者雅罗斯拉夫迎娶挪威公主Ингигерда为妻，其姐Мария成为波兰女王，女儿们也先后成为匈牙利女王（Анастасия）、挪威女王（Елизавета）和法国女王（Анна）。
4 系11—13世纪黑海沿岸草原上的突厥语系游牧民族。
5 基督教被分为东基督教（希腊东正基督教）和西基督教（罗马天主基督教）。罗斯、保加利亚、马其顿、塞尔维亚、瓦拉几亚（罗马尼亚）归属希腊东正基督教，波兰、捷克、匈牙利、克罗地亚等欧洲国家归属罗马天主基督教。

维奇（Мистилав Владимирович，1125—1132执政）去世后，形成15个独立公国。基辅大公虽仍被尊为"大公"，但其统治地位名存实亡。各公自立为公。至此，基辅国解体，罗斯进入封建割据和发达的封建制时代（1132—1480年[1]）。

11世纪的罗斯版图

3. 古罗斯的语言状况

6—7世纪，古斯拉夫语通用于南斯拉夫、西斯拉夫、东斯拉夫三个方言区。西斯拉夫语涵盖捷克语、斯洛伐克语、卢日之人语[2]、波兰语、卡舒布人语[3]和拉巴河地区斯拉夫人的语言[4]；南斯拉夫语涵盖保加利亚语、塞尔维亚-克罗地亚语

---

1 1237年成吉思汗的孙子拔都率部西征，在罗斯建立钦察汗国（也叫金帐汗国），俄罗斯所有公国降服于蒙古鞑靼人的铁骑，长达240年之久。此间俄罗斯平原东部的森林里、奥卡河支流、莫斯科河岸边的"大村庄"莫斯科崛起（1147年）。1378年，莫斯科大公德米特里·顿斯科伊在顿河河畔的库利科沃原野上击败金帐汗国的马迈军队，打破了蒙古人不可战胜的神话，莫斯科公国的历史由此展开。
2 居住在萨克森和普鲁士德国西斯拉夫民族的语言。
3 波兰波莫端地区的语言。
4 该语言在12世纪末被德意志化，见于少量文献。

和斯洛文人语；东斯拉夫语包括俄语、乌克兰语和白俄罗斯语。古俄语是东斯拉夫人的共同语。

古俄语继承古斯拉夫语的语音、词汇和语法特点，与南斯拉夫、西斯拉夫方言明显不同（7—10世纪）。基辅罗斯的建立、古罗斯民族的形成、经济结构的改变、基辅周边部落的联合、行业的发展、政府机构的建立、商品市场的交换、共同的文化、政治宗教信仰等语言外因素在古俄语的形成与发展中起到重要作用。

10世纪前，东斯拉夫人聚居区社会不稳定，各种方言盛行，没有文字，致使东斯拉夫人言语无序。然而，随着时间的推移，基辅及周边地区形成了共同语（койне）[1]。这是在各部族言语（斯拉夫语与非斯拉夫语）基础上形成的统一语言，是部落方言融合的结果。

共同语以基辅方言为基础，兼具诺夫哥罗德、普斯科夫，斯摩棱斯克等地方言的特点，是基辅及周边地区居民共用的语言。该语言"经口口相传，汲取表新事物、新概念的外来词"[2]，日渐丰富。东斯拉夫人同化波罗的海、芬兰-乌戈尔部族语言，消化吸收南部、东南部突厥民族方言，将其统一为略带方言色彩的古罗斯口头言语——基辅共同语。

基辅共同语保留东斯拉夫人口头言语的特点。如词首 ро-, ло- 全元音组合, 元音 о, у, я 位于词首，鼻元音变为纯元音, <ч'><ж'> 按古斯拉夫音位发 [*kt、*tj、*dj] 音，弱化音减少，半软辅音转为软辅音, [е] 过渡到 [о]，гы, кы, хы 改写为 ги, ки, хи 等。基辅共同语生动而大众化，许多语言要素和特点日后成为古罗斯民族事务语言和民间文学语言的基础。

基辅罗斯时期，口头独白形式出现。这使古罗斯口头言语首次在共同语框架内得到规范，民间口头创作经编纂记录下来。在这一过程中，基辅共同语的作用

1　"共同语（койпе）"源自古希腊语 koine dialektos，意为"通用语（общий язык）"。共同语起初是城市居民日常交往时使用的简单口头言语。基辅共同语在基辅新城及周边地区居民所用方言基础上构建，汲取各方言的典型特征，考虑语言使用的规则与传统，是语言的核心形式。共同语使小范围使用的方言之间界限模糊、整合划一。共同语介乎方言，高于方言，既保留本民族方言要素，又接纳异族方言要素，具有超方言的语言特点。各地生动的言语单位（如信息量大、利于沟通、社会交际需要的重要言语要素等）是共同语的基础。而民族语言发展不需要的言语要素被排除在共同语之外。共同语形成过程中，语言系统的核心与外围相互转换，语言单位从外围向中心的运动多于从中心向外围的运动。共同语使社会交际言语一体化。

2　Филин Ф.П. Истоки и судьбы русского литературного языка. М., 1981. С.249.

不容小觑：受其影响，文字得以规范，转喻辞格体系有了雏形。与此同时，规范的古斯拉夫语向古俄语展示了语言的书面形式、语言的结构和使用规范，为东斯拉夫-教会斯拉夫语和古罗斯斯拉夫书面类规范笔语奠定了基础。可以这样讲，作为古罗斯民族统一语言的古俄语是在共同语的基础上形成的，并在罗斯皈依基督教、东斯拉夫人获得文字后得到完善。

古俄语的分类问题一直是现代俄语语言学的未解之题[1]。根据维诺格拉多夫的观点，古罗斯规范笔语分为两类：斯拉夫书面类语言（книжно-славянский язык）和民间文学类语言（народно-литературный язык）。二者起源不同，结构、功能、使用范围也不同。与这两类规范笔语并存的还有事务语言（деловой язык）。该语言既不同于规范笔语，也不同于古俄语中的口语：它与古俄语的口头言语形式联系紧密，但以书面语形式呈现，为社会服务。教会斯拉夫语与古俄语对立，经编纂、规范独立行使职能。语言的对立导致这一时期双语并存（двуязычия）[2]，也使11至12世纪古罗斯的语言状况复杂化。古罗斯语言的使用范围如下表：

11至12世纪的古罗斯语言	使用范围
1. 古俄语： （1）生动的口头言语	人际间的口头交际，独白，口头民间创作体裁，如歌曲、史诗、谚语、俗语；
（2）规范笔语： 　a）斯拉夫书面类语言	世俗文学原创作品，翻译作品，如圣徒传，布道，书信体文艺作品，故事、文章、游记等；
b）民间文学类语言	世俗文学体裁：编年史，军事故事，演讲，私人信件，叙事散文，历史著述，政论文等；
（3）事务语言	法律文件：合同，公文，证书，信函，法典等；
2. 教会斯拉夫语	祈祷仪式文献：福音书，使徒行传，圣诗篇，日课经，圣经等。

4. 古斯拉夫语

10世纪前，东斯拉夫人没有文字，口语是交际的唯一手段。6至7世纪，独特的东斯拉夫语形成。由于没有文字记载，目前无法得知，东斯拉夫人有文字前

1　见В.В.Виноградов, Г.О.Винокур, А.И.Горшкова, А.И.Ефимова, А.Н.Кожин, Б.А.Ларин, С.Д.Никифоров, С.П.Обнорский, А.И.Соболевский, Ф.П.Филин, П.Я.Черные, А.А. Шахматов等学者的论述。

2　见: Шахматов А.А. Введение в курс истории русского языка. Ч.1: Исторический процесс образования русских племен и наречий. Пг., 1916. С.82.

的语言状况，但这种语言无疑是存在的。日常口语，民间口头文学创作，集会演说，习惯法、宗教仪式用语等都可以在留传至今的民间传说、笔语文献和现代俄语的某些语言现象里得到佐证。列夫·托尔斯泰（Л.Н.Толстой）记下的一则讲述女蛇王艾格列（Эгле）的故事就源自波罗的人[1]的民间传说。传说中的人物充满对蛇的崇拜。该传说可追溯到遥远的多神教和偶像崇拜时代。故事提及的乌帕河证明该地区确曾居住过波罗的人。11—12世纪的古代编年史：讲述奥列格之死、奥莉加向德列夫利安人[2]复仇的《往年纪事》（Повести временных лет）和富有诗歌韵律的《伊戈尔远征记》（Слово о полку Игореве）也记载了大量精美的圣经警句，民间口头言语中的谚语、俗语、历史歌曲、叙事诗和世俗演讲辞[3]。它们或多或少反映了文字出现前古罗斯的语言状况。

文字的出现彻底改变了古罗斯的语言状况。然而，东斯拉夫人并没有自己发明文字，而是接受了传教士康斯坦丁（基里尔）和美弗基（Константин Кирилл и Мефодий）兄弟在古斯拉夫语和保加利亚古文字的基础上创造的文字。

这俩兄弟是哪里人？斯拉夫人还是精通保加利亚索伦地区方言的希腊人？至今没有定论。18世纪下半叶，保加利亚的主流观点认为，他们是希腊人。理由是其父是拜占庭贵族军官，美弗基本人也参过军，掌管拜占庭斯拉夫人居住区10年之久，会说当地的斯拉夫语。康斯坦丁则在帝都[4]与西奥菲勒斯（Феофил）[5]国王的儿子米哈伊尔（Михаил）王子一起学习过哲学。当然，也有其他说法。对"俩兄弟的种族问题至今仍有争议。历史学家无法确定基里尔与美弗基是哪里人，斯拉夫人还是希腊人"[6]，但有一点可以肯定：他们是首批来自保加利亚的斯拉夫语教师。

康斯坦丁（基里尔）发明两种文字：格拉戈尔字母[7]和基里尔字母。其使用的口笔语主要源自古代保加利亚语中的索伦—马其顿方言（солунско-

---

1 公元1世纪居住在波罗的海西南岸、第聂伯河上游和奥卡河流域的部族。
2 古斯拉夫部族。
3 Лихачев Д.С. «Слово о полку Игореве» и культура его времени. Л., 1978.
4 古罗斯对拜占庭帝国国都君士坦丁堡城的称谓。
5 西奥菲勒斯（813—842年1月20日）是第二拜占庭的皇帝（829—842）。
6 Прижимова Е.Н. Кирилло-мефодиевский вопрос в болгарской историографии второй половины XVIII в. — Советское славяноведение, 1974, №4б, 39.
7 глаголица，源自古斯拉夫的«глагол»一词，意为"说话"，是古斯拉夫语两种字母之一。

македонский диалект），但也受到大摩拉维亚语和其他斯拉夫地区语言及方言的影响。9世纪，古代保加利亚语隶属南斯拉夫语，而捷克语是西斯拉夫语的分支。可见，古罗斯文字不仅源自保加利亚，而且源自捷克等其他斯拉夫国家。

古斯拉夫语内含基里尔—美弗基的译本语言（转换语言），10—11世纪的古文献语言，古斯拉夫文献地方抄本的手稿语言和古代保加利亚古斯拉夫文献地方抄本的手稿语言。这些语言多为翻译文字，经加工成为不同于日常口语、较为科学的语言。

茨伊特林（Р.М.Цейтлин）研究过17部古代保加利亚地方抄本中的古斯拉夫语手稿[1]，熟悉10—11世纪古代保加利亚语的原始形态。虽然他继续使用"古斯拉夫语（старославянский язык）"这一术语，但实际所指已是古代保加利亚地方抄本中的古斯拉夫语（старославянский язык древнеболгарского извода）。

古斯拉夫语源自古代保加利亚语，因此，从一开始就不同于斯拉夫人的口头言语。这是以文本形式呈现的文字，有截然不同的语言结构。该文字不是把口头言语形式简单记录下来，而是阐述另一宗教、另一世界观的希腊书籍的译本，有更高的文化水准。

希腊语对古斯拉夫语的影响主要体现在词汇和句法上，体现在对另一种复杂且具有丰富象征义和比喻义概念体系的表述中。茨伊特林从17部10—11世纪古代保加利亚文献中计数出9616个词汇，其中斯拉夫语词7838个（82%），希腊语词1778个（18%），接近1/5[2]。除借词外，还有希腊语词复杂的语义关系、比喻义和象征义元素[3]，它们的加入丰富了古罗斯书面语。

基里尔与美弗基的译本语言不同于斯拉夫人的日常口语和古斯拉夫方言。翻译中，译者通过构词、借词（借用希腊语词），使斯拉夫语词及成语数量大增，句法结构稳固，语法体系形成。此时的古斯拉夫语是教会官方语言，是宗教仪式语言和少数从事翻译工作的专业人士的专用笔语（письменный язык），但还

1　Цейтлин Р.М. Лексика старославянского языка （Опыт анализа мотивированных слов по данным древнеболгарских рукописей X—XI вв.） АДД.М., 1973, с.4-6.

2　Цейтлин Р.М. Лексика старославянского языка. Опыт анализа мотивированных слов по данным древнеболгарских рукописей X—XI вв./ М., 1977, с.27.

3　见：Мурьянов М.Ф. К интерпретации старославянских цветообозначений. — ВЯ, 1978, №5 и некоторые другие статьи того же автора.

不是标准语（литературный язык）¹，充其量只是斯拉夫人使用的第一规范语言（первый межславянский литературный язык）。该语言经多年打磨，至9世纪成为具有复杂词汇成语和丰富基督教地中海文化的符号体系。

古斯拉夫语传入罗斯后，拜占庭帝国利用其影响东斯拉夫人，使其成为地中海文化的继承人。按普希金的话说，以文字形式呈现的俄化斯拉夫语较之其他欧洲语言更具优势。它很幸运，9世纪，古希腊语向其展示自己的词汇、和谐高雅的语音、成熟的语法、优美大气的短语，像对待亲子一样培育它，使其快速成长。俄化斯拉夫语发音清澈洪亮，富有表现力，是正确与灵活结合的产物。书面语不同于百姓方言，但二者接近，为我们提供了表达思想的自然元素²。普希金时代，斯拉夫语语言学刚刚起步，但有关古罗斯时期地中海语言文化遗产的思想、新时期民俗元素与书面语元素相结合的思想无疑是正确的。

我们无法确定古斯拉夫语与基里尔字母何时进入罗斯，但10世纪东斯拉夫人使用基里尔字母已是不争的事实。弗拉基米尔一世执政时期发行的两枚硬币（金币与银币）证明10世纪的罗斯已有文字。金币上刻有«**Владимиръ, а се его злато**»，银币正反面刻着«**Владимиръ на столѣ**»与«**а се его сребро**»³字样。12个词中有4个是古斯拉夫语文字中特有的非全元音词。此外，俄国人与希腊人在907、911、944、971年签署的条约也使用了希腊语和古斯拉夫语。条约一式两份，一份保留在帝都君士坦丁堡皇家办事处，另一份留在基辅大公处。

古斯拉夫语在基督教进入罗斯后得到传播。988年罗斯受洗，形成有利于东正教的环境。弗拉基米尔大公允许王公贵族的孩子们读书，鼓励信奉基督教。然而，不管是读书，还是做礼拜，都需要一门易于理解、接受的语言。基里尔字母和古斯拉夫语正好满足了罗斯人的需求。人们开始用古斯拉夫语习文写字，古斯拉夫语因此在罗斯得到传播。

1　Курц Й. Роль церковнославянского языка как международного（культурного）языка славян. — В кн.: IV международный съезд славистов. Материалы и дискусии, т.II. проблемы славянского языкознания. М., 1962, с. 134.

2　Пушкин А.С. О предисловии Лемонте к переводу басен И.А.Крылова. — Соч., т. 8, СПб., 1887, с.78.

3　Шевырев С. История русской словесности, преимущественно древней. М., 1846, с. 173.

古斯拉夫语是斯拉夫世界最古老的规范语言，是斯拉夫民族书面文献的范本。"康斯坦丁·基里尔和美弗基创造的转换语言（язык переводов）是早期封建制度下斯拉夫民族使用的笔语，其词汇包含保加利亚语、西斯拉夫语、古希腊语元素和拉丁语元素"[1]。

古斯拉夫语因教会需要而生，形成于中世纪基督教世界面临挑战之际，为中世纪斯拉夫民族语言的统一做出了贡献。康斯坦丁·基里尔和美弗基兄弟传教期间，率众弟子翻译了几乎所有的希腊圣经经典著作，经多年不懈努力，创立了斯拉夫民族文化的载体——古斯拉夫语。其"创立的字母（尽管后有增删与修订）保留至今，是俄语、保加利亚语、塞尔维亚语文字的基础，并或多或少体现在非斯拉夫民族语言的文字中"[2]。

古斯拉夫语的超地域、超方言特性使其快速传播，但也使其快速消亡。作为斯拉夫世界排他的、自己人的语言，古斯拉夫语在对其他斯拉夫语施加影响的同时，自身也受到其他斯拉夫民族生动言语的影响。古斯拉夫语消亡之日正是教会斯拉夫语兴盛之时。从这个意义上讲，古斯拉夫语既是教会斯拉夫语的基础，也是东斯拉夫规范笔语的基础。古斯拉夫语在形态上影响古罗斯的规范笔语，但笔语的"魂"与内涵仍是古罗斯民族的，传播的也是古罗斯文人译者的思想[3]。

5. 古罗斯规范笔语

基辅罗斯时期的规范笔语包括斯拉夫书面类语言和民间文学类语言。二者基础不同，结构功能也不同。

斯拉夫书面类规范笔语是古斯拉夫语和东斯拉夫语相互作用的产物。古斯拉夫语影响古俄语，与此同时自身也发生变化，以适应古俄语的语言体系。如古斯拉夫语中的字母Ψ（«шта»）原本表示复合软啀音，后被东斯拉夫人改写为长音[ш']；古斯拉夫语词ноѱь不再爆破，变为古俄语词нощь（ночь），等等。

---

[1] Винокур Г.О. Ибра. работы по русскому языку. М. 1959. С.26.

[2] Там же. С.27.

[3] 也有学者认为："古罗斯所有文人雅士翻译或撰写的文本都是译者或作者用母语，即俄语完成的。从这个意义上讲，古罗斯规范笔语的基础是俄语"。参见：Горшков А.И. Теория и история русского литературного языка. М., 1984. С. 79.。

斯拉夫书面类语言为翻译文学、原创文献（传记、训诫、咨文、论文、文章、游记）和朝圣文献服务；而基于东斯拉夫语的民间文学类语言服务于世俗文学，如编年史、军事故事、演说辞、私人信函、历史叙事、政论文等。二者在语音、词汇、词法、句法、修辞方面有不同特点。比较：

斯拉夫书面类语言	民间文学类语言
语　音	
1. 使用非全元音-ра-, -ла-, -рѣ-, -лѣ-组合词：градъ城市, глава脑袋；顶部, брѣгъ岸, плѣнъ俘房 2. ра-, ла-起首词：рабъ奴隶, ладии小船 3. е, ю, а起首词：ѥзеро湖, юродивыи怪诞的, азъ我 4. 古斯拉夫语的*kt, *gt, *tj发[щ]音：нощь夜, мощи圣骨（指圣徒的干尸）, освѣщение灯光 5. 古斯拉夫语的*dj发[жд']音：гражданинъ公民, между 在…之间	1. 使用全元音-оро-, -оло-, -ере-组合词：городъ城市, голова脑袋；顶部, берегъ岸 2. ро-, ло-起首词：роба́女奴, лодъка小船 3. о, у, ю起首词：озеро湖, уродъ怪物, юзъ（轮子）打滑 4. 古斯拉夫语的*kt, *gt, *tj发[ч]音：ночь夜, ночью夜间, мочь能, 可能, свѣча蜡烛, 烛光 5. 古斯拉夫语的*dj发[ж']音：горожанинъ市民, межа田界, 地界
词　汇	
1. 多用抽象义词汇：истина真理, вера信心, грѣхъ罪草, дело事务, любовь爱, 爱戴 2. 具体义词汇表抽象义：плоды душеполезныца 成果大有教益 3. 宗教词汇：Спасъ救世主, Пасха复活节, ангелы天使, икона圣像, Господь上帝 4. 希腊语与欧洲语借词：Христосъ基督, Авраамъ亚伯拉罕[1], Исаакъ以撒[2], апостолъ圣徒, архангелъ主教, евангелиѥ福音书 5. 科学文化词汇：книга书, учитель教师, оглашати宣读, ѥстество自然界, скрижаль碑, 牌, завѣтъ遗嘱, грамота文献, 书信, 公文, 证书 6. 使用古斯拉夫语同义词：крамола造反, 叛乱	1. 多用具体义词汇：шеломъ盔, братъ兄弟, щитъ盾牌, дрѣво树 2. 抽象义词汇表具体义：один братъ, один свѣтъ, свѣтлый ты Игорю唯一的弟兄, 仅有的光明——你, 伊戈尔啊! 3. 几乎不用宗教词汇, 偶尔使用的词汇有：Богъ上帝, Господь上帝 4. 几乎不用希腊语借词, 偶尔用：аксамитъ古代一种结实的有花纹的丝绒 5. 几乎不用科学文化词汇, 偶尔用：ногата诺加塔[3], резана列扎纳[4] 6. 使用东斯拉夫语同义词：котора（распря, раздор）纠纷, 争吵

1　基督教圣经中犹太人的始祖。
2　《圣经》神话中亚伯拉罕和撒拉的儿子。
3　古罗斯的一种货币。
4　古罗斯货币单位。

词 法	
1. 使用书面语复合词：благодать富足；美好；神赐，животворити使生气勃勃，使活跃 2. 阴性名词、代词单数第二格词尾为-ιa：землιa 土地，ιєιa 她 3. 形容词阳性单数第一格词尾为-ый：добрый 善良的，二格：-аго：добраго，三格：-оумоу：доброумоу 4. 形容词阴性单、复数第一格、第二格词尾为ιa：добрыιa люди 好人，добрыιa жены 好妻子 5. 动词不定式以-ти结尾：явитися 是；出现；第三人称形式以-ть结尾：славιать 赞美，颂扬 6. 过去时分为不定过去时：быша 是；未完过去时：раждаше 生，分娩；完成时：съподобилъєси 受到（宠爱，垂青） 7. 现在时主动形动词借用后缀-ущ-, -ющ-, -ιащ-构成：ведущиим 主导的，приближающюсιа 靠近的，держащеся 坚守的，седащюю 呈银灰色的	1. 少用复合词，个别专有名词除外，如：Володимеръ弗拉基米尔，Новгородъ诺夫哥罗德 2. 阴性名词单数第二格词尾为-ѣ：землѣ 土地，ієѣ 她 3. 形容词阳性单数第一格词尾为无重音的-ой：доброй，二格：-ого：доброго，三格：-омоу：добромоу 4. 形容词阴性单、复数第一、第二格词尾-ои和-ѣ：доброи люди 好人，добрыѣ жены 好妻子 5. 动词不定式以-ти, чь结尾：стати 成为，помочь 帮助；第三人称形式以-ть结尾：ιавлιаеть 显示，表现出，текуть 流动 6. 完成时使用频率高，且在直接引语和民间口头创作中，不再借助系动词быти构成：мгла полιа покрыла 薄雾笼罩田野 7. 现在时主动形动词借用后缀-уч-, -юч-, -ач-, -ιач-构成：ищучи 正在寻找的，лелеючи 宠爱的，疼爱的，горιачюю 使急躁的，使发火的
句 法	
1. 少用简单句。若用，则是结构复杂的简单句，句中多有同等成分、短语、呼语、重复词等：Нынιа новораждаемии агньци и унци, быстро путь перуще, скачють и, скоро к матерем взращающесιа, веселием Христа хвалιать 如今，刚刚出生的羊羔和牛犊快速奔跑，回到母亲身边，欢快地赞美基督。 2. 常用"独立三格"（名词/代词+第三格形动词）短语。该短语可转换为时间、原因从句：По сих же, уже стару сущю Аврааму и Сарр, ιависιа Богъ Аврааму... 这时，亚伯拉罕和撒拉已老，上帝来到亚伯拉罕面前…… 3. 常用带古斯拉夫语连接词的主从复合句：Не быть казни, каιа бы прѣнула нас. 没有一次惩罚我们能躲过。古斯拉夫语连接词包括：зане (так как)因为，иже (который)这个，那个，пакы (опять; еще; снова) 又，再，重新，каи, аки (как будто, как бы)好像，似乎，убо (а; же; хотя; почему)而；尽管，为什么，ιако (ибо; так как; потому что; как; когда)因为；如何；何时	1. 常用简单句。根据言语的不同目的，选择陈述句：Половци идуть от Дона, и от морιа, и от всех стран 波洛夫人来自顿河、海洋和所有国家；疑问句：А чи диво с ιа братиѥ стару помолодити? 老年人装嫩是否明智？；祈使句：Даи мне, книаже, видѣти жены твоеи красоту! 公爵，让我见见您美丽的夫人吧！ 2. 使用形动词短语，替代"独立三格"短语：До сю грамотицю прочитаючи, потыснетесιа на всιа дѣла добраιа 读完信，赶紧去做善事吧。 3. 常用无连接词复合句和带连接词и, да, но的并列复合句：Гзак бѣжит сѣрым влъком; Кончак ему слѣдъ править... 戈扎克象灰狼似地奔跑，康恰克为他指引道路……；Ничить трава жалощами, а дрѣво стругою к земли прѣклонилось. 青草同情地低下头，树木悲伤地垂向大地。

修　辞	
1. 使用转喻。如隐喻：… Пиръ великъ тельцемь упитаннымъ от вѣка 基督盛宴；修饰语：свıатый градъ圣城；拟人：Днесь весна красуетсıа…春姑娘美丽动人……；对偶：Законъ бо прѣдтечıа бѣ и слуга благодати и истинѣ, истина же и благодать слуга будущему вѣку 法律是恩惠与真理的先声与仆人，而真理和恩惠是下个世纪的仆人；比喻：Весна убо краснаıа вѣра есть Христова… 所以，相信基督就是相信美好的春天。 2. 福音书中的形象：Образъ же закону и благодати — Агар и Сарра, работнаа Агар и свободаа Сарра 法与恩惠形象地说就是被奴役的阿加尔和自由的撒拉，象征：праведноѥ сълнце Христосъ 基督是正义的太阳。 3. 迂喻法：дрѣва леторасли испущають 树发新芽；млѣко благодати 恩惠的乳汁。 4. 同语重复：Нынıа сълнце красуıасıа к высотѣ всходить… Нынıа луна… честь подаваеть. Нынıа зима грѣховнаıа… прѣстала… Нынıа рѣкы апостольскыıа новодняються…如今太阳升起，光彩夺目，如今月亮……赋予荣誉。如今可恶的冬季……已经过去……如今使徒洪水般涌来……；同根词重复：цвѣти… процвеитають 鲜花……盛开；вѣра … в невѣрии 对宗教……缺乏信心；рече пророкъ 先知说。 5. 借用福音书中的形象、神话中的人物：Господи, Боже мои многомилостивыи и милостивыи и прѣмилостиве! 上帝啊，我仁慈的上帝，最最仁慈的上帝！	1. 使用东斯拉夫民间口头创作中特有的转喻。如修饰语：море синеѥ海蓝蓝，поле широкоѥ 田宽宽；隐喻：ту кроваваго вина не доста 这时血酒不够了；比喻：вльком рыскаше 狼一样四处觅食。 2. 带有异教性质的形象与象征：стрѣлы по земли сѣıаше 将箭镞播种在大地上；снопы стелють головами 人头打捆；вѣють душу отъ тѣла 将灵魂从躯壳里簸出。 3. 东斯拉夫语中的迂喻法：… А сами полегоша за землю рускую 而自己埋骨在罗斯大地；Въста обида в силахъ Дажбожа внука…斯拉夫人后裔的军队中弥漫着怨气。 4. 少用同语重复。充满激情的结构除外：начати старыми словесы… начати же сıатьи пѣсни… 开始说老话……唱老歌；свѣтъ свѣтлый 明亮的世界；трубы трубıать 号角吹响。 5. 借用具体的人或生动物：Вѣликыи кнıаже Всеволоде! О рускаıа земле! Уже за шеломıанемъ еси! 伟大的大公符塞伏罗德！啊，俄罗斯的国土！你已在岗丘的那边！

对比表明，相互对立的斯拉夫书面类语言和民间文学类语言使用不同的语言要素、不同的形象表现力手段。二者在体裁、结构、功能、文化、历史等方面均有差别。

6. 古罗斯笔语文献
斯拉夫书面类语言见于以下体裁：
传教文献：《法与恩惠说》（Слово о законе и благодати），《反复活节》

（Слово на антипасху），《论耶稣升天日[1]》（Слово на вознесение）等；

传记文学：《费奥多西·别切尔斯基行传》（Житие Феодосия Печерского），《论鲍里斯与格列勃》（Чтение о Борисе и Глебе），《鲍里斯与格列勃行传》（Сказание о Борисе и Глебе）等；

训诫：《1076年古罗斯文学手抄文选》（Изборник 1076 года），《圣谢拉比欧训诫》（Поучения преподобного Серапиона（Серапиона Владимирского）等。

《法与恩惠说》是总主教伊拉里欧（Иларион[2]）于1037—1050年间撰写完成的。伊拉里欧是首位由智者雅罗斯拉夫大公任命为基辅总主教的俄国人。此前的总主教均由拜占庭帝国派来的君士坦丁堡神职人员担任。雅罗斯拉夫大公未经拜占庭教会同意任命伊拉里欧为总主教，彰显了古罗斯国的实力，有意使罗斯独立。

伊拉里欧受过良好教育，通晓古俄语、教会史、古希腊拜占庭文学、保加利亚文学，擅长演讲。《法与恩惠说》是传教文献，更是古罗斯演讲艺术的杰作。

《法与恩惠说》的内容和语言受保加利亚—拜占庭文学庄重、藻饰、夸张的影响，不够简洁，但极为准确地阐释了古罗斯精神，再现了古俄语规范。该书赞美罗斯广袤的土地、罗斯国的辉煌，是政论演讲艺术的典范，18世纪前广为流传于罗斯和南斯拉夫等国[3]。

《法与恩惠说》宣扬基辅罗斯的强大、独立，赞美雅罗斯拉夫的睿智，东正教教会的威严。全书分三部分：（1）对比旧约圣经与阿加利亚法新约、萨尔拉神学，指出基督教不同于犹太教，是一门全新的学说；（2）颂扬弗拉基米尔大公；（3）赞美智者雅罗斯拉夫大公。

该书用古斯拉夫语撰写，反映古斯拉夫语特点。如非全元音词：глава头，脑袋, градъ城市；ра-起首词：рабъ奴隶；形容词以-аго结尾：рускаго俄罗斯的，новаго新的；形动词带后缀-ющ-, -ащ-：умалιαюща贬低, рушаща切开；

---

1 复活节后的第40日。

2 伊拉里欧是首位由雅罗斯拉夫任命为东正教总主教的俄国人（1051年）。但他在总主教的位子上时间不长。据1055年诺夫哥罗德纪事记载，这一年的基辅都主教已是希腊人叶夫列姆（Ефрем）。这表明，在雅罗斯拉夫一世去世后不久，伊拉里欧被撤换。其后命运不详。

3 Розов Н.Н. Древнейший памятник русской литературы в издании и интерпретации современного немецкого ученого. — Изд. АН СССР. Отд. Литер. И языка, 1973, т. 22, вып. 5. С. 443.

复杂的句法结构：Вѣку же сему къ коньцу приближающуся, посѣти Господь человѣческаго рода и съниде съ небесе въ утробу дѣвици въходіа; пріатъ же дѣвица съ покланіанцемъ въ кущу плътіаную не боѣвьши, глаголющу ти къ ангелу: «се раба господніа, буди мнѣ по глаголу твоему. 创世纪时，上帝造访人类。它从天而降，进入少女体内。少女未觉痛苦，接受上帝恩赐，对天使说："你是上帝的使者，我照你说的做"！

《法与恩惠说》是演讲艺术的典范，书中不乏拜占庭文学特有的形象表现力手段，转喻辞格。如修饰语：славьныи градъ 光荣的城市，свіатаа церковь 神圣的教堂；隐喻：сътвори Богъ гоститву вѣлику... 上帝创造盛宴；比喻：... сынъ твои Григории... акы Соломон Давыдова...……你的儿子格里戈里……像所罗门·达维达夫……；拟人：Вѣра бо благодатнаа по всеи земли простреся и до нашего іазыка рускаго доиде — «Потому что благодатная вера распространилась по всей земле и дошла до нашего русского народа» 因为美好的信仰普惠世界，也惠及罗斯人；象征：Образъ же закону и благодати — Агарь и Сарра. 阿加尔和撒拉是法与恩惠的象征；换说：Тогда убо отключи Богъ ложесна Саррина и заченьши роди Исаака... — «Тогда, воистину, Бог открыл лоно Сарры, она зачала и родила Исаака» 于是，上帝真的让萨拉开怀受孕，生下以撒；重复：Въстани, о честнаа главо... въстани, отріаси сонъ... въстани, виждь чадо свое... — «Восстань, о драгоценная голова, восстань, отряси сон… восстань, увидь чадо свое …» 昂起吧，高贵的头，起来，摆脱梦幻……起来，看看你的孩子……。

《法与恩惠说》中也有少许东斯拉夫语元素，如以ѣ结尾的名词，к在ѣ前不软化，全元音等，但这些元素受南斯拉夫二次影响逐渐被古斯拉夫语所取代。

《训诫》（Поучения）是圣谢拉利欧（преподобный Сералион）撰写的一部说教性基督教文献。1274年，谢拉利欧[1]被派往弗拉基米尔地区任主教，从事教会教学工作，期间撰写了《训诫》一书。该书反对封建割据，谴责大公们相互敌视。书中五分之三篇幅讲述蒙古鞑靼人征服罗斯的史实。作者痛感祖国的苦

---

1 谢拉利欧1275年辞世。

难，认为这是上帝对罗斯的惩罚。

《训诫》使用古斯拉夫语中的抽象名词：милость仁慈, печаль忧愁, беззаконие违法；非全元音组合词：прѣстанемъ停止, плѣнъ俘虏, глади平静的表面；ра-起首词：размыслити怀疑, разбоиник强盗；а-起首词：аки好像；复合词：идолопоклонник偶像崇拜者, иноплеменикъ异族人；带-тель，-ость后缀的名词：свıатители对高级神职人员的尊称, крѣпость要塞，堡垒；古斯拉夫语形容词词尾：божественыıа церкви神圣的教堂, человечѣчьскаго естества人性；形动词后缀：мучаще折磨, творıащи创造, ставлıающе摆放。带各种从句的复杂句法结构：Помıаните честно написано въ божественыхъ книгахъ, еже самого владыки нашего большаıа заповѣдь, еже любити другъ друга, еже милость любити ко всıакому человѣку, еже любити ближнıаго своего аки（как）себе, еже тѣло чисто зблюсти, а не осквернено будеть блюдомъ; аще ли оскверниши, то очисти с покаıаниемь... 你们要像记住君主的训诫一样记住圣书之言：相亲相爱，对所有人慈悲为怀，要像爱自己一样爱你周围的人，洁身自好，不纵欲；如有放纵，需忏悔赎罪……。修饰性问句：Чего не видим? Что приде на ны в сем житии сущим? Чего не приведохом на сıа? Какыıа казни от Бога не въсприıахомъ? 我们什么没见过？生活中什么没遇到过？什么祸事没经历？什么惩罚没受过？重复：Не плѣнена ли бысть землıа наша? Не възıати ли быша гради наши? Не въскорѣ ли падоша отьци и братıа трупием на земли? 我们的国土是否被占领？我们的城市是否被征服？我们的父兄是否被抛尸荒野？隐喻：Осквернены быша ссуды свıащении, потоптана быша свıатаıа; плоти прѣподобныхъ мнихъ птицамъ на снѣдь повержени быша. 神圣的法庭被亵渎，神圣的事物被践踏，圣徒的尸体被遗弃，任鸟儿啄食。比喻：Кровь и отецъ и братıа нашеıа, аки вода многа. 我们父兄血流如水。圣经引语：мѣрите в ту же мѣру 以德报德，以怨报怨。书中有少量东斯拉夫语元素，如动词第三人称以[т']结尾：прѣстають不再, дасть给。

《论鲍里斯与格列勃》和《鲍里斯与格列勃行传》是为赞美殉教的俄罗斯大公而作的。后者是古罗斯文学最早的圣徒传，但内容已超越传统圣徒的生活框架，语言也不受教会斯拉夫语束缚，体现了斯拉夫书面语在世俗文学中的特点。

鲍里斯和格列勃是斯威亚托波尔克大公独断专行的牺牲品。他们被尊为圣人并非因其信奉基督，为基督受难，而是因其表现出的兄弟情、兄弟爱，谦恭与温顺。《鲍里斯与格列勃行传》不是简单的传记文学，它内含礼法、叙事和编年史等诸多元素。尽管该书用斯拉夫书面类语言撰写，但文中加杂民间文学类语言要素。如全元音组合词：Володимеръ弗拉基米尔, Новгородьць诺夫哥罗德；ро-起首词：Ростовъ罗斯托夫, розьныи不一样的；у-起首词：уности带走；以-ѣ结尾的限定代词单数第二格形式：моеѣ等。

古罗斯民间文学类语言。这类语言体现在《弗拉基米尔·莫纳马赫的训诫》（Поучение Владимира Мономаха），《伊戈尔远征记》（Слово о полку Игореве），《罗斯国土覆灭记》（Слово о погибели земли Русской），《丹尼尔·佐托奇尼克的祈祷》（Моление Даниила Зоточника），《往年纪事》（Повесть временных лет[1]）等作品中。

《训诫》（1117年）的作者是雅罗斯拉夫的孙子基辅大公弗拉基米尔·莫纳马赫。这是一部世俗文学作品，是弗拉基米尔大公为教育孩子讲述亲身经历的远征和狩猎的故事。该书分为4部分：（1）莫纳马赫对子女的教诲；（2）莫纳马赫的履历；（3）莫纳马赫致切尔尼科夫斯克大公奥列格·斯维塔斯拉维奇的信；（4）宗教训诫与祈祷。

该书反映古罗斯民间文学语言的特点。如使用具体义词汇：на санех（на санях）乘雪橇, дети孩子们, смерды庄稼人；全元音组合词：coroma（срама）羞耻, стороже（осторожно）小心地, молодыя（молодые）年轻的；ро-起首词：розноличнии（разные лицами）容貌各异的, розбих（разбил）打碎；о, у, я起首词：одинъ一个, уности带走, язъ（я）我；[ч']替代*kt,*gt：ночи夜晚, мочи劲儿, 力气, лечи医治；[ж]替代*dj：тружатися劳动；东斯拉夫语复合词：мимоходячи顺路；动词第三人称以 [т']结尾：терпять忍耐, похвалить称赞；现在时主动形动词带-яч-, -юч-后缀：ездяче

---

[1] 也称俄罗斯编年史（Русская летопись）。约作于1113年，书中追溯了俄罗斯国家的起源，记载历代王公的生平和重大历史事件，文笔颇为生动。

乘，骑，молвяче说到，прочитаюче读完；无前置词句法结构：А самъ иде Курску, а мене посла Смолиньску —«А сам пошел на Курск, а меня послал в Смоленск» 他自己去了库尔斯克，却把我派往斯摩棱斯克；带同等成分的简单句：И с коня много падах, голову си розбих дважды, и руце и нозе своих вередихъ, в уности своеи вередихъ, не блюда живота своего, ни щадя головы своея —«И с коня много раз падал, голову себе разбивал дважды, и руки и ноги свои я повреждал, в юности своей повреждал, не дорожа жизнью своею, не щадя головы своей» 他多次从马上摔下，两次磕破头，弄伤手脚，年轻时常受伤，不珍爱生命，不爱惜自己的头；并列复合句：Старыя чти яко отца, а молодыя яко братью —«Старых почитай как отца, а молодых как братьев, Относись к старым как к отцу, а к молодым как к братьям» 要像对待父亲一样对待长者，像对待兄弟一样对待青年人；无连接词复合句：А се въ Черниговѣ деялъ есмь: конь дикихъ своима рукама связалъ есмь в пушах 10 и 20 живыхъ конь... —«А это совершил в Чернигове: своими руками связал диких коней в пущах, 10 и 20 живых коней» 这是在切尔尼戈夫做的：他徒手捆住密林里10—20匹活蹦乱跳的野马。

更为有趣的是，该书依据内容选择语言：描写生活、狩猎、旅行时，用民间文学类词语；教导孩子、阐释基督教道义原则时，用古斯拉夫书面语词。如抽象义宗教词汇：в души心中，Богъ上帝，Господь天主，милостыню施舍，покаяньем忏悔，заповедь圣训；非全元音组合词：владея占有，главы头，благословенье祝福；古斯拉夫语形容词词尾：святаго神圣的；带古斯拉夫语后缀的主动形动词：ходяще走，творяще创作；不定过去时：рѣша说，помыслихъ思考；带主从连接词[1]的句法结构：Не грешите ни одину же ночь, аще можете... 一天都不要犯罪，如果可以……。

莫纳马赫作品中还有不少形象表现力手段，如修饰语：кони дикие野马，лютыи звѣрь凶猛的野兽，убогие вдовицѣ可怜的寡妇；隐喻：сѣдя на санехъ（находиться при смерти）临死；суд придетъ（смерть в бою）战

---

[1] иже（который），аще（если；хотя；или；ли），яко（ибо；как；так как；потому что；когда），пакы（опять；еще；снова）等。

死; оружие внидетъ в сердце ихъ （погибнут от своего оружия）死于自己枪下; 修饰性问句: ... Вскую печалуеши, душе? Вскую смущаеши мя? 亲爱的，你为什么伤心？为什么令我不安？

《伊戈尔远征记》（12世纪）留存至今有两个版本：叶卡捷琳娜二世时的手抄本和穆辛·普希金（А.И.Мусин-Пушкин）1800年完成的印本。《远征记》是古罗斯文学史上的一座丰碑，一部英雄史诗。它洋溢着爱国主义精神，激励着一切热爱祖国的人们。

《伊戈尔远征记》描写1185年诺夫哥罗德谢维尔斯基大公伊戈尔孤军讨伐南方波洛夫人，失败被俘，卫队被杀的史实，旨在号召王公和全体罗斯人民团结抗敌，保卫祖国。《远征记》的内容涉及战争与和平、动植物世界、人类情感，人赖以生存的自然条件等。这是一部中世纪的百科全书，记录了东斯拉夫人生活的方方面面，主题词涉及人的称谓：дѣва少女, жена妻子, отец父亲, братъ兄弟, внукъ孙子, князь大公，亲王, бяаринъ老爷, ратаи农夫; 抽象概念：врѣмя时间, мысль思想, рѣчь言论, слава荣誉, умъ智慧, мужество勇敢, духъ精神, жалость怜悯; 动物：туръ野牛, соколъ鹰, соловей夜莺, лебедь天鹅, лисица狐狸, кречетъ隼, воронъ大乌鸦, горностай貂, гоголь白颊兔, гусь鹅,雁, чайка鸥, сорока喜鹊, дятелъ啄木鸟; 植物：дрѣва树, брѣза白桦, трава草, кустъ灌木, цвѣты花, тростие芦苇; 自然现象：облако云彩, слънце太阳, тьма黑暗, знамение预兆, ночь夜晚, вечеръ傍晚，晚上, заря霞光, мгла雾, свѣтъ光线, туча乌云, громъ雷, дождь雨, вѣтръ风, роса露水; 军事术语：пълкъ团, 团队, дружина侍从, 卫队, рать战争; 军队, копие矛, труба望远镜, шеломъ头盔, лукъ弓, сабля马刀, 军刀, щитъ盾, стрѣла剑, мѣчъ宝剑, стрѣлокъ射手, вои士兵, 军队, битися战斗, 厮杀, одолѣти战胜, 制服, побѣждати战胜, полонити俘获; 农耕用语：снопъ一捆, цепъ连枷, токъ打谷场, посѣяти播种, вѣяти簸，扬, пахати耕作, молотити打谷, 脱粒; 专名：Игорь伊戈尔, Ольга奥莉加, Олегъ奥列格, Боянъ鲍扬, Борисъ鲍里斯, Ярославъ雅罗斯拉夫, Мстиславъ姆斯基拉菲, Романъ罗曼, Владимеръ弗拉基米尔, Донъ顿河, Сула苏拉, Каяла卡亚拉, Днепръ第聂伯尔, Кыевъ基辅, Новеградъ诺夫哥罗德, Путивль普提夫, Курьскъ库尔斯克。一些14世纪后不再使用的词在这里也能找到，如：клюка（хитрость）狡猾，комонь（конь）马，къметь（воин）士兵，туга（печаль）忧愁，хоть（супруга）夫人，чага（рабыня）奴婢。

从词源看，《远征记》使用共同斯拉夫语词：земля土地，море海，вода水，рѣка河，поле田野，трава草，туга忧愁，плакати哭泣，течи流，漏，носити携带，искати寻找，сильный有力量的，великый伟大的，живый有生命的；东斯拉夫语词：котора（распря, вражда）争吵，敌视，сыновци（племянники）子侄，полонити（взять в плен）捕获，потяти（убить）杀害；外来语词，如希腊—拉丁语词：вино酒，теремъ楼，阁，кровать床，оксамить（бархат）天鹅绒；突厥语词：телега四轮大车，харалугъ（сталь, булат）大马士革钢，жемчугъ珍珠，япончица（плащ）外套，斗篷，каганъ（князь）大公。

从语音看，《远征记》具有古罗斯民间文学类语言的语音特点，如全元音组合：воронъ大乌鸦，болото沼泽，хороброе勇敢的，березѣ白桦，полонити俘获；o, y起首：один一，озеро湖，уноша拿走；区分e与ѣ：рече言语，шеломъ头盔，озеро湖；нелѣпо荒谬地，пѣснь歌曲，вѣщий有预见的，сѣдланъ备鞍¹；<ч'>替代*kt, *tj：ночь夜晚，речь言语；<ч'>、<ц'>不分²。但也有少许斯拉夫书面语语音特点，如非全元音组合：храбръ勇敢的，злато金，сребро银；ра-起首：разлился溢出，泛滥，расторгнути（разорвать）撕碎；е起首：единъ唯一；[ш']替代*kt, *tj：нощь（ночь）夜，хощу（хочу）我想；[жд']替代*dj：междю在……之间，жажда口渴，渴望；гы, кы与ги, ки并用：облакы（облака）云，плъкы（полки）团队，яругы（овраги）沟壑，峡谷，драгыя（дорогой）亲爱的。

从词法看，《远征记》既有共同斯拉夫语古旧词法特点，也有民间文学类语言特点。古旧词法特征包括：使用与古斯拉夫语名词变格形式相同的呼格：О Русская **земле**！啊，俄罗斯大地！；О **Бояне, соловию** старого времени...— «О Боян, соловей старого времени!» 哦，鲍扬³，古代的夜莺……；Уже，**княже**, туга умь полонила — «Уже, князь, горе ум полонило»

---

1 但<e>和<ѣ>也时常混淆：字母ѣ表音位<e>（тѣлѣгы, полѣтѣти），字母е表音位<ѣ>（на брезе, древо）。

2 луци由лукъ变来，读«лучи»；сыновчя读«сыновья»；вѣци由вѣкъ变来，读«веки»；русици读«русичи»；птичь沿袭北方语音特点等；即ч音化、ц音化，ч—ц不分。

3 鲍扬（Боян），古代民间歌手。

大公啊，忧愁已俘虏了你的智慧。双数形式：вступиша господина въ злата стремень 两位王公已踏上金色的马镫；оба есвѣ Святославичя! 俩人都是斯维雅托斯拉维奇！[1]；два солнца померкоста, оба багряная стлъпа погасоста — «два солнца померкли, оба багряные столба погасли» 两个太阳[2]暗淡无光，两根紫红色光柱熄灭了。词干为*ŏ, *jŏ的古斯拉夫语阳性名词第五格复数以-ы结尾：начяти старыми словесы 古语云；шизымъ орломь под облакы 云彩下蓝灰的苍鹰；преградиша чрлеными щиты 以红色盾牌遮断。生动物名词第四格同第一格：Не буря соколы занесе чрезъ поля широкая...— «Не буря соколов занесла через поля широкие...» 这不是暴风雨把苍鹰卷过辽阔的原野……；А всядемъ, братие, на свои бръзыя комони... — «А сядем, братья, на своих быстрых коней» 弟兄们，让我们跨上快捷的战马……。词干为*ŏ, *jŏ的阳性名词复数第一格以-и结尾：... Съ вечера бусови врани възграяху —— «С вечера серые вороны закаркали» 灰乌鸦从晚上叫个不停；Орли клектомь на кости звѣри зовуть — «Орлы клектом на кости зверей зовут» 山鹰尖声地召唤野兽们来衔取骸骨。

民间文学类语言特点有：在词干为*ŏ, *jŏ的阳性名词中，词尾-у的使用范围扩大，用于单数第六格和第二格形式：Слово о полку Игореве 伊戈尔远征记；испити шеломомъ Дону 用头盔掬饮顿河的水；... насады до плъку Кобякова — «...ладьи до Кобякова стана» ……把大摇船直送到柯比亚克营地；形容词以-ому, -ого, -ой结尾：къ Дону великому 奔向大顿河，поганого Кощея 邪恶的瘦老头，по Руской земли 在俄罗斯的土地上；动词完成时不再借助быти构成：Уже, княже, туга умь полонила. 大公啊，忧愁已俘虏了你的智慧；На рѣцѣ на Каялѣ тьма свѣт покрыла — «На реке на Каяле тьма свет покрыла» 在卡雅拉河[3]上黑暗遮盖了光明；动词第三人称单复数词尾为[т']：ржуть <马> 嘶, трубять <号> 响, скачють 跳跃；现在时主动形动词借助后缀-уч-, -юч-, -ач-, -яч-构成：ищучи 寻找，деляче 分割；名词、形容词的格形式保留后舌软咝音：брѣзѣ (береге) 岸，вѣцѣ (веке) 世纪，влъци (волки) 狼，стязи (стяги) 旗帜；阴

---

1 指两人同属勇敢的家族，同是斯维雅托斯拉夫的儿子，是亲兄弟。
2 这里指伊戈尔和符塞伏罗德。
3 这条河是伊戈尔战败的地方。

性名词复数第一格以-'a结尾：тучя乌云；集合名词вои（воины, войска士兵，军队）的复数第四格为воя；使用附词мя, ти, ся, ны：ту ся копиемъ приламати — «Тут копьям изломиться» 这里长矛要断了；不定过去时：побегаша къ Дону Великому — «побежали к Дону великому» 奔向大顿河；... наступи на землю Половецкую ……踏上波洛韦茨人的土地；未完成过去时：врани възграяху — «вороны закаркали（начали каркать）» 乌鸦呱呱叫；完成时：...Минула лѣта Ярославля. 度过了雅罗斯拉夫的时代。Ты пробил еси каменныя горы сквозѣ земля Половецкую — «Ты пробил каменные горы сквозь землю Половецкую» 你（第聂伯河）已把横贯波洛夫土地的重重山岭打穿[1]。

从句法看，《远征记》使用无前置词结构：кличетъ връху древа — «кричит наверху дерева» 在树顶上叫喊；集合名词与动词复数形式搭配：Не ваю ли храбрая дружина рыкают аки тури... — «Не ваша ли храбрая дружина рыкает, как туры...» 像野牛那样咆哮的不是你们勇敢的武士吗……；使用与格（第三格）：погасоша вечеру зори — «Погасли вечером зори» 晚霞消逝了；部分二格：позримъ синего Дону — «посмотрим на синий Дон» 让我们瞧一瞧那蓝色的顿河；带情感色彩的简单句：О Руская земле! Уже за шеломянемъ еси! Длъго ночь мръкнетъ. Заря свѣтъ запала — «О Русская земля! Уже ты за холмом! Долго ночь меркнет. Заря свет уронила, мгла поля покрыла» 啊，俄罗斯的国土！你已落在岗丘的那边！幽暗的长夜降临了。晚霞失去了光辉，大雾遮没了原野；用连接词а, и, любо（либо）连接并列结构：Ничитъ трава жалощами, а древо с тугою къ земли преклонилось. 青草同情地低下头，树木悲伤地垂向大地；无连接词复合句表列举、说明、结果意义：А половци неготовами дорогами побегоша къ Дону Великому; крычат телегы полунощы, рцы лебеди роспущены — «А половцы непроложенными дорогами побежали к Дону великому, кричат телеги в полуночи, словно лебеди преследуемые» 于是波洛夫人在未修辟的道路上奔向大顿河；午夜里，他们的大车辚辚地喧嚷着，好比一群被惊起的天鹅。

---

1 指第聂伯河中的石滩地带。

Комони ржуть за сулою — звенить слава въ Кыевѣ — «Кони ржут за Сулой — звенит слава в Киеве» 苏拉河对岸的马儿一叫——基辅就传出了捷报[1]。

《远征记》属民间叙事体裁，平行使用全元音和非全元音组合词：голова — глава 头，молодым — младъ 年轻的，Володимиръ — Владиміръ 弗拉基米尔，перегородиша — прѣгородиша 挡住，городъ — градъ 城市，хороброе — храброе 勇敢的，на заборолѣ — на забралѣ 在栅栏上；о, е 起首词：одинъ 一，единъ 唯一；带 ч, щ 后缀的词：ночь — нощь 夜晚，плетучи 编织，стонущи 呻吟；以 [т']、[т] 结尾的动词：текуть 流动，идуть 走。

在讲述罗斯大地、大公、军人的荣耀与功绩时，在语义庄重、语体崇高的语境里，在表达痛苦、忧伤、爱恋的抒情片段和抽象内容的结构中，作者使用斯拉夫书面语：...Храбрыи русици преградиша чрълеными щиты — «храбрые русичи перегородили червлеными щитами» 勇敢的俄罗斯人以红色的盾牌遮断了。Великыи княже Всеволоде! Не мыслию ти прѣвлетѣти издалеча, отня злата стола поблюсти? — «Великий князь Всеволод! Разве и мысли нет у тебя прилететь издалёка отчий золотой стол（престол）посторожить?» 符塞伏罗德大公啊！难道你不想从那遥远的地方飞来捍卫父亲的黄金宝座？Нощь стонущи ему грозою ему птичь убуди — «Тьма, грозу суля, громом птиц пробудила» 黑夜向他轰鸣着大雷雨，并将鸟儿惊醒。Игорь ждёт мила брата Всеволода — «Игорь ждет милого брата Всеволода» 伊戈尔在等待亲爱的兄弟符塞伏罗德。

在描述波洛夫人入侵、大公溃败等事件时，使用民间文学类语言：...чръныи ворон, поганыи половчине — «...черный ворон, поганый половчине!»……黑色的乌鸦，该死的波洛夫人！Дети бѣсовы кликом поля прѣгородиша — «Дети бесовы кликом поля перегородили» 魔鬼的儿女们以呐喊隔断了原野。... Съ нима молодая мѣсяца, Олегъ и Святъславъ, тьмою поволокоста...— «и с ними два молодых месяца – Олег и Святослав

---

[1] 这是鲍扬颂扬罗斯军队胜利的一种创作手法。苏拉河是第聂伯河左岸的支流，也是距基辅最近的波洛夫草原的边境。河西属于罗斯，对岸属波洛夫。波洛夫军队为骑兵，马叫预示着他们已迫近罗斯国境。

– тьмою заволоклись» 两弯新月——奥列格和斯维亚托斯拉夫——被黑暗遮盖。... Начаша мосты мостити по болотомъ и нрязывымъ мѣстомъ — «Стали мосты мостить по болотам и топким местам» 在沼泽和泥泞的地方开始铺设一座座桥梁。Дремлетъ въ поле Ольгово хороброе гнѣздо — «Дремлет в поле Олегово храброе гнездо» 奥列格勇敢的后裔在田野里瞌睡。Одинъ братъ, одинъ свѣтъ свѣтлый ты Игорю... — «Один брат, один свет светлый — ты, Игорь!» 唯一的弟兄，仅有的光明——你，伊戈尔啊！

《远征记》还使用各种修辞手段，如：头语重复[1]：**Были** вѣчи Трояни, минула лѣта Ярославля; **были** пъци Олговы... — «Были века Трояна, минули годы Ярославовы; были походы Олеговы...» 度过了特罗扬的世纪[2]，度过了雅罗斯拉夫的时代，奥列格·斯威亚托斯拉维奇的远征也都成为过去。尾语重复：Идти дождю стрѣлами **съ Дону Великого**! Ту ся копием приламати, ту ся саблямъ потручяти о шеломы половецкыя, на рѣцѣ на Каялѣ **у Дону великаго**! — «Быть грому великому, пойти дождю стрелами с Дона великого! Тут копьям изломиться, тут саблям побиться о шлемы половецкие на реке на Каяле, у Дона великого!» 巨大的雷声[3]将要轰响！大雨乱箭似地从大顿河对岸袭来！在卡雅拉河上，在大顿河旁，这里长矛要断了，那里砍在波洛夫人头盔上的马刀要钝了！对偶：Дѣти бѣсови кликомъ поля прегородиша, а храбрии русицы чрлеными щиты — «Дети бесовы кликом поля перегородили, а храбрые русичи перегородили червлеными щитами» 魔鬼的儿女们以呐喊隔断了原野，而勇敢的俄罗斯人用红色的盾牌遮断了原野[4]。倒装：На рѣцѣ на Каялѣ тьма свѣтъ покрыла — «На реке на Каяле тьма свет покрыла» 卡雅拉河上黑暗遮盖了光明。同义重复：ни мыслию смыслити, ни думою сдумати, ни очима сглядати — «ни мыслию

---

1 一种修辞方法，重复邻接语段开头的音、词、句等。
2 特罗扬指异教的神。即异教的时代过去了，雅罗斯拉夫的时代过去了，奥列格·斯威亚托斯拉维奇的远征也已成为过去。据此可见，远征记的作者将俄罗斯的历史划分为三个阶段：异教时代，雅罗斯拉夫时代（即基督教统一罗斯的时代）和奥列格内讧的时代。
3 "雷声"比喻武器的响声。
4 这里描写的是古代罗斯军队的战斗队形，密集的盾牌和长矛就像一堵堵墙壁。

не смыслить, ни думою не сдумать, ни глазами не повидать» 怎么想也想不来，怎么盼也盼不到，怎么瞧也瞧不见。трубы трубять 号角吹响。

在客观描述古罗斯诗样世界时，《远征记》使用复杂的形象表现力手段。如修饰语：синего Дону 蓝色的顿河，свѣтлое солнце 光辉的太阳，сѣрым вълкомъ 灰狼，шизымъ орломъ 苍鹰。隐喻：... Крычатъ телегы полунощи — «кричат телеги в полуночи» 午夜里，车马喧嚣。Земля тутнеть, рѣкы мутно текуть, пороси（пыль）поля прикрывають, стязи глаголють... — «Земля гудит, реки мутно текут, пыль поля покрывает, стяги говорят...» 大地鸣响[1]，河水浊涛滚滚流[2]，飞尘遮盖了田野，军旗说[3]……。比喻：Игорь поскочи горнастаемъ къ тростию и бѣлымъ гоголемъ на воду. Въвръжеся на бръзъ комонь, и скочи съ него бусымъ влъкомъ... и полетѣ соколомъ подъ мьглами — «А Игорь поскакал горностаем к тростнику и белым гоголем на воду. Вскочил на борзого коня и соскочил с него серым волком» 而伊戈尔公奔驰着，像一只银鼠跑向苇边，像一只白颊凫扑向水面，他跨上快捷的战马，像一只灰狼，又从马上跳下。换喻：Свѣтлое и тресвѣтлое слънце... чему, господине, простре горячюю свою лучю на ладѣ вои? — «Светлое и трижды светлое солнце! ... зачем, владыко, простерло ты горячие свои лучи на воинов моего лады?» 光明的、三倍光明的太阳啊！……主啊，你为什么要把你那灼热的光芒射向我丈夫的战士们身上？

此外，作者还用表颜色的形容词和动词描写高兴或忧郁的事件、人物的情感与情绪，赋予文本形象表现力色彩。如用柔和的色彩描写和平生活：свѣтлое солнце 光辉的太阳，серым влъкомъ 灰狼，сизым орломъ 蓝灰的苍鹰，синего Дону 蓝色的顿河；用暗色描述悲惨瞬间：чрьная паполома 黑色的罩单，синее вино 蓝色的酒；用红黑、红蓝色描写军事行动：кровавыя зори 血的朝霞，чрьныя тучя съ моря идуть — «черные тучи с моря идут» 黑色的乌云从海上升起；ту кроваваго вина не доста — «тут кровавого вина недостало» 这里

---

1 意指大地在参战骑兵的践踏下鸣响。
2 指被涉水渡河的马蹄浑了的河水。
3 古代交战，用军旗指挥。胜利的旗帜高高升起，旗帜的降落表示战败。

血酒不够了；Въстала обида ... на синѣмъ морѣ — «Встала обида ... на синем море» 屈辱在……蓝色的海上[1]拍击；два солнца помѣркоста, оба багряная стлъпа погасоста... — «два солнца померкли, оба багряные столба погасли» 两个太阳暗淡无光，两根紫红色光柱熄灭了。

动词同义系列在作品中具有不同的语义：Игорь князь **поскочи** горностаемъ... **потече** къ лугу Донца... и **полетѣ** соколомъ — «А Игорь поскакал горностаем к тростнику... И побежал к излучине Донца, и полетел соколом под облаками» 而伊戈尔公奔驰着，像一只银鼠跑向苇边，……他跑向顿涅茨的水湾……像一只苍鹰在云彩下飞翔；不同的修辞色彩：Тоска **разлияся** по Руской земли；печаль жирна **тече** срѣдь земли Русской — «Тоска разлилась по Русской земле；печаль обильная потекла посреди земли Русской» 忧愁在俄罗斯国土上泛滥；悲哀在俄罗斯国土上奔流；不同的情感表现力：Что ми **шумить**, что ми **звонить** — далече рано прѣдъ зорями? — «Что мне шумит, что мне звенит — издалека рано до зари?» 黎明前，从远方那是什么在朝我耳边叫嚣，什么在我耳旁鸣响？

前缀动词赋予行为特殊表现力：**по**зримъ синего Дону — «посмотрим на синий Дон» 让我们去瞧一瞧那蓝色的顿河吧；**по**искати града Тьмутороканя — «завоевать город Тьмутаракань» 去夺取特穆托罗康城；главы своя **по**клониша подъ тыи меч — «головы свои склонили под те мечи» 在剑的威势下低下了自己的头；зори свѣтъ повѣдают — «зори свет **воз**вещают» 朝霞宣告黎明；**на**пълнився ратнаго духа — «исполнившись ратного духа» 充满战斗精神；**на**ступи на землю Половецкую — «наступить на землю Половецкую» 奔向波洛夫的国土；копие **при**ломити — «копье преломить» 长矛要断了；пороси поля **при**крываютъ — «пыль поля покрывает» 飞尘遮盖田野；**при**топта хълми и яругы — «притоптал холмы и овраги» 踏破丘陵和山谷。

《伊戈尔远征记》是古罗斯经典文献的最高成就。它有丰富的词汇，多彩的修辞手段，高超的艺术表现力与高水平的文化功底。然而，"文献中精美的诗

---

[1] "蓝色的海"指伊戈尔被囚附近的亚速海。

句、数百年的文化积淀、高贵的传统还不是决定性的因素,决定性因素、文献的根基是俄罗斯的民歌。《远征记》与民歌、编年史、军事故事的紧密联系证明其深刻的民族基础……"[1],东斯拉夫语的基础。

7. 古罗斯事务语言

除经典文献外,世俗、"半世俗"文献在古罗斯也很繁荣,如俄国人和希腊人907、911、944、971年签订的条约,11世纪初,雅罗斯拉夫一世时问世的《俄国法典》,带有异教色彩的习惯法和各类事务文件等。这些记录世俗内容的事务文件散见于宗教祭祀用的各类手稿及石头、金属、石膏等物质文明的器物上[2]。古罗斯日常事务文献很多,留存下来的却很少。尽管如此,也已证明古罗斯事务语言的存在。

事务语言源自生动的东斯拉夫语,其修辞贫乏,无体系,无笔语。因此有学者(А.А.Шахматов, А.М.Селищев, Н.И.Толстой, А.И.Горшков等)曾置疑事务语言是否经过加工,是否规范。在他们看来,只有教会斯拉夫语是罗斯规范的笔语。然而,"有一个不争的事实,那就是大多数编年史和其他文献中的事务语言完全不同于俄化的教会斯拉夫语,有自己的语言基础";所以,"把事务语言称之为不规范语言,认为其只是对口头言语的简单记录"[3]是不妥的。"历史学家长期研究表明,《俄国法典》不是对习惯法的简单记录,而是一部旨在克服、摧毁习惯法中某些传统习惯的全新大法,……一部取代氏族部落首领权力、为大公政权服务的全新法典……"[4]。

《法典》传承至今有三个版本:简本、详本、缩略本。最古老的抄本为简本(11—12世纪初);详本(12—13世纪初)有100多个抄本;缩略本最晚,有两种抄本,且抄写年代不明。有历史学家认为,《俄国法典》的缩略本产生于16世纪,反映莫斯科国的生活[5]。

1　Ларин Б.А. Лекции по истории русского литературного языка. С.177.

2　Милов Л.В. К истории текста закона судного людем краткой редакции. — Советское славяноведение, 1978, №6, с.100.

3　Филин Ф.П. Истоки и судьбы русского литературного языка. С.225.

4　Ларин Б.А. Лекции по истории русского литературного языка. С.60.

5　见:Юшков С.В. Русская правда по древнейшему списку: происхождение, источники, её значение. М., 1950.

对《俄国法典》的分析表明，事务语言与生动言语联系紧密。这表现在事务文献使用全元音组合词：воротити叫回，горохъ豌豆，корова牛，дерево树，голова头，золото黄金，Володимир弗拉基米尔；ро-, ло-起首词：розграбежь抢劫，розвязати解开，розделити划分，ростеряти丢掉，лодья大帆船，локоть胳膊肘；[ч']音词：дочерь女儿，хочеть想，въобчи大体上，дадуче给；[ж]音词：межа 田界，地界，ноужа（драгоценный）珍贵的；о起首词：оже（ежели; потому что）如果，因为；-ѣ/-е结尾词：свое自己的，чье谁的，воле意志，продаже出卖；形容词第二格以-ого结尾：тысячьского成千的，киевьского基辅的，белогородьского白城的；东斯拉夫语法律术语：потокъ（ссылка, заточение）流放，监禁，головьникъ（убийца）杀人犯，задьница（наследство）遗产，добытькъ（имущество）财产，проторъ（судебные издержки）诉讼费；农业用语：жито（рожь）黑麦，возъ大车，борона耙，кобыла母马，баранъ公绵羊，лоньщина（годовалое животное）幼畜，третьяк（трехлетнее животное）三岁口牲畜；社会政治词语：мужь（приближенный князя）大公亲信，огнишанинъ（управитель вотчины）世袭领地的管家，ябедникъ（судебное должностное лицо）刀笔吏，холопъ（раб）奴隶，奴仆，смердъ（крестьянин）庄稼汉，челядинъ（слуга）家奴，仆役。

重复使用同类句法结构：Аже кто кого ударить батогомь, любо чашей, любо рогомь, любо тылеснию, то 12 гривне. Не терпя ли противу тому ударить мечемь, то вины ему в том нетуть. — «Если кто кого ударит палкой, или чашей, или рогом, или тупой стороной меча, то платит 12 гривен. Если же обиженный, не стерпев, в отместку, сам ударит мечом, то того в вину ему не ставить» 如若有人用手杖、酒杯、角状物或剑脊打人，需支付12格里夫纳[1]。若受害人忍无可忍，奋起反击，则不追究其过失。使用无连接词复合句：Убьет моужь моужа, то мыстить брату брата — «Если муж убьет мужа, то мстит брат за убийство брата» 如果一个男人杀死另一个男人，则弟弟可为哥哥复仇。条件句用东斯拉夫语连接词а, а иже; оже, оже ли, а же, а

---

1 即120戈比。

оже ли连接：А оже украдуть чюжь пес, любо ястреб, любо сокол, то за обиду 3 гривны — «А если украдут чужого пса, ястреба или сокола, то платить 3 гривны штрафа» 如果有人偷了别人家的狗、鹰或隼，需支付罚款3格里夫纳。

事务语言经过"加工"体现在：（1）按内容选择语言，如"说到盗窃、斗殴、扯掉胡子、打得满脸是血时，使用日常生活用语……文体、准确的事务内容，公文的准确性都要求选用相应的词语，有特定意义的俄语词[1]"。（2）使用条件句表达事务内容：Аже кто познаеть свое что боудеть погоубилъ, или оукрадено оу него что, или конь, или порт, или скотина, то не рьци се мое, но пойди на сводъ къде еси възялъ, съведится кто боудеть виноватъ, на того татьба снидеть... — «Если кто, без явки на торгу, отыщет что-либо у него пропавшее или украденное — коня, одежду или скотину, — то нельзя сказать "это мое", а надо заявить ответчику —"иди на очную ставку, объяви, у кого взял, с тем и стань с очей на очи"» 如果有人在市场上公开寻找丢失或被盗的物品，如马、衣服或牲畜，则不能说"这是我的"，而应对被告人说："你去对质，去说清楚，从谁那儿拿的，当面对质……。因为条件句是所有口语句法结构中最适合真实准确表述法律本质的句式。

《法典》词语的另一特点是不用外来词，而用东斯拉夫语法律术语再现事务内容：Пакы ли боудеть что татебно коучилъ въ торгоу, или конь или пъртъ, или скотину, то выведеть свободьна моужа два, или мытника, аже начнеть не знати оу кого коупилъ, то ити по немь темь видокомъ на търгоу... — «Кто купит на рынке что-нибудь краденое: коня, одежду или скотину, тот должен представить в качестве свидетелей двух свободных людей или торговых пошлин сборщика; если при этом окажется, что он не знает, у кого купил вещь, то свидетелям идти за него к присяге...» 谁在市场上购买被盗物品：马、衣服、牲畜，谁就要提供两个自由人或收税人作为证人；如果他不知道在谁那儿买了东西，证人要为他作证……

由此可见，不能认为基辅罗斯事务语言贫乏，而应看到，该语言是古俄语

---

1 Селищев А.М. О языке «русской правды» в связи с вопросом о древнейшем типе русского литературного языка//Вопр. Языкознания. 1957. №4.С.57-63.

中的特类：它言简意赅、准确严谨地传递事务内容。它不受外来语影响，是古俄语中东斯拉夫语占优势的唯一语言。事务语言起初只有口头形式，后呈现在《法典》中，是未来标准语事务语体的雏形。

本章小结

1. 古斯拉夫语是中世纪斯拉夫民族共用的语言，也是斯拉夫民族的书面语。在东斯拉夫人聚居区，古斯拉夫语既是教会斯拉夫语的基础，也是斯拉夫民族规范笔语的基础。古斯拉夫语对东斯拉夫语进行规范的同时，向东斯拉夫人传播基督教文化。东斯拉夫人则以古斯拉夫语为工具巩固国体，创建母语文字与文学。

2. 古斯拉夫语是教会斯拉夫语（教会语言）和斯拉夫书面类规范笔语（世俗文学语言）的基础，但教会斯拉夫语和斯拉夫书面类规范笔语中的古斯拉夫语只在形式（构词、词缀、句法结构）上促进罗斯规范笔语的形成，俄语的"魂"与内涵始终是罗斯人的，并随着罗斯人与罗斯社会需求的变化不断发展与完善。

3. 基辅罗斯语言由四部分组成：（1）古俄语，即农民使用的口头言语、部族方言[1]；（2）教会斯拉夫语，即祈祷仪式、教会文献用语；（3）民间文学语言；（4）事务语言。古俄语是古罗斯民族共同使用的语言，其基础是基辅共同语。该语言在罗斯皈依基督教、东斯拉夫人获得文字后得到发展。教会斯拉夫语源于南斯拉夫，进入罗斯（11—14世纪）后被俄化，成为俄化的教会斯拉夫语。它"融合南斯拉夫语与东斯拉夫语元素"[2]，与口语对立。基辅事务语言与古罗斯其他书面语不同，其基础是东斯拉夫生动言语，履行事务功能。事务语言是经东斯拉夫人加工过的最古老的语言，是基辅罗斯时期古罗斯民族共同使用的语言，它与生动东斯拉夫语的有机结合，预示着未来几个世纪俄语的发展趋势：笔语民主化，术语东斯拉夫化，摆脱教会斯拉夫语影响，用俄语传递信息、结构文本。

1　Ларин Б.А. Лекции по истории русского литературного языка. СПб. 2005. С.17-18.

2　Успенккий Б.А. «Краткий очерк истории русского литературного языка（XI-XIX вв.» М. «Гнозис» 1994. С.4.

第二章

大俄罗斯民族的规范笔语
（14—17世纪中）

1.（大）俄罗斯民族的活动中心——莫斯科

12世纪下半叶，游牧民族加紧对罗斯领土的袭扰。当地居民被迫从第聂伯河左岸、杰斯纳河、顿河上游迁徙到奥卡河与伏尔加河之间地区。大公们为权利和土地进行两败俱伤的斗争，使基辅这个东斯拉夫人政治、经济、文化中心地位下降，基辅罗斯被分裂为多个公国。各公国有自己的习俗文化，自己的法律，使用自己的语言。12世纪基辅罗斯的分裂和13世纪蒙古鞑靼人的入侵破坏了东斯拉夫民族的统一，东斯拉夫民族被分裂为俄罗斯族、乌克兰族和白俄罗斯族。

编年史首次提到莫斯科是在1147年。此时的莫斯科还是一个位于拉斯托夫-苏兹达里公国边界上建有不大城堡的"大村庄"。莫斯科的崛起始于伊凡·卡利达统治时期（1325—1340年），并持续到16世纪。

1378年，莫斯科大公德米特里·顿斯科伊在顿河河畔的库利科沃原野上击败金帐汗国马麦统帅的军队，打破了蒙古人不可战胜的神话。1453年，拜占庭帝国被奥斯曼土耳其帝国（西突厥人国家）灭亡，末代皇帝君士坦丁十一世战死。为遏制奥斯曼帝国的扩张，1472年，罗马教皇将自己的养女、拜占庭末代皇帝的侄女索菲娅·帕列奥洛格公主嫁给了正处于上升势头的莫斯科大公伊凡三世（1462—1505）。索菲亚公主美丽聪慧，颇具政治才干，对伊凡三世时代的强盛功不可没。伊凡三世迎娶索菲亚公主后，以拜占庭皇帝继承人自诩，自称"沙皇"，"第三罗马帝国论[1]"甚嚣尘上。1480年，伊凡三世击败阿赫马德汗，停止对金帐汗国纳贡，结束了蒙古鞑靼人240年的统治，获得独立。此后，大多数

1　第一罗马指古罗马；第二罗马指君士坦丁堡；第三罗马指莫斯科。

有封邑的公爵被消灭，诺夫哥罗德（1478年）、维亚特卡（1485年）、普斯科夫与梁赞（1510年，1520年）先后并入莫斯科公国，统一的俄罗斯从此成为东欧强国。伊凡三世·瓦西里耶维奇大公也因此被视为俄国的奠基人。莫斯科成为（大）俄罗斯民族的中心，俄罗斯的首都[1]。为加强对外经济联系，防范外族入侵，避免原独立公国的"背叛"，莫斯科公国强化中央集权。随着中央集权国家的建立（大）俄罗斯民族形成。

2. 莫斯科维亚[2]的语言环境

东斯拉夫语通行于（大）俄罗斯、乌克兰和白俄罗斯方言区。在（大）俄罗斯民族形成过程中，各地方言被重新评估，方言特点或弱化或中和，莫斯科共同语（Московское койне）诞生。

莫斯科共同语不同于基辅共同语，有自己的特点。影响莫斯科共同语的首先是居住在奥卡河与伏尔加河河间地区居民所讲的罗斯托夫土话和苏兹达里土话，其次是诺夫哥罗德土话、普斯科夫土话及稍晚的梁赞土话和图拉土话。此外，突厥语对莫斯科共同语也有影响。各种方言土语融合在一起构成莫斯科土话，即莫斯科共同语。该共同语融合了农民土话、城市俗语和莫斯科贵族使用的口语。

14世纪末至15世纪初，莫斯科共同语是莫斯科公国统一的口头言语形式，服务于莫斯科人的日常生活、法律事务、贸易、政治等领域。与规范笔语不同，共同语没有完整的体系结构，语音、语法无明显区分性特征，所用词汇也不同于文学语言，有自己的起源、构词特点、语义特征、情感表现力色彩和使用范围。这一切"与俄罗斯领土扩张、社会变化有关。该语言在其形成、推广过程中不受限制，供城市'上层'和'底层'居民使用，是社会各阶层人士共用的口头言语"[3]。

同时，莫斯科公国继承了基辅公国的规范笔语，形成莫斯科规范笔语。然而，斯拉夫书面类语言与民间文学类语言在莫斯科维亚的命运不同：受南斯拉夫二次影响，斯拉夫书面类规范笔语成为文学语言的主导形式，用于历史叙事、政论、回忆录等体裁的写作，属国家语言；民间文学类语言丧失原有地位，仅用于

1　14世纪初，莫斯科与特维尔激烈竞争，争夺首都的命名权。14世纪中，莫斯科获胜。

2　"莫斯科维亚（Московия）"是15—17世纪外国旅行者对俄国的称谓。

3　Баранникова Л.И. К проблеме соотношения русского литературного языка и общенародного койне.//Типы наддиалектных форм языка. C.109.

世俗文学的个别体裁，如军事故事，编年史等。

与莫斯科规范笔语并存的还有教会斯拉夫语和事务语言，后者与斯拉夫书面类规范笔语一样属国家语言，是大俄罗斯民族主要笔语之一。斯拉夫书面类规范笔语与事务语言的竞争构成了莫斯科维亚独特的双语环境。

16世纪末至17世纪初，俄罗斯民族语言形成。17世纪的语言环境因此发生变化，口语[1]元素进入文学作品，出现了反映口语特点的新的文学体裁。

承认大众口语的地位与封建制度的衰亡有关。17世纪，俄国封建制度开始崩溃。新的社会经济结构清晰地显现在俄罗斯城市的历史上。封建制度繁荣时期（15—16世纪），城市环绕封建主的城堡而建。依附于封建主并为之服务的人们居住在城郊大村庄里。16世纪末至17世纪，君主制[2]建立后，大、小城市收归国有，城市居民必须服从沙皇制定的法律。一些人因公职在城里谋得上等产业，成为上等人；另一些人尽管也获得城市居住权，但须纳税、服徭役，成为城市平民，赋役人口。新经济形态下的城市，封邑王公的城堡失去以往作用，城市生活的中心移至古堡外的工商区。工商区不断扩大，大量工匠进驻该区，生产销售自己的产品。17世纪末至18世纪，商人与工匠分离，但不对立，二者均是工商区居民。新兴资产阶级的雏形由此显现。随着工商业者经济与政治实力的增强，他们买断土地、厂房、企业，置办产业，取得一系列特权[3]，成为自由人。他们不再是依附封建领主的工匠、地主的奴仆，而成为自由的工匠或商人。该进程历时一个世纪（16世纪下半叶至17世纪下半叶）。

城镇人口的变化、经济的增长、工商区居民社会地位的提高促进了社会进步，文化兴起。17世纪，莫斯科工商区居民自创文字，写作文学作品，把生活中通用的大众口语形式记录下来。新型文学语言比以往的文学语言、教会笔语、古斯拉夫传统文献语言自由得多。它贴近大众口语，甚至与之完全吻合。"17世纪

1　此前的文学语言远离大众口语，与口语形成对立。口语有悠久的历史，但我们对其知之甚少，因为口语形式只偶然出现在少数古迹上。

2　为遏制波雅尔（领主）贵族和由他们控制的大贵族杜马，扶植平民贵族，伊凡雷帝（1533～1584）于1549年2月召开有各阶层（贵族、僧侣和市民）代表参加的缙绅会议。这是俄国君主制的开端。此次会议通过了加强中央集权、限制农民出走权的1550年法典。与欧洲国家（如法国、波兰）的君主制不同，俄国君主制不为保护各阶层利益而限制沙皇权力，而是加强皇权、实现国家的一体化。

3　如购买土地，实行自治，建立全国统一的管理机构。

工商区居民的文学创作是对俄罗斯民族语言的首次记录"[1]。

3.（大）俄罗斯民族语言的特点

（大）俄罗斯民族语言脱胎于古俄语，它在离开母体前已完成弱化音减少、半软辅音变软辅音，[′э]过渡为[o]，гы，кы，хы转变为ги，ки，хи，[ж′]、[ш′]硬化等语音进程。

词法变化涉及名词、形容词和动词：

1) 名词双数形式消失：Сии бо князь великый Дмитрей Ивановичъ и брат его князь Владимер Ондрѣевич... поостриша сердца своя мужеством... и уставиша себе храбрыа полькы...（«Задонщина»）— "И вот князь великий Дмитрий Иванович и брат его, князь Владимир Андреевич,... закалив сердца свои мужеством... урядили свои храбрые полки ..." 于是，德米特里·伊万诺维奇大公和他的兄弟弗拉基米尔·安德烈耶维奇公……用刚勇燃烧起自己的雄心，……整编、选拔自己的军队……。

呼格被名词一格取代：Снидемся, братия и друзи и сынове руским, составим слово к слову, возвѣселимъ рускую землю...（«Задонщина»）— "Братья и друзья, сыновья земли Русской! Соберемся вместе, составим слово к слову, возвеселим Русскую землю ..." 聚集起来吧，俄罗斯的兄弟、朋友和健儿们，让我们缀词联句，欢悦俄罗斯大地……。

名词变格形式得到统一：词干以-а结尾的名词复数第三、五、六格词尾统一为-амъ, -ами, -ахъ: ...Начаша грамоты писати **по пригородам**（«Повесть о Псковском взятии»）— "... начали писать грамоты в пригороды"……开始写信给郊区的人。

2) 形容词、形动词短尾没有格的变化，在句中作谓语：... И люди ходять **нагы** всѣ, а голова не **покрыта**, а груди **голы**, а волосы на одну косу **плетены**, а всѣ ходят **брюхаты**...（«Хождение за три моря»）— " ... И люди ходят нагие, а голова не покрыта, а груди голы, а волосы в одну косу

---

[1] Ларин Б.А. «Лекции по истории русского литературного языка (X-середина XVIII в.)» СПБ.,.2005. С. 327.

заплетены, и все ходят брюхаты...» 人们赤身露体，不包头，裸胸，头发编成辫子，所有人都大腹便便……。

阳性形容词词尾在书面语和口语中不同，书面语为-ый, -аго, 口语为-ой, -ого：К нему же пришедъ **блаженныи** юноша Ворфоломѣи, моляше Стефана, дабы шелъ съ нимъ на взыскание мѣста **пустыннаго**（«Житие Сергия Радонежского»）— «Блаженный юноша Варфоломей, пришедши к нему, просил Стефана, чтобы тот пошел с ним искать место пустынное» 傻小子巴塞洛缪找到斯蒂芬，请他一起去寻找沙漠之地。И князь **виликои** отвечал посадником ...（«Почесть о Псковском взятии»）— «А великий князь отвечал нашим посадникам...» 于是大公回复地方节度使……И Юрий-посадник прислал грамоту из **Великого** Новгорода в Псков ...（«Повесть о Псковском взятии»）于是节度使尤里从大诺夫哥罗德发信到普斯科夫……

第三格词尾-ому成为笔语的主导形式：...а другие близко подходили к **блаженному** и окружали его, и даже обнюхивали его（«Житие Сергия Радонежского»……另一些人走近傻小子，围着他，甚至把他嗅了一遍。

3）动词获得语法意义和语法范畴：不定过去式、未完成时、第二复合将来时逐渐消失；单一的过去时形式——不用系动词быти的完成时——形成：Турецкий царь Махмет-салтан сам **был** философ мудрый... а греческие книги прочет, и **написал** слово в слово по турецкии, ино великия мудрости **прибыло** у царя.（«Сказание о Магмете-салтане»）— «Турецкий царь Магмет-салтан сам был философ мудрый ... а когда греческие книги прочитал и перевел слово в слово на турецкий язык, то еще больше мудрости прибавилось у него» 土耳其国王穆罕默德-苏丹是个明智的哲学家，……他阅读希腊书籍，将其译成土耳其语，增添了更多智慧。

相互对立的完成体与未完成体动词的体范畴开始形成：**посетили** царя（拜访沙皇），**уловили** его（抓住它），счастие **укротили**（抑制住幸福），мечь его **обнизили**（他的剑被压低）（«Сказание о Магмете-салтане»）。

句法中，主从复合句受到并列复合句和无连接词句法结构的排挤：

А Василей Папин проехал в город, а яз ждал в Новѣгородѣ... а ехал с кречаты от великаго князя Ивана, а кречатов у него девяносто — «А Василий Папин, однако, в город уже проехал, и я в Нижнем Новгороде две недели ждал ... А ехал он с кречетами от великого князя Ивана, и кречетов у него было девяносто» 可瓦西里·帕潘已经进城，于是我在下诺夫哥罗德等了两星期……他骑马擎隼从伊万大公那儿返回，他大约有90只隼。И ту наехали нас три татарины поганыи и сказали нам лживя вѣсти: Каисым солтан стережет гостей в Бузани（«Хождение за три моря»）— «Тут наехали на нас три татарины поганые и сказали нам лживые вести: "Кайсым салтан стережет гостей в Бузани"» 我们在这儿撞上了三个可恨的鞑靼人，他们给我们假消息，说："卡伊斯苏丹在布扎尼守候客人"。

出现了新的连接词和关联词чтобы, который, если：... И били есмя ему челом, **чтобы** нас пожаловал...（«Хождение за три моря»）……我们向他叩头，感谢他的关照……。

以上变化起初反映在莫斯科人的口头言语中，而后是笔语里。但古旧形式继续使用，且仍在斯拉夫书面类规范笔语中占主导的地位。

16世纪，莫斯科维亚规范笔语在新旧书面语与生动言语的基础上形成，出现了新的文学体裁，各体裁在语言上形成对立，生动言语更多地进入笔语：

А всемъ людемъ ведомо: при матери нашей и у князя Ивана Шуйского шуба была мухояръ зеленъ на куницахъ, да и те ветхи; и коли бы то ихъ была старина, и ... ино лутчи бы **шуба переменити**（«Послание царя и великого князя Иоанна Васильевича всея России ко князю Андрею Курбскому...»）— «А всем людям ведомо: при матери нашей у князя Ивана Шуйского шуба была мухояровая, зеленая, на куницах, да и те ветхи; так если б у них было отцовское богатство, то... лучше б шубу переменить» 大家都知道，母亲在世时，伊万·舒怡斯科公有件皮袄，棉毛混纺布面，貂皮里，绿色，但已破旧。如果他们有父亲的财产，那么……最好换件新的。

这封信是用斯拉夫书面语撰写的，然而，在描写日常生活时却用了生动口语形式：шуба переменити（名词第一格与动词不定式搭配作直接补语）。这种形式"即便在事务语言中也被视为俗语，禁止使用，但伊凡雷帝却将其用于庄重语体"[1]。可见，在新的文学体裁中，书面语与口语的对立只体现在语言形式上，而非修辞的高雅与低俗上。二者在功能、美学、信息量上是平等、同义的，只不过口语更具表现力，动感性更强。这表明，16世纪，俄国人的潜意识里文学不分高低贵贱，作者只根据叙述的内容和主题选择语言：书面语用于陈述重大事件或宗教内容，口语用于讲述日常事务。

4. 教会斯拉夫语改革

14世纪后半叶至15世纪，莫斯科维亚恢复了同南斯拉夫各国，首先是拜占庭与保加利亚的文化联系。保加利亚东正教都主教基普里安（Киприан）主持俄罗斯东正教教会事务，其侄格里戈里·查姆布兰克（Григорий Цамблак）任基辅都主教，是基普里安修订祈祷仪式用书的继承人。生于塞尔维亚、多部圣徒传的作者巴霍米·拉科菲特（Пахомий Лагофет）曾在诺夫哥罗德、莫斯科工作。这些人对莫斯科维亚语言的发展有重大影响。

1453年土耳其帝国攻陷拜占庭帝国首都君士坦丁堡，占领巴尔干半岛。大批南斯拉夫藏书家、牧师、教育家、学者被迫移居莫斯科维亚。他们的到来让莫斯科维亚人[2]见识了保加利亚-拜占庭文学的豪华：华丽的辞藻、激昂的语调。然而，不能把南斯拉夫二次影响[3]只归结为"保加利亚、塞尔维亚移民的作用。这种影响极其深远，是社会文化现象，它包括罗斯修士缄口不言思想对罗斯的渗透，拜占庭、保加利亚艺术对罗斯建筑学和圣像艺术的影响[见画家费奥凡·格列克（Феофан Грек）、安德烈·鲁布廖夫（Андрей Рублев）的创作]，以及翻译文学、原创文学与文字的发展"[4]。

---

1 Ларин Б.А. Лекции по истории русского литературного языка. С.253-254.

2 "莫斯科维亚人"是15—17世纪外国旅行者对俄罗斯人的称谓，称俄罗斯国家为"莫斯科维亚"。

3 "南斯拉夫二次影响"是根据9—10世纪罗斯受洗时，南斯拉夫对俄罗斯施加第一次影响而来的。"二次影响"指15世纪古斯拉夫语对古俄语的又一次影响。然而，这一术语并未得到传播，因为，古斯拉夫语影响古俄语的同时，自身也受到古俄语的影响。二者作用的结果产生了东斯拉夫化的教会—斯拉夫语。

4 Мещерский Н.А. История русского литературного языка. С. 106-107.

南斯拉夫二次影响符合世俗政权与教会利益。世俗政权乐于用豪华庄重的文体、华丽的辞藻歌颂罗斯大公的功绩，描写沙皇日常生活与执政时代。他们认为演讲语应有别于日常生活用语。教会则利用南斯拉夫二次影响，把莫斯科推到东斯拉夫世界古文化中心的位置，称其为新耶路撒冷或第三罗马（罗马——拜占庭——莫斯科）。教会认为，矫饰夸张的演讲辞可以表达崇高的爱国主义理念和第三罗马严肃悲怆的思想，生动俄语则不能。为此，他们在14世纪拜占庭-保加利亚文学语言的基础上，生造出一种以拜占庭政治思想意识形态为指向、讲究说话技巧、激昂藻饰、"词语叠加"的演讲语。这种语言沿袭了古斯拉夫语体系，增添了新的"词语叠加"修辞手段，改良了教会斯拉夫语。莫斯科维亚斯拉夫书面类规范笔语与古斯拉夫书面语不同，更加符合莫斯科维亚统治阶级思想意识形态的需求，但也因其脱离生动俄语，阻碍了俄语的发展。

以都主教基普里安（Киприан）[1]为首的南斯拉夫传教士、启蒙工作者校订祈祷用书，改革文字，规范斯拉夫书面语。改革成果积极而明显：规范了俄语笔语（尽管其脱离生动俄语），完善了俄语文字，为图书出版扫清了道路[2]。文字改革的成果主要体现在：

1. 字体变化：（1）用南斯拉夫简化多角字体取代俄语多角字体。简化多角字笔画简洁易写、斜体排列、书写快捷，但不易阅读。简化多角字用于书籍印制。（2）仿希腊书写模式，使用字上符号（титло），如缩略词上的字上符号，表重音的数目字；表义图形：⊙— глаз眼睛，з— змея 蛇, ⊗—окрест себя自己周围，⊕—мертвый человек死人。（3）重新启用古斯拉夫语鼻元音字母Ѫ（大юс）和Ѧ（小юс）[3]。（4）书写j化字母га时，元音前的j消失：всеа整个, добраа善良的, копиа副本。（5）用"辅音+元音"组合替代弱化元音与流辅音组合，并按古斯拉夫语范式书写：тръгъ（торг, базар）市场，集市, плъкъ（полк）团, пръвый（первый）第一。（6）гы, кы, хы取代ги, ки, хи：гыбѣль死亡, пакы再次, хытрьць滑头。（7）恢复咝软辅音：врази

---

1 该时期也称基普里安时期。
2 莫斯科国的图书出版业始于16世纪中叶。佚名印厂出版了7部著作：三部《四福音书》（Четвероевангелия）、两部《圣诗篇》（Псалтыри）和两部《三重颂歌》（Триоди）。
3 发[у]、['a]音。

（враги）敌人, руцѣ（руке）手, послуси（свидетели）证人。（8）仿塞尔维亚语，词尾用软音符号[ь]替代硬音符号[ъ]：умь智慧, словенескь斯洛文尼亚人, Ростиславь罗斯季斯拉夫。

2. 语音变化：非全元音组合取代全元音组合：градъ→городъ城市, глава→голова头, прѣдъ→передъ在……前面, плѣнъ→полонъ俘虏；古斯拉夫语中的复合软辅音жд, щ（源自ψ）取代字母ж, ч：даждь→дажь（дай）给, нощь→ночь夜晚；词首元音о, у, га（одинъ一, уный少年的, →азъ我）改写为ѥ, ю, а（ѥдинъ一个, юноша少年, азъ我）。

3. 词汇变化：（1）译本和原创文本中保留希腊语词：евангелие福音书, ересь异教, игуменъ男修道院院长, камо（куда）往哪儿, мнихъ（монах）修道士, столпъ柱石；（2）使用古旧斯拉夫语词：стогна（улицы）街道, возглавие（подушка）枕头, грясти（идти）走, село（поле）田野；（3）书面语形式取代生动言语形式：алчба→голодъ饥饿, выя→шея颈部, гортанъ→горло喉咙, десница→рука手, длань→ладонь手掌, дщерь→дочь女儿, око→глазъ眼睛, перси→грудь胸部, стезя→дорога道路。

4. 词法变化：恢复使用（1）希腊语、古斯拉夫语和古俄语复合词：благословити 祈祷，祝福, благородьнъ高尚, добродѣтѣльнъ美德, чудотворьць 魔术师；早期礼仪文献中的教会斯拉夫语词：благочестие虔诚, всечудный极其优美的, треблаженная（весьма блаженная）极幸运的；新造复合词：гордовысоковыствовати（гордо и высоко держать голову на прямой шее）挺直脖颈骄傲地昂起头, каменно-дѣльный-оградный（ограда, сделанная из камня）石头围墙, крѣпкорукий手臂有力的, кроволакательный嗜血的；（2）名词格的古旧形式：ко врагомъ向敌人, над немцы战胜德国人, при вратѣхъ在大门前, землѩ"土地"的单数第二格；（3）代词格的古旧形式：тя（тебя）"你"的第四格, мя（меня）"我"的第四格, ти（тебе）"你"的第三格, ся（себя）"自己"的第四格, тебѣ"你"的第三格, нашеѩ（нашей）"我们的"的第二格, азъ（я）"我"的第一格；（4）古斯拉夫语形容词词尾：阳性单数第一格：слѣпый失明的，第二格：злаго凶恶的，复数第一格和第四格：неповинныя дети无辜的孩子们, божия

ангелы上帝的天使；（5）动词第二人称以-ши, -си结尾：приобрящеши（приобретешь）获得, даси（дашь）给；（6）不定式以-ти结尾，无重音：быти是，有, страдати难受，痛苦, сотворити创造；（7）过去时分为不定过去时：приступихъ着手；未完成过去时：кричаху叫喊, творяху创作；完成时：съделал еси做完, погубилъ еси致死；（8）借助古斯拉夫语后缀-ущ-, -ющ-, -ащ-, -ящ-构成现在时主动形动词：сущу（сущий, существующий）现有的, помогающе 帮助, слышаще听到, хотящему想要。

5. 句法变化。（1）句子结构更加复杂，如连续使用多个简单句：Но что тя нареку, о епископе, или что тя именую, или чим тя призову, и како тя провѣщаю,..., или что ти приглашу, како похвалю, како почту, како ублажю, како разлажю и како хвалу ти съплету? («Житие Стефана Пермского» — «Да как же тебя нареку, о, епископ, или как тебя поименую, или как тебя назову и как о тебе провозглашу, ⋯ или как к тебе обращусь, как восславлю, как воздам честь, как восхвалю, как расскажу и какую хвалу тебе сплету?» 怎么称呼你，哦，主教？说出你的姓名或直呼你的名讳、推介你？……如何对待你？赞美，给予你荣誉，吹捧你，还是褒奖编排你？；多个同等成分：Да и азъ многогрѣшный и неразумный... слово плетущи и слово плодящи, и словомъ почтити мнящи, и отъ словесе похваление събираа, и приобрѣтаа, и приплѣтаа... («Житие Стефана Пермского») — «Да как же я, многогрешный и неразумный, плетя слово и плодя слово, и думая словом почтить, и похвалу из слов собирая и получая, и приплетая...» 我这个罪孽深重且无知的人，怎能瞎编乱造呢，我只是想说点什么表示尊敬，于是就把赞美之词拼凑到了一起……；多个列举成分：Что еще тя нареку, вожа заблюждьшимъ, обрѣтателя погыбшимъ, наставника прелщеным, руководителя умомъ ослѣпленымъ, чистителя осквереным, взискателя расточеным, стража ратнымъ, утѣтителя печалнымъ, кормитетя алчющимъ... («Житие Стефана Пермского») — «Как еще тебя нареку? Вождем заблудших, обретателем погибших, наставником обманутых, руководителем ослепленных умов, очистителем оскверненных, искателем

рассеянных, хранителем ратников, утешителем печальных, кормильцем голодных» 我还能叫你什么？失足者的领袖、阵亡者的受益人、受骗人的师傅、迷失心智者的领导、被玷污者的净化器、马大哈的取景器、士兵的管理者、伤心者的慰藉、饿汉的供养人。（2）使用古旧连接词：Они же, **егда** услышаша преставление его, восплакаша со слезами... — «Они же, когда услышали о преставлении его, зарыдали со слезами…» 一听到他去世的消息，他们就痛哭起来……；**Камо** заиде доброта твоя, **камо** отъиде отъ насъ... — «Куда ушла доброта твоя, куда ушла от нас… » 你的善心到哪儿去了，离开我们去了哪儿……; ...Слава давшему намъ Стефана и **пакы** вземшему... — «Слава давшему нам Стефана и назад взявшему...» 光荣属于赐给我们斯蒂芬的人，也属于接受他的人……（«Житие Стефана Пермского»）。（3）"独立三格" 短语：Отцю же его великому князю Ивану Ивановичю оставлешу житие свѣта сего и приимшему небесная селения, си же оста младъ сый, яко лѣт 9 ... («Слово о житии и о преставлении великого князя Дмитрия Ивановича, царя Русского») — «Когда же отец его, великий князь Иван, умер и удостоился небесной обители, он остался девятилетним ребенком» 他父亲伊万大公去世时，他还是一个9岁的孩子。

6. 修辞变化。 为使文体华丽，选用具有书面语色彩的：（1）独创的复合形容词和名词：волкохищнымъ 狼一样凶残的, каменносердечен 铁石心肠的; добропамятство 好记性；（2）带古斯拉夫语后缀的抽象名词：именитство（титул, звание）爵位，封号, княжение 公国, мудрости 智谋, настолование（престол）帝位，王位, сѣтование 抱怨，诉苦；（3）同语反复：царь царемъ умре — «царь царей умер» 王中王已死；единъ вьединеный и уединяяся — «один-единственный и уединившись» 孤家寡人；пѣснь поюще, свѣте мой свѣтлый — «песню поющий, свет мой светлый» 高歌一曲，世界充满光明；（4）重叠[1]：... Перьмскую же грамоту единъ чрьнецъ сложилъ, единъ составилъ, единъ калогеръ, единъ мнихъ, единъ инокъ

---

[1] 一种修辞方法，即同一组音或词数次重复出现。

— «Перьмскую же грамоту един чернец сложил, един составил, един сочинил, един калогер, един мних, един инок» 彼尔姆识字课本是一位修士一人撰写、一人编辑的;... Единъ в едино время — «... един в едино время» 同一时间同一个人;... Единъ, уединеныи, единъ у единого бога помощи прося... «Житие Стефана Пермского» — «един инок, уединяяся, един у единого бога помощи прося» 修士一人离群索居, 独自乞求神的帮助;(5)隐喻: Како въспишу или како възглаголю о преставлении сего великаго князя? Отъ горести душа язык связается, уста заграждаются, гортань премолкает, смыслъ изменяется, зракъ опуснѣвает, крѣпость изнемогаетъ... («Слово о житии и о преставлении великого князя Дмитрия Ивановича, царя Русского») 怎样表述, 如何公布大公去世的消息? 心痛舌打结, 双唇紧锁, 喉头哽咽, 意识模糊, 一脸茫然, 整个要塞不堪重负……;(6)比喻: ...Просвѣтися лице его акы ангелу (他的脸庞像天使一样明亮); княгыни его ... въ перси свои руками бьющи, яко труба рать повѣдающи и яко арганъ сладко вѣщающи («Слово о житии и о преставлении великого князя Дмитрия Ивановича, царя Русского») 公爵夫人……双手捶胸, 似军号吹响, 管风琴播放;(7)修饰性提问: Ангела тя нареку?... человѣка ли?... Первозданнаго ли тя нареку? («Слово о житии и о преставлении великого князя Дмитрия Ивановича, царя Русского») 称呼你天使?……人?……还是直呼你的名字?;(8)迂喻法: И в законъ господни поучася день и нощь: и бысть яко древо плодовито насажено приисходищихъ водъ и часто напаяемо разумомъ боже ственныхъ писании и оттуду прорастаа грезнъ добродѣтели, и прцвѣтаа виды благоволения, тѣмъ и плодъ свои дасть въ время свое... («Житие Стефана Пермского») — «И закон господень изучал день и ночь, и был, как дерево плодовитое, посаженное у истока вод и часто насыщаемое мудростью божественных писаний, откуда и произрастала гроздь добродетелей, расцветали образы благословения, потому и плод свой дало во время свое» 主日夜研习法律, 就像种在水源旁、常被圣书智慧滋养的果树, 生发出一连串美德, 感恩景象如花蕾般绽放, 结出果

实。

受南斯拉夫二次影响，传记文学、叙事文学、书信体文学、翻译文学的文体追求豪华、藻饰、"词语编织"。如《斯捷番·别尔姆斯柯依行传》（Житие Стефана Пермского）[1]、《俄皇德米特里·伊万诺维奇大公生死记》（Слово о житии и о преставлении великого князя Дмитрия Ивановича, царя Русского）、《马马耶夫血战的传说》（Сказание о Мамаевом побоище）、《攻克帝都的故事》（Повесть о взятии Царьграда[2]）和伊凡雷帝与安德烈·库尔博斯基书信等均以复杂的句法结构、相近的词句、晦涩难懂的内容见长，被视为全新华美的文学叙事。

以伊凡雷帝与安德烈·库尔博斯基[3]书信为例，可以看到两种社会地位（世袭贵族与官宦贵族）、两种文体在16—17世纪规范笔语中的碰撞。

伊凡雷帝（Иван Грозный, 1530—1584）受过良好教育，精通斯拉夫书面语。为美化文体，他使用修饰语：...**Храбраго виликаго** государя Александра Невского, иже над **безбожными** немцы победу показавшаго — "Храброго и великого государя Александра Невского, одержавшего великую победу над безбожными немцами" 勇敢而伟大的国君亚历山大·涅夫斯基战胜肆无忌惮的德国人；隐喻：...Почто не изволил еси от мене, строптиваго владыки, страдати и **венец жизни наследити**? — "Почему не пожелал от меня, строптивого владыки, пострадать и заслужить венец [вечной] жизни?" 为什么不让我这个刚愎自用的君主去受苦，以期获得永恒生命之王冠？；比喻：... Уподобился еси к семени, подающему на камени... и плода не сотворил еси... 像一颗落到石缝里的种子……结不出果实；带古斯拉夫语后缀-тель, -ний-, -ий-, -ство-的名词：самолюбия 自尊心，повеления 吩咐，владычествы 统治，主宰；将复合词用作形象表现力手段：славы ради мимотекущия 稍纵即逝的荣誉；муж браниносец — "воин" 战士；мздовоздаятеля же Бога призываеши — "призываешь воздающего

---

1 埃皮法尼·普列穆德尔（Епифаний Премудрый）撰写。
2 古代俄罗斯对拜占庭帝国国都君士坦丁堡的称呼。
3 Андрей Курбский, 1528—1583。

по заслугам Бога» 呼唤万能的上帝；同义重复：кровию его помост церковный окравовише — «кровью его залили церковь» 他的血染红了教堂前的断头台；многими владычествы владеющаго — «многой властью обладающий» 掌有许多权力的。在政论文本中使用典型的古旧书面语形式：Но ради превременныя славы, и сребролюбия, и сладости мира сего, а се свое благочестие душевное со христианскою верою и законом попрал еси, уподобился еси к семени, падающему на камени и возрастшему, и воссиявшу солнцу со зноем, абие словесе ради ложнаго соблазнился еси, отпал еси, и плода не сотворил еси ... — «Но ради преходящей славы, из-за себялюбия, во имя радостей мира сего все свое душевное благочестие, вместе с христианской верой и законом ты попрал, уподобился семени, брошенному на камень и выросшему, когда же воссияло знойное солнце, тотчас же, из-за одного ложного слова поддался искушению, и отвергся, и не вырастил плода...» 但为了短暂的辉煌，为了世间的乐趣，也因为自私，你把自己内心的全部虔诚连同基督教信仰与法律一起践踏。你像一颗落在石头上的种子，在灼热的阳光下长大，却因一句谎言受到诱惑，立即断绝与基督、法律的联系，未成正果……

更为有趣的是，伊凡雷帝书信中也有生动俄语：шуба переменити — «шубу переменить» 更换皮袄，шуба мухояр — «ткань» 布匹，седит на лавке 坐在长凳上，о постелю ногу положив 一只脚架在床架上；俗语：ваша разумеется собачья измена — «видна ваша собачья измена» 看得出你这狗东西投敌了；почто и хватишися, собака, в гордости, такожде и инех собак и изменников бранною храбростию? — «что же ты, собака, гордо хвалишься и хвалишь за воинскую доблесть других собак-изменников?» 狗东西，怎么你还自吹自擂，夸叛变投敌者英勇善战？；Ты же буй сын, а утроба буяго — «Ты же мятежник, а внутренности буйного...» 而你是个叛逆者，内心狂暴……。

维诺格拉多夫这样概括当时的语言状况："……俄式斯拉夫语（斯拉夫书面类规范书面语）和俄罗斯民俗语言尽管在修辞、美学、思想意识形态上分属不同语体，有不同的社会分工，但二者只是俄罗斯统一语言中不同的言语类别。所以，即便是拜占庭式的夸张演讲与新的编织文体对民间言语也不反感"[1]。

5. 民间文学类语言

民间文学类语言继承古罗斯文学传统，不断发展。南俄图书出版人士改革书面语只涉及民间文学类语言中的字体、正字法、构形与构词，而语音、词汇、成语、句法、描写表现力手段等均未受到改革的影响。

民间文学类语言与斯拉夫书面语不同，无庄重文体，少修饰、不夸张、不用圣经形象与象征义；与事务语言不同，有自己的使用范围，为叙事文学和纪事体裁服务；与教会斯拉夫语不同，几乎不用古斯拉夫语词；与生动俄语不同，经加工有自己的规则体系和语言习惯，是文学语言的笔语形式。尽管如此，民间文学类语言不是独立的语言，也没有与其他类型语言截然不同的语言交际手段。笔语形式把民间文学类语言与斯拉夫书面语联系起来，东斯拉夫语的根基使其与事务语言有关，相同的宗教信仰使其与教会斯拉夫语紧密联系，语言的亲缘关系使其与俄语口语息息相关。以上特点体现在《顿河彼岸之战》（Задонщина），《彼得与费弗洛尼的故事》（Повесть о Петре и Февронии），《蒙祁阳斯科总督德拉古的故事》（Повесть о мунтьянском воеводе Дракуле），《商人德米利特·巴萨尔克的故事》（Повесть о купце Дмитрии Басарге）等文学作品中。

《顿河彼岸之战》创作于14世纪80年代，库利科沃战役（Куликовская битва，1380 г.）之后。梁赞的神父索封尼（Софония）是该书作者。作品受《伊戈尔远征记》的影响，与之有相同的主题（抗击侵略者，为罗斯统一而战），相同的结构（开场白中把鲍扬Боян比作夜莺），相同的预兆与警示（大自然预兆危险，鸟兽鸣叫警示敌情），相同的情节（妻子痛哭爱人），相同的意象符号与相同的民间口头创作形式。然而，《顿河彼岸之战》不是对《伊戈尔远征记》的仿拟[2]。它讲述的是马麦血战（Мамоево побоище）[3]，交战之敌比波

1　Виноградов В.В. Избр. труды: История русского литературного языка. С.32.
2　参见：Лихачев Д.С. «Задонщина» и «Повесть о разорении Рязани Батыем»//Древняя Русь и славяне. М., 1978.С.369.
3　指1380年金帐汗国军事首领马迈率军同罗斯军队进行的血战。

洛夫人[1]更强大、更有组织。书中的祖国指莫斯科公国，首领系兼并、统治、保卫俄罗斯国土的德米特里·伊万诺维奇大公（1359—1389）。战胜金帐汗国军队的信念，俄国军队与东正教必胜，为罗斯献身是作品的主基调。这一切表明，《顿河彼岸之战》是新时期的一部杰作。

此外，作品的语言风格也有别于《伊戈尔远征记》。首先，《顿河彼岸之战》中有大量主题词反映军事生活：вои战士，полк团队，меч剑，копие矛，щит盾；自然现象：буря暴雨，гром雷声，зори黎明，солнце太阳；鸟兽：гуси鹅，雁，зогзица — «кукушка»布谷鸟，кони马，лебеди天鹅，ястреб鹰，волки狼，лисицы狐狸；亲属关系：брат兄弟，мати母亲，жена妻子，внук孙子，правнук曾孙，прадѣд曾祖父，чадо孩子；社会、行政关系：царь沙皇，князь大公，боярин大贵族，воевода军政长官，посадник地方长官，дѣти боярские骑士，молодые людие — «воины»战士，пан地主，老爷，мужи男子汉；地区行政单位：земля土地，вотчина世袭领地，лукоморье海湾；数字：400 000 вою — «400 000 воинов»40万军人，съ 70 князьми与70位王公，40 бояринов 40名大贵族，23 бояр дмитровских 23名德米特罗夫大贵族，три дни三天，бесчислено многое множество不计其数；拟音词：кони ръжут马嘶；гуси возгоготаша大雁嘎嘎叫；вороны часто грають — «Вороны часто каркают» 乌鸦聒噪；галицы своею рѣчью говорять — «галки по-своему говорят»寒鸦讲自己的语言；орлы восклегчють — «орлы клекочут»山鹰尖声呖呖；волци грозно воють狼在哀嚎；лисицы на кости брешуть狐狸对着尸骨狂吠；зогзици кокують — «кукушки кукуют»布谷鸟咕咕叫；外来词：катуна — «жена»妻子，камка — «шелковая ткань»丝绸面料，фрязове — «европейцы» 欧洲人，сулица — «копье»长矛，байдан — «кольчуга»铠甲，орда游牧部落；固定表达式：в то время стару помолодится, а молодому чести добыти, удалым плечь попытати — «В такое время старому человеку следует юность вспомнить, а молодым — славу добыть, удалым людям мужество свое испытать» 这时年老的变年轻，年轻的获得荣誉，勇敢的人一试自己

---

[1] 11至13世纪在南俄草原游牧的突厥语系民族。

的勇气; жаворонокъ птица, а красные дни утеха — «жаворонок, летняя птица, летних дней утеха» 云雀,夏天的飞鸟,夏日的慰藉; веслы Днепръ исчерпати, а Донъ трупы татарскими запрудити — «Веслами Днепр вычерпать, а Дон трупами татарскими запрудить» 用木桨把第聂伯河的水舀干,用鞑靼人的尸体把顿河拦腰阻断; замкни, государь, Оке реке ворота — «замкни, государь, реке Оке ворота» 陛下啊,请紧锁奥卡河的大门。

其次,同时使用全元音和非全元音组合词: ворота — врата 大门, голова — глава 头, хоробрый — храбрый 勇敢的, молодый — младый 年轻的, золотый — златый 金色的, Володимирович — Владимиръ 弗拉基米尔; 且二者无修辞差别: возгрѣмеша **золочеными** колоколы и **злаченым** доспѣхом посвѣчивает — «загремели золочеными колоколами и сияет золоченым доспехом» 鎏金的钟声响起,镀金的铠甲闪烁; **златым** шеломом посвѣчиваше — «золотым шлемом поблескивает» 镀金的头盔闪闪发光; 区别仅在于: 非全元音组合用于原始词干: Владимиру 弗拉基米尔, граду 城市, 全元音组合用于派生词干: Володимеровичу 弗拉基米尔洛维奇, новгородцы 诺夫哥罗德人。自由组合的词组多用非全元音组合词: Тѣ бо суть сынове **храбрии** — «Те ведь сыновья храбрые» 因为他们都是勇敢的男儿; 固定词组多用全元音组合词: Туто стару помолодится, а молоду чти (чести) добыти — «В такое время старому человеку следует юность вспомнить, а молодым – славу добыть» 这一刻年老的人要变年轻,年轻的人要为自己争得荣誉; вороны грають — «вороны каркают» 乌鸦聒噪; дороги нам сведомо — «дороги мы знаем» 道路我们熟悉。

第三,关系形容词用作定语: бояринов московских, коломенских, ростовских 莫斯科、科洛姆纳、罗斯托夫的大贵族; бояр серпуховких, переславских, суздалских, дмитровских, володимеровских, муромских 谢尔普霍夫、别列斯拉夫、苏兹达尔、弗拉基米尔、穆罗姆的大地主; князей бѣлозерских 别拉杰尔王公, новгородских посадников 诺夫戈罗德的地方长官, панов литовских 立陶宛地主; шеломы черкасьские — «шлемы черкасские» 彻尔卡斯的头盔, сулицы нѣмѣцкие — «метательное копье немецкое» 德

意志的长矛, щиты московъскые莫斯科的盾牌; 呼格用作呼语: брате弟兄, господине先生们, княже大公; 崇高语体中的过去完成时借助быти构成: Братья и князи рускыя... ни в обиди есмя быти по рождению ни соколу, ни кречету, ни черному ворону, ни поганому Мамаю — «Братья и князи русские... Не рождены мы на обиду ни соколу, ни ястребу, ни кречету, ни черному ворону, ни поганому этому Мамаю!» 弟兄们、俄罗斯的王公们……我们生来不受山鹰、白隼、灰背隼、黑色乌鸦、邪恶的马麦欺侮!; 中性体中быти消失: То ти наѣхали рустии сынове на силную рать татарьскую — «То ведь напали русские сыновья на сильное татарское войско» 那是俄罗斯的健儿们遭遇到鞑靼强大的军队。

第四, 受民间口头创作影响, 为加强言语表现力, 《顿河彼岸之战》使用具有同样音律、同等句子成分、同样句式的复杂句法结构: Уже бо возвеяша силнии вѣтри с моря на усть Дону и Непра, прилѣлѣяша великиа тучи на Рускую землю, из них выступают кровавыя зори, и в них трепещуть синие молнии — «Уже задули сильные ветры с моря в устье Дона и Днепра, принесли большие тучи на Русскую землю, из них выступают кровавые зарницы, и в них трепещут синие молнии» 阵阵狂风从海上吹来, 大片大片的乌云[1]涌向顿河和第聂伯河河口, 逼向俄罗斯土地, 血的朝霞从云朵里出现, 蓝色闪电[2]在乌云中跃动; 修饰语: буйными словесы用豪放的词语; жалостные пѣсни悲伤的歌; погании татарове — «поганые татары»邪恶的鞑靼人; быструю рѣку湍急的河水, великиа тучи大片乌云; кровавыя зори血的朝霞; синие молнии蓝色闪电; златых колодец金色栖架; черна земля黑色土地; 同语重复: трубы трубят号角吹响; стук стучить咚咚敲打; гром гремит雷声隆隆; зимы зимовати过冬; 对偶: А уж соколы и кречети, белозерския ястребы рваху ся от златых колодец ис каменного града Москвы, возлетѣша под синии небеса... хотят ударити на многие стады гусиныя и на лебединыя, богатыри руския удалцы хотят ударити на великия силы

---

1 "乌云"象征进攻中的敌人。
2 "闪电"喻指武器。

поганого царя Мамая — «Уже соколы и кречеты, белозерские ястребы, рвавшиеся от золотых колодцев, из каменной крепости Москвы взлетели под синие небеса… хотят напасть на многочисленные стаи гусей и лебедей, богатыри-удальцы русские хотят напасть великие силы поганого царя Мамая» 已从金色栖架上挣脱的苍鹰和白隼，从莫斯科城堡中一飞冲天……它们要痛击那一群群大雁和天鹅，而俄罗斯的勇士们要歼击邪恶的马麦大军；形象表达式：возвѣрзем пеаль на восточную страну — «ввергнем печаль в восточную сторону（страну）» 把悲伤赶向东方（国家）；красных дней утѣха — «летних дней утеха» 夏日的慰藉；не пощадим живота своего за землю Рускую 为了俄罗斯的土地，我们不惜自己的生命；уже бо въсталъ туръ на боронь — «уже встал дикий бык на бой» 原牛已起身参战。

《彼得与费弗洛尼[1]的故事》（Повесть о Петре и Февронии）（15世纪）受民间口头创作影响，多采用具有口语色彩的日常生活用语：в заем плакати — «плакать по покойнику» 为死者哭泣，урватися с высоты — «упасть с высоты» 从高处坠落，кисляджа — «закваска» 酵母，酒曲，утинок — «щепка» 碎木片，уметы — «отбросы, грязь» 垃圾，污垢；无修辞色彩的书面语词：И по времени князь Петр иде в баню мытися и повелением девицы помазанием помазал язвы… 彼得大公时常去浴室沐浴并吩咐女仆把圣油涂抹在溃疡处……；少用修饰语：древие велико 大树；добру память — «добрую память» 美好的

«Повесть о Петре и Февронии»

---

1 1547年彼得和费弗洛尼被尊为俄罗斯东正教的圣人、婚姻家庭的保护神，他们的婚姻被认为是基督教婚姻的楷模。《彼得与费弗洛尼的故事》不止一次被加工修改，已知抄本近150个。最终版本由16世纪著名政论家叶尔莫莱·伊拉斯谟（Ермолай-Еразм）完成。

回忆；лукаваго змия 阴险的蛇；比喻：аки пси лающе 像狗一样汪汪叫；аки чадолюбивии отец и мати 如同钟爱子女的父母；隐喻：Смерть моя есть от Петрова плеча, от Агрикова меча — «Я умру от руки Петра, от Агрикова меча» 我将死于彼得之手，阿戈利科夫的剑下；Князь Павел отходить жития сего — «Князь Павел умирает» 帕维尔大公去世。尽管如此，文本中仍不乏古旧书面语形式，如名词：госпоже 太太，по заповедем 根据戒律，на реце — «на реке» 在河上，на брезе 桦树上，раби — «рабы» 奴隶，княгини Феврониа 费夫洛尼亚公爵夫人，своима рукама 用自己的双手，безо ушию 无耳，без очию 无眼；形容词：прелюбодеинаго 通奸的，у блаженныя княгини 无上幸福的公爵夫人，в особныя гробы 放入特制棺材，злии — «злые» 凶恶的；不定过去时：изгубиша — «загубил» 杀害，рече — «говорит» 他说；未完成过去时：висяху — «висели» 悬挂，беху — «они были» 他们去过，имеяше — «имеящий» 有；带 быти 的过去完成时：шли суть — «шли» 走，есть убил — «убил» 打死，есть дал Бог — «дал Бог» 上帝赐予；带古斯拉夫语后缀的主动形动词：ходящи 行走的，сущим 现有的，щадяще 宽容的，богатеюще 富有的，ркуще — «говоря» 说；古斯拉夫语连接词：Девицу же хотя в ответ искусити, **аще** мудра есть, **яко** же слыша о глаголех ея от юноши своего — «Девушку же он захотел испытать в ответах — так ли она мудра, как он слыхал о речах ее от юноши своего» 他想在答话中检验姑娘的智商，看她是否像小伙伴说的那样聪慧；Взем богатство доволно себе, отоидеши, амо же хощеши — «Взяв богатства, сколько нужно, иди куда хочешь» 想要多少财产就拿多少，想去哪就去哪。

古斯拉夫语与东斯拉夫语在文本中碰撞，俄罗斯本土词与口语句法结构并用，构成《故事》独特的文体风格：Аще жена кая от мужа прелюбы сътворит, он же веляше срам ей вырезати, и кожю собрати, и привязати ея нагу, и кожю ту на столпе среди града и торча повесити, и девицам, кои девьства не сохранят, и вдовам таж, а иным сосца отрезаху... — «Если какая-либо женщина изменит своему мужу, то приказывал Дракула вырезать ей срамное место, и кожу содрать, и привязать ее нагую, а кожу ту повесить на столбе, на базарной площади посреди города. Так же поступали и с девицами, не сохранившими девственности, и с вдовами...» （Повесть о мунтьянском воеводе Дракуле） 女人若与人私通，就会被赤裸地绑在市中心集市广场上，割除阴部、剥皮，皮挂在柱子上。对失贞少女和寡妇同样处理……；И приде купец на корабль свой, плача, съмертного часа **чая**. А сын его играет на корабле **на деревце**, рукою держит, а другою **погоняет**, творяще на коне. И виде отца своего печална, остави игру свою. Притек к отцу своему и рече: «**Что тя вижу, отче, печална** и кое зло прилучися тебе от царя?» — «И пришел купец на корабль, ожидая смертного часа. А сын его играет на корабле с деревянной палочкой — одной рукой держит, а другой погоняет, изображая, что скачет на коне. Увидел, что отец печален, и перестал играть. Обратился к отцу со словами: «Почему вижу тебя, отец, печальным, какое зло причинил тебе царь?»» （Повесть о купце Дмитрии Басарге） 商人回到船上等死。儿子拿着小木棍在船上玩耍，一手握棍，一手挥舞，作骑马状。看到父亲愁容满面，儿子不再玩耍，转身问父亲："父亲，你为什么忧愁，沙皇判你何罪？"

综上表明，民间文学类语言与生动俄语联系紧密。口语词和口语句法结构的使用使文学作品更加生动。然而，不能夸大口语对笔语的影响，毕竟俄罗斯民族自古就有在规范笔语中使用各种语言手段的习惯。

6. 莫斯科维亚的事务语言

莫斯科维亚的事务语言起初与基辅公国事务语言几乎没有差别。然而，以东斯拉夫语为主导、夹杂古斯拉夫语的结构体系，与生动俄语的联系，日常言语与公文事务语言格格不入，缺少具象表达式，希望简化句法结构、建立统一封闭的文体，所有这一切要求莫斯科维亚建立自己的公文事务语言。

随着莫斯科维亚国体日益稳固，各类机构、外交文献、经济协定、政治文件的增多，莫斯科维亚公文事务语言逐渐摆脱基辅罗斯事务语言，形成自己的规范，为国家社会政治、经济与世俗事务服务，成为国家语言。

事务语言用于商务信函、事务文件，"反映罗斯多彩的社会政治、经济文化生活及社会各阶层人士的私人生活"[1]。证明文件、法令、报告书、豁免书、契约、合同、刑讯、私人信件都使用事务语言。

莫斯科维亚事务语言基于人们日常交往使用的生动言语，反映日常生活、公开演讲、职业用语中的语言变化。与基辅事务语言相比，莫斯科维亚的事务语言较少使用古旧言语形式（如不定过去时、未完成过去时，名词、形容词、代词格的古旧形式等），不再区分音素<и>和<ѣ>、<'э>和<ѣ>，形成а音化[2]新型元音体系，软辅音[ш']、[ц']硬化，名词变格统一，动词体范畴、生动物与非生动物范畴形成，代词重新分类等。这些变化反映了莫斯科维亚生动言语的特点和语言民主化进程。如：А монастырских крестьян 13 человек в pозспросе **сказали**: что в **нынѣшнем** во 7133（1625 г.）за недѣлю до Филипова поста[3] игумен Варсонофий **старца** Исаія **бил, и в желѣза ковал**, и в яму **сажал**, и доскою **покрывал**, а что по доскѣ скак**учи, говорил**... 修道院的13位农夫在接受询问时说：7133[4]（1625）年，腓力节前一周，男修道院院长瓦尔萨诺夫殴打伊萨亚老人，把他铐上，扔入地窖，盖上木板，并在板上跳着说……；И то вино пил... с монастырскими **бобылями** 而且还和寺院的僧人们一起喝酒……；А иное **де** вино **продавал** в Воронежский уезд и к Москве **важивал** 还有一些酒被他卖到沃罗涅日县和莫斯科周边地区；...Являла им... проскурница Ульянка, что тот игумен Варсонофий **ее изнасильничал и ребенка с нею прижил**（«Слово и дело государевы»）……烤圣饼的女佣乌里扬卡告诉他们，男修道院院长瓦尔萨诺夫强暴了她，并与她生有一子。

例句表明，此时的事务语言接近现代俄语中的公文事务语体：几乎不用古旧言语形式，中性词与口语词让文本生动易懂。然而，古旧言语形式在事务语言的套话中依然存在，如起首语：Се язъ раб божий ... 我上帝的仆人……；结束语：Во имя Отца и Сына и Святаго Духа. Аминь! 以圣父、圣子、圣灵的名义。

---

1 Горшков А.И. Теория и история русского литературного языка. С.140-141.
2 即无重音[o]读[a]或近似[a]的音。
3 每年11月14日，从这日起斋戒40天（圣诞节前的斋戒期）。俄语口语中称：филиповка.
4 7133年是按"创世"到当年的时间。从"创世"到耶稣诞生，按基督教说法，过了5508年（一说5507年），因此，把7133年减去5508，即为当年的公元年，即1625年。

阿门！；惯用语：а на то были послуси — «а для этого были свидетели» 有人为此作证；дана в граде — «дана в городе» 城里给付；呼格：господине 先生们，государю 老爷，братие 兄弟；代词的古斯拉夫语形式：се азъ 是我；всея Руси 全罗斯。这从一个侧面证明，事务语言确实经过加工。

莫斯科维亚事务语言的另一个特点是使用俄语本土术语词。如行政机构、官职的名称：окольничий — «приближенный князя» 御前侍卫, волостель — «управляющий отдельной волостью» 州长, 乡长, сельский — «управляющий вотчиной князя, боярина» 管事, ключник — «управляющий в доме» 管家, дьяк 书记员, подьячий — «служащие приказа» 录事；司法诉讼语：правый 无罪的, виноватый 有罪的, положенное 约定的, ссуженное 借贷的, довод — «расследование, розыск преступника» 调查取证, исправа — «решение судебной инстанции» 法院判决；役税用语：пошлина 税费, кормление — «содержание боярина» 采邑制度, 食邑制度, костка — «таможенная пошлина на торговых путях» 商路关税, выход — «дань, подать» 贡赋，赋税。此外，古罗斯从波洛夫人语言中借鉴[1]来的一些外来词也成为事务语言要素。如突厥语词：казна 国库, сундук 大箱子, аркан 套马索, буран 暴风雪, тамга — «клеймо» 商标, деньга 钱, алтын 阿尔腾（旧铜币，相当于三戈比）, караул 卫兵，救命, камыш 芦苇, базар 集市, чум — «ковш» 舀子，等等。

事务语言中还有不少固定词组，如：губная изба — «уголовный суд» 刑事法庭, люди чёрные — «низший слой населения» 下层人口, извозчик кормовой 运饲料的马车夫, кабала поручная — «письменное долговое обязательство- поручительство» 债务担保书, хлеб заемный 借来的粮食, земля чёрная 黑土地, путь конюший 饲马署。有些词组还是多义的，如«молодший брат»既有"弟弟（младший брат）"之义，又有"君侯（удельный князь）"之义；«старейший брат»既有"哥哥（старший брат）"之义，又有"大公（великий князь）"之义。

---

1 См.: Миллер В. Экскурсы в область русского народного эпоса. М., 1892.

莫斯科维亚事务语言的句法也比基辅罗斯事务语言的句法更有条理、逻辑性更强、更严谨。这要归功于连接词和关联词потому, что, чтобы, который, ино, хоти的使用：Мне, холопу твоему, что слыша и **с чем** ко мне царь присылает — тово к тебе, к государю, как не писать тово для, **чтоб** тебе, государю, известно было? — «Как мне, холопу твоему, услышав, с чем царь ко мне посылает, не писать тебе, государю, чтобы тебе, государю, известно стало?» 老爷，我是你的奴才，怎会听到沙皇派人来我这儿调查，而不写信通报老爷你呢？И яз, холоп твои, **о том** тебе, государю, плачюс, **чтоб** ты милость показал свои царской сыск учинил то ся как деяло и чего для: **хоти** мне, холопу, и умерети случитца, ино бы тебе, государю, известно было в правду — «И я, холоп твой, о том тебе, государь, жалуюсь, чтобы ты оказал милость и провел свое царское расследование; то вот как делалось и для чего: хотя бы（даже если）мне, холопу, случится умереть, то ты, государь, знал бы правду» （Второе письмо опричного думного дворянина Вас.Григ.Грязного-Ильина царю Ивану IV Васильевичу из крымского плена）奴才想对你说，请老爷发慈悲，主持皇室调查；做过什么，为什么做，奴才我即便是死，也要让老爷知道实情。

综上，莫斯科维亚的事务语言已远离生动口语，向规范笔语靠近。伴之而来的是口语与书面语的有机结合，方言特征消失，起源、修辞色彩各异的词语并用，语言手段日趋大众化。所有这一切加速了莫斯科维亚事务语言向功能语体的转变。"莫斯科维亚的事务语言表明，口头言语手段已进入商务写作领域，参与交际形式的规范。事务文本就像一间创意实验室，把莫斯科本地居民和外来人口使用的方言土语融为一体"[1]，为官方文件的撰写提供规范，为莫斯科维亚各诸侯国提供事务文献的范本。不管文件在哪里写，书记员、录事都以莫斯科事务语言为蓝本：使用相同的套话、相同的术语、相同的短语、相同的句法结构。从这个意义上讲，莫斯科事务语言履行了规范莫斯科维亚语言的功能。

事务语言与共同语联系的减弱导致事务语言功能的扩大。事务语言既可为

1　Кожин А.Н. Литературный язык Московской Руси. С.12.

政治、经济、文化领域的国家关系、法令法规服务，也可为个人事务服务，从而改变了个人事务文本"以往游离于规范语言之外，保持与生动口语和共同语的联系，与事务语言对立"[1]的状况。

14—17世纪上半叶，莫斯科维亚的事务语言经加工规范成为国家语言。沙皇阿列克谢·米哈伊洛维奇（1645—1676）执政时期编写的法律大全（Соборное уложение[2]）（1649）证明了这一点。《大全》由25章967款组成，是一部以法律形式确认贵族统治、取消农民权利、强化农奴制、巩固君主专制的国家大法。该法规范了17世纪的事务语言（尽管新旧语言形式在大法中仍有"碰撞"）。

（1）词汇：《大全》的基础词汇是工商业者、公职人员使用的俄语口语词：передняя изба衙门, сокольничьи пути鹰监署[3], мало поноровя — «немного погодя»过一会儿, достальных птиц 其余的人；民间口头创作词语：пресветлыя очи极明亮的眼睛, челомъ ударя叩头, 乞求, молвит ясно清楚地说出, молви ему对他说；法律术语：посулъ许诺, явка报案, обыскъ搜查, челобитье叩头, указъ法令, пошлина关税; поручные записи — «поручительные записи»保证书；чинить наказанье惩处; проезжая грамота通行证；职务术语：стольник御前大臣, даточные люди差丁[4], приказный衙役, зазывной招募的, нарядный派工的, старший подсокольничий高级副鹰监[5], начальные сокольники初级驯鹰手, подсокольничий副鹰监。

（2）语音：部分读音发生变化，如非重读音[o]发[a]音：салдаты — «солдаты» 士兵, манастыри — «монастыри»修道院；[ѣ]重读时发[e]音：мѣсто地方, хлѣбъ面包, уѣзды县；[ы]在硬辅音后发[ы]音：вынос出殡, выспрь — «вверх» 向上；辅音浊化：зжечь — «сжечь»燃烧, збирать — «собирать»收集；[o]音前出现起始音[в]：вотчина世袭领地, восемь八。

---

1 Баранникова Л.И. К проблеме соотношения русского литературного языка и общенародного койне. C.112.
2 也称《国民会议法典》。第一章9条，涉及"渎神"的治罪条款；第二章22条，涉及"国事罪"，包括"叛国"、"危害国家和王室"、"对国王的人身攻击"等条款。
3 14—17世纪俄国宫廷管鹰猎的机构。
4 15—17世纪俄国从赋役居民中征集终身服兵役的人。
5 14—17世纪俄国宫廷管鹰猎的官员。

（3）构词：使用名词能产型后缀-чик：переводчик译者, челобитчик呈诉者；-щик：сыщик侦探, каменщик石匠；-ник：разбойник强盗, должник债务人, сокольник驯鹰手；-ок/'-ок：убыток亏损, клобучёк修道士高筒帽, 猎鹰头上戴的小帽；-к-：выкупка赎金, явка报案；-ств-：убожество贫苦, насильство动武, воровство盗窃；-ениj-：сотворение创造, изволение容许；-ость：крепость要塞, леность懒惰；-от-：живот腹部, 性命, теснота拥挤, 狭窄；-ец：беглец逃亡者, самодержец独裁者。

（4）词法：阳性名词二格词尾为-у：безъ указу无指令, до сроку到期前；名词复数一格以-и, -ы结尾：береги岸, городы城市；复数五格词尾为-ы：с посады与工商区一起。形容词阳性单数一格词尾为-ой：служилой человѣкъ军人; который должникъ某债务人；二格为-ого：царьского沙皇的, великого伟大的；动词不定式以-ть, -чь结尾：збирать — «собирать»收集, измѣнить改变, зжечь — «сжечь»燃烧。

（5）句法：复合句使用主从连接词和关联词что, чтобы, который, какой, где：А будетъ которой должник на указной срок того долгу не заплатит, и в лицех его не будет, и тот долг взять на его порутчиках, и отдать тому, кому тот должник чем должен, без росту же — «А если какой-нибудь должник в указанный срок не заплатит долг, и его самого не будет, то тот долг взять с его поручителей и отдать тому, кому он должен, но без процентов» 如果债务人在指定期限内不偿还债务，且见不到他本人，则他的债务由担保人支付给债权人，但不计利息。

法令汇编中的大量生动言语手段与句法结构体现了莫斯科维亚事务语言的发展趋势：笔语民主化，语言规范化，新功能显现。这一趋势促进了事务语言向功能语体的转化。

7. 莫斯科维亚的规范笔语

（大）俄罗斯民族语言的笔语与口语的脱节导致说该语言的人很难掌握笔语。人们在书本上学习教会斯拉夫语及语法知识，在日常生活中却使用另一种语言——俄语口语。前者与古罗斯规范笔语紧密联系，后者基于俄罗斯本土语言，少修饰，未编纂，远离规范，但却是莫斯科维亚人日常生活离不开的语言。正如鲁多里弗（Г.В.Лудольф）所言："俄罗斯人不得不学习斯拉夫语，因为圣经和祈祷用书是用斯拉夫语撰写的。写作也须用斯拉夫语，不懂斯拉夫语就无法阐述科学教育问题……所以，越想成为一名学者，越要在自己的作品中使用斯拉夫语，哪怕在日常言语中被人嘲笑滥用斯拉夫语…… 有一种说法：聊天用俄语，写作用斯拉夫语"[1]，这十分准确地反映了莫斯科维亚的语言状况。

罗斯图书出版业的发展、首批俄语语法著作的问世、莫斯科维亚俄语词典的编纂加速了大俄罗斯规范笔语的形成。说到罗斯图书出版业，不能不提及罗斯印刷工人伊万·费奥多罗夫（Иван Фёдоров）和彼得·穆斯基斯拉维兹（Пётр Мстиславец）及他们所从事的启蒙教育和1564年首次合作印制的《使徒行传》（Апостол）[2]。

伊万·费奥多罗夫（1510—1583）是莫斯科宗教界人士，曾在莫斯科学习，精通希腊语、拉丁语、波兰语，从事神学、教育学、哲学、历史学的研究，通晓印刷与军械。16世纪50—60年代费奥多罗夫是莫斯科尼康·嘎斯图斯克（Никол Гостунск）教堂的助祭，同时在印厂任职。1566年，遭教会上层迫害，被迫离开莫斯科，先后去过立陶宛、利沃夫[3]、奥斯特罗格[4]、克拉科夫[5]、维也

Памятник первопечатнику Ивану Федорову в Театральном проезде в Москве. Скульптор С. М. Волнухин. Открыт в 1909 году.

1　Лудольф Г.-В. Русская грамматика（Оксфорд, 1696）.Л., 1937. С.113-114.
2　此书曾在克拉科夫（Краков）、维尔诺（Вильно）、布拉格（Праг）印刷。此次印制是在莫斯科。
3　Львов乌克兰城市，州首府
4　Острог乌克兰城市
5　Краков波兰城市

纳[1]、德累斯顿[2]，辞世于利沃夫。其墓志铭上写着"安息吧，图书印制者！"

莫斯科维亚印刷业得以发展有多重原因。首先，手工制作书籍已无法满足国家对日益增长的各类文献的需求。大量宗教祈祷用书（福音书、使徒福音书、圣诗选集、圣礼书、教堂唱诗等）需要全新的、更加完善高效的图书印制工艺；其次，抄写祈祷用书导致大量错误出现，甚至曲解圣经原意，有碍阅读理解；第三，世俗俄语书籍的印制不符合西欧标准，引起在莫斯科维亚工作的西方启蒙者的不满。

莫斯科维亚图书印刷业始于16世纪50年代。三部《四福音书》（Четвероевангелие）、两部《圣诗选集》（Псалтырь）《斋戒三重颂歌》（Триодь постная）和《复活节前三重颂歌》（Триодь цветная）均出自无名印厂（书上无版权说明）。印厂设在大祭司谢里韦斯特尔（Сильвестр）的家中，伊万·费奥多罗夫或许在这里工作过。

伊万四世沙皇（царь Иван IV）同印厂厂主谢里韦斯特尔闹翻后，决定开办国有印厂。沙皇出资建厂，任命印刷大师伊万·费奥多罗夫出任新厂厂长。首部印有出版人姓名（Николы чудотворца Гостуньского диякон Иван Фёдоров да Пётр Тимофеев Мстиславец）、出版日期（1564年）和印数（60余册）的俄文版《使徒行传》（Апостол）问世。该书采用简化多角字体排版，艺术装帧也有很高的职业水准。

Московский Апостол, печатался с 17 апреля 1563 по 1 марта 1564.

《使徒行传》的语言既遵循古斯拉夫语规范，使用古斯拉夫语的音素、词素、词组和句法结构，又受大俄罗斯书面语规范的制约，用大

1　Вена奥地利首都
2　Дрезден德国首府

众熟知的东斯拉夫语词替代陈旧少用的古斯拉夫语词。如用страны（国家）、торжище（集市），取代климаты、макелия；用милость（仁慈），替换утроба（милосердие）等；修正代词нас, вас, наш, ваш, твой, свой的用法，如：съставлю же вам Фивию, сестру **нашу** 被修正为 вручаю же вам Фивию, сестру **вашу** 我把您的妹妹交付于您。

1565年推出修士祈祷用书《日课经》（Часовник）。三年后伊万·费奥多罗夫和彼得·穆斯基斯拉维兹离开莫斯科，移居立陶宛。立陶宛东部是乌克兰和白俄罗斯移民聚居区，居民说斯拉夫语，信奉东正教。二人在霍得盖维奇（Г.А.Ходкевич）的扎波鲁多沃（Заблудово）庄园开办印厂，出版东正教书籍《福音训诫》（Евангелие учительное）（1569），《圣诗篇与日课经》（Псалтырь с Часословицем）（1569—1570）。后者由伊万·费奥多罗夫独自印制。此时的彼得·穆斯基斯拉维兹已在维尔诺（Вильно）创办了自己的印厂，独立出版书籍。

1572年费奥多罗夫移居利沃夫，在托列克（А.Торек）家开办印厂，印有《使徒行传》（Апостол）（1574）和教会斯拉夫语教科书《识字读本》（Азбука）（1574）。在《读本》的后记中他这样写道："……亲爱的、敬重基督和希腊法律的罗斯人，我不以个人的名义，而以圣徒和圣父的学说，以圣父约翰·大马士革（Иоанн Дамаскин）语法的名义写上几句。如果我印制的书籍得到您的赏识，请珍爱它们。如果托您的福上帝厚待我，我会继续工作，印制出您所需的各类书籍。阿门"[1]。

1578年，费奥多罗夫在奥斯特罗格（Острог[2]）再次出版«识字读本»。同地出版的还有《奥斯特罗格圣经》（Острожская Библия），日历«Которого ся месяца што за старых веков деело короткое описание»等。《奥斯特罗格圣经》是首部用基里尔字母印制完成的完整版圣经。该书的出版是斯拉夫图书出版业的大事，也是东正教语言义化中的大事。

莫斯科印厂在费奥多罗夫离开后仅出版过一本《圣诗集》（Псалтырь）（1568，1577），而后倒闭。17世纪恢复印刷出版业。首批问世的世俗文本有

---

1 Русский первопечатник: «Азбука» Ивана Фёдорова 1578 г. М., 2000. С.11.
2 乌克兰城市。

《步兵阵法演练与技巧》（Учение и хитрость ратного строения пехотных людей）（1647），美列基·斯莫特利茨基（Мелетий Смотрицкий）撰写的《语法……》（1648），《法律大全》（Соборное уложение）（1649）。

俄语语法的编撰工作始于16世纪，学者、政论家、翻译家、启蒙教育家马克西姆·格列克（Максим Грек）为此倾注了大量心血。

马克西姆·格列克（Максим Грек，1475—1556），俗名米哈伊尔·特利沃利斯（Михаил Триволис），生于希腊首府萨洛尼卡（Салоники）[1]一个达官贵族家庭。在巴黎、佛罗伦萨和威尼斯大学接受过高等教育。1502年在佛罗伦萨圣马尔科天主教修道院剃度出家。1505年断绝与天主教的联系，来到阿丰（Афон），二次剃度于东正教瓦托别茨基修道院（Ватопедская обитель），法名马克西姆。

Максим Грек, 1475—1556

1518年，马克西姆·格列克接受莫斯科大公瓦西里三世邀请，来到莫斯科较对书籍，为图书分类。他被安排到克里姆林宫楚道夫修道院（Чудовский монастырь）从事翻译校对工作。《使徒行传》（Деяния апостольские）（1519）、《详解圣诗篇》（Толковая псалтырь）（1521）、《伊欧安·兹拉托乌丝诠释马太福音和伊欧安福音书》（Толкование Иоанна Златоуста на Евангелие от Матфея и от Иоанна）（1524）中的注释均由他译成俄语。

约瑟夫·沃洛茨基（Иосиф Волоцкий）[2]及其追随者认为校对教会书籍是对圣书的亵渎。因此，马克西姆·格列克被指为异端，逐出教会，关进西蒙

1　也有说在阿尔塔市（Арта）。

2　Иосиф Волоцкий（1439—1515）系教会作家，政论家，教会好战人士，约瑟夫流派的首领。该流派置教会于国家之上。

诺夫监狱，后流放约瑟福—沃洛科拉姆斯克修道院（Иосифо-Волоколамский монастырь）和奥特罗奇（Отрочь）修道院。马克西姆·格列克在修道院继续工作，完成了近百本书的翻译工作，并撰书为自己辩护。东正教的宗主教们曾请求伊凡四世沙皇允许马克西姆·格列克返回阿佛恩，但遭拒绝。马克西姆·格列克辞世于圣三·谢尔盖大修道院（Троище-Сергиева лавра[1]）。

  马克西姆·格列克留下丰厚的语文学遗产。他曾撰文指出各国语言（包括希腊语和斯拉夫语）的美与丰富多彩。他研究语法，对如何更好地掌握语法和用"外"语演讲提出很好的建议。马克西姆·格列克率先为词汇分类，分为可变化词类（名词、形容词、代词、动词、冠词）和不可变化词类（前置词、语气词、连接词），为俄语词法奠定了基础。

  影响俄语语法发展和术语建构的还有《多纳特语法》（Донатус）（1522）。这是一部拉丁语语法，由德米特里·托尔玛奇（格拉西莫夫）[Дмитрий Толмач（Герасимов）]译成俄语。俄文版的拉丁语语法给出大量语法术语，如«имя сущее» — «имя собственное»专有名词，«проимение» — «местоимение»代词，«степени прилагания»形容词的级，«прилагательная»形容词原级，«надприлагательная»形容词最高级，«род»性；«шесть падений» — «шесть падежей» 6个格：«именовательное»称名格，«родственное»属格，«дателное»与格，«виновное»补格，«звателное»呼格，«отрицателное»否定格；«настоящее»现在时，«минувшее»过去时，«грудущее»将来时。

  16世纪末印制出版的语法«Кграматыка славеньска языка»（Вильно, 1586），«Адельфотис»（Львов, 1591），«Грамматика славенска, съвершенао искуства осми частей слова...[2]»（Вильно, 1596）已划分章节（正字法、形态学、韵律学、句法学）、分析词类（区分名词、代词、动词、形动词、前置词、副词、连接词）和教会斯拉夫语的词形式。这些语法具备以下优点：（1）所用语言材料符合语言结构体系；（2）从使用规范的角度描写教会斯拉夫语语法单位；（3）实用；（4）是提升演讲艺术的指南。

---

1 直属东正教最高会议的（男）大寺院。
2 拉弗列基·基扎尼（Лаврентий Зизаний）撰写。

Малетий Смотрицкий

马列季·斯莫特里茨基（Малетий Смотрицкий）撰写的《教会斯拉夫语语法》（Грамматики славенския правилное синтагма）（Львов, 1619）经多次修改加工于1648年在莫斯科问世。该书针对俄语的特点将词划分为八类：名词、代词、动词、形动词、前置词、连接词、副词、感叹词（冠词消失）；用俄语格形式取代教会斯拉夫语的格形式；动词中分立出新的形式——副动词；按俄语重音体系打重音（и́мя替代имя́）等。

斯莫特里茨基语法的优势在于：（1）反映俄语语言体系；（2）展示俄语与教会斯拉夫语的差异；（3）使语言学术语接近现代术语；（4）去除无用的词形式；（5）把生动通用的俄语形式记录下来；（6）确立统一的俄语语法规范。

根里赫·卢多利夫（Генрих Лудольф）用拉丁语撰写的简明《俄语语法》（Русская грамматика）（1696）使俄语语法体系最终确立。尽管他也参阅了多部斯拉夫语语法和马列季·斯莫特里茨基的《教会斯拉夫语语法》，甚至把斯拉夫语语法术语表附在全书末尾，供读者参阅，但他没有照搬斯莫特里茨基对俄语的描述，而是整理归纳俄语规范，给出口语范式：Много я издержал на етую（эту）работу, а жаль мне, что деньги не в мошне держал 这项工作我花费了许多时间，可惜没赚到钱；记录名词变格中的变化：в пиру 在宴会上, в году 在一年中, во французской землѣ 在法国, жена 妻子；数名词搭配：три, четыре стола 三四张桌子；动词构形中的变化：Я поздно **ужинал** вчерась 我昨天很晚吃晚饭；动词过去时、现在时、将来时、互及态、借助стану构成复合将来时；区分规范书面

语和莫斯科口语形式：град—город城市，глад—голод 饥饿，нощь—ночь夜晚，пиешь—пьёшь喝，饮。卢多利夫的《俄语语法》显然比罗蒙诺索夫1755年撰写的《俄语语法》早。所以，可以说卢多利夫《语法》早在17世纪就为俄语语法学的发展指明了方向——研究生动俄语。因为生动俄语"凸显了日常俗语体系作为未来俄罗斯民族'自然'规范语言的基础在形态、词汇和成语方面的特点"[1]。

辞书编纂早在远古时期就已开始。当时的文本多配有词汇注释。斯维亚托斯拉夫时期的《古代俄罗斯文学手抄文选》（Изборник）（1073）和《诺夫哥罗德教会法律汇编》（Новгородская кормчая）[2]（1282）中都有对宝石名称、圣经由来、教会希腊语词汇的注释或注解。大俄罗斯时期又有词诠[3]、检字表、注释本、词典、字典问世。1431年诺夫哥罗德（Новгород）出版了一本书名极长的词典《古斯拉夫语、塞尔维亚语、保加利亚语、希腊语翻译文学中无法译成俄语的书面语词详解词典》（Тьлкование неудобь познаваемом в писаных речемь, понеже положены суть речи в книгах от начальных переводник ово Словенскы, и оно Сръбскы, и другаа Блъгарскы и Грьчьскы, ихже не удоволишася преложити на рускый»—«Толкование книжных слов, употребленных в переводной литературе со старославянского, сербского, болгарского и греческого языков, которые не удалось перевести на русский язык»）。该书给出61个词（后增至200个），如художьство — «хитрость»狡猾；свене — «кроме»除了；презь —«чрез，через»通过；узрок — «вина»过错，罪过等，"后成为其他词源学著作的史料"[4]。拉弗伦季·济扎尼（Лаврентий Зизаний）撰写的《斯拉夫语法》（Грамматика славенска...）甚至自配词典，词典中有1060多个教会斯拉夫语和古斯拉夫语词。作者对这些费解的词进行梳理、分类，按字母顺序排列，并用近义词或文字描述的方法进行诠释。如用война解释брань（战争），用ещё解释паки（再，又，还），用молодая овечка解释агница（羊羔），用староста ангелький解

---

1 Виноградов В.В. Очерки по истории русского литературного языка XVII-XIX веков. C.53.
2 教会法规集。13世纪以来的古罗斯宗教与世俗法律汇编。
3 旧俄的一种语文性百科词典。
4 见: Булич С.П. Очерк истории языкознания в России. СПб., 1904.

释архангел¹（天使长）等。

17世纪，莫斯科维亚扩大了对外政治、经济与文化的联系。对外交往急需词典作为翻译工具。叶比法尼·斯拉维涅斯基（Епифаний Славинецкий）编写的《希腊—斯拉夫—拉丁语词典》（Лексикон греко-славено-латинский）此时问世，该词典内含7000词汇，极具实用价值。

大俄罗斯民族规范笔语对俄罗斯民族语言的形成与发展，对功能语体的建构，对语言手段的民主化、规范化具有重要意义。莫斯科维亚的大俄罗斯民族规范笔语的确立标志着"俄语新旧历史时期的分界与俄罗斯民族语言的诞生。该语言是科学的语言、文献的语言、国家的语言，是俄罗斯民族的国宝"²。

本章小结

1. 蒙古鞑靼人入侵后（13世纪中），大批文化人涌向罗斯北部的诺夫哥罗德、特维尔、苏兹达里和莫斯科³，罗斯的文化中心由此向莫斯科转移，基辅⁴失去了原有地位，俄罗斯语言发展的新阶段就此展开。这一时期的语言特点是：保留基辅传统文化，强化罗斯北部城市方言。

2. 古俄语与古斯拉夫语互相影响：古斯拉夫语词渗入用古俄语书写的东斯拉夫文献、口头言语和民间口头文学创作，与此同时，民间口语元素进入教会斯拉夫语和11世纪的古斯拉夫礼仪文献。如此，罗斯的古斯拉夫语逐渐演变为俄化的教会斯拉夫语。

3. 塞尔维亚、保加利亚、拜占庭陷落后，莫斯科罗斯成为唯一一个支持东正教的世俗政权国家。这导致大批保加利亚、塞尔维亚的神职人员、贵族迁徙罗斯。都主教基普里安，作家巴霍米·拉科菲特，教育家马克西姆·格列克落户罗

1　（基督教）大天使，天使长。
2　Винокур Г.О. Избр. работы по русскому языку. С.67.
3　14世纪初，在不易遭受袭扰的东北罗斯，以莫斯科为中心，形成一个小公国。其统治者伊万·达尼洛维奇圆滑变通，一面讨好鞑靼汗，以为靠山，一面剪除异己，扩大疆土与权利，获取弗拉基米尔大公封号。
4　蒙古入侵前，基辅罗斯国已经开始瓦解，在其广大领土上形成了若干独立的封建王国，各公国间缺乏有机联系，缺乏共同的经济联系，导致分裂与割据，使罗斯国家羸弱不振，遭受外族入侵和连年战祸。蒙古入侵后，莫斯科王国靠蒙古鞑靼人获得"弗拉基米尔大公"的称号，成为全罗斯的大公。

斯。他们的到来促进了罗斯语言的发展，也使古老的斯拉夫语复燃。14世纪末—15世纪末，教会斯拉夫语、古斯拉夫语和蒙古统治罗斯前的古老文学语言恢复使用。古籍语言的恢复使用既与"南斯拉夫二次影响"有关，也与莫斯科专制理论、国内意识形态的变化有关[1]。古籍语言的恢复使书面语与大众口语更加脱节。

4. 莫斯科规范书面语与口语的严重脱节使莫斯科维亚人不得不掌握两门语言，以解决"聊天用俄语，写作用斯拉夫语"的难题。这从一个侧面证明，莫斯科规范书面语还不是现代意义上的俄语标准语，但前者已为后者奠定了基础。现代意义上的俄语标准语产生于18世纪。

5. 莫斯科维亚事务语言经加工规范成为国家语言。但国家语言与标准语是不同的两个概念。广义的文献（不仅指文学文本）在国家出现前就已存在。因为，任何文献不可能没有承载内容的语言表达而存在。所以，应"……从历史的角度解释国家出现（约17世纪中期）前的古俄语和国家出现（约为17—18世纪）后的俄语标准语之间在结构、功能和修辞上的差别"[2]。

1　俄国沙皇强化专制制度，称莫斯科为"第三罗马"，梦想建立泛斯拉夫东正教帝国。
2　Виноградов В.В. Основные проблемы и задачи изучения русского литературного языка донациональной эпохи. — В кн.: Славянские литературные языки в донациональный период (Тезисы докладов). М., 1969. с.

中篇
俄语标准语的雏形

第三章

俄罗斯民族语言的确立
（17世纪下半叶—18世纪初）

1. 俄罗斯民族语言形成初期的语言环境

莫斯科是俄罗斯政治经济文化的中心。日益提升的地位使莫斯科维亚有能力将分散割据的国土连成一片，形成统一的俄罗斯国家。17世纪下半叶，资本主义生产关系在俄国萌芽，各领域间的商品交换不断扩大，统一货币流通、统一定价、统一供求、统一票据的全俄统一市场体系形成。在这样的条件下，统一的俄罗斯民族诞生，统一的民族语言形成。

统一的大俄罗斯民族语言在"地方方言和城市共同语的基础上建立，有自己的规范"[1]。该语言享有首都的威望，"不再与方言土语比肩，成为凌驾于所有方言之上的全俄共同语"[2]。它是全俄示范语言，是俄罗斯民族语言框架内言语单位从周边向中心过渡的桥梁。它中和外来影响，促进民族语言的规范[3]。与此同时，"笔语发生巨变：同一文献中，事务性书面语、口头诗歌言语、日常生活用语、行话、方言并行，不顾及彼此间的矛盾与差异"[4]。

18世纪，受法国文化与法语影响，全俄共同语被排挤出日常交际领域，代之以沙龙语言（主要流行于俄国上流社会）。全俄共同语不再是全民使用的口语形式，被肢解为城市共同语、日常口语、职业行话、俚语、官方事务语言的口头形式等。

分化过程中，俗语（просторечие）崭露头角。俗语与文学语言不同，属未

1　Филин Ф.П. Истоки и судьбы русского литературного языка. С.97.
2　Филин Ф.П. Истоки и судьбы русского литературного языка. С.102.
3　Котков С.И. Московская речь в начальный период становления русского национального языка. М., 1974. С.282.
4　Кожин А.Н. Литературный язык Московской Руси. С.67.

经规范的口头言语形式；俗语也不同于地域方言与职业行话，它高于方言，是大众日常生活中使用的简洁通用的言语。作为新的语言现象，俗语一方面与辞藻华丽、文体庄重、使用转喻辞格与复杂句法结构的"演讲语（красноречие）"对立，另一方面又与共同语对立。共同语是全俄示范语言，逐渐向文学语言靠近，而俗语让生动言语中产生的新的言语单位有了安身之所。

语言体系中原有的两类笔语的对立也被打破，新的以功能语体为基础的语言体系开始形成。建立俄罗斯文学语言的通用标准、文学语言与俄语俗语的接近、文学语言服务于俄罗斯人生活的各个领域（从日常生活到精神生活），所有这一切构成文学语言口头言语形式的基础。至此，文学笔语的时代结束，以口笔语形式呈现的文学语言的新时代开启。

2. 俄罗斯文学[1]语言

统一民族语言的确立促使俄语新趋势的产生。这首先表现在文学语言与民间土语之间关系的变化。如果说在俄罗斯民族语言形成前，民间土语在文学语言形成过程中起过积极的作用（俄罗斯北部与中部地区的土语曾是大俄罗斯民族语言、乃至大俄罗斯民族文学笔语的基础），则在民族语言确立后，民间土语开始遏制文学语言的发展，阻碍以俄语为母语的人学习掌握文学语言，妨碍该语言在各地的推广与规范。随着俄罗斯民族语言的确立，新的方言土语不再出现[2]，方言特点受文学语言影响或被中和，或逐渐消亡。

其次，语言体系各要素的内在统一、语言形式与内容的统一加速了俄罗斯文学语言规范的确立。如果说在俄罗斯民族规范笔语中，语言的选用依据的是某类语言（民间文学类语言、斯拉夫书面类语言、事务语言）的规则与使用习惯，则在民族语言确立后，语言手段的使用由语言的口笔语形式、文学体裁、功能语体的统一规范来调节。换言之，俄罗斯文学语言的新质"由全俄统一的超方言语言规范决定"，"民族语言发展的共同特点是文学规范渗透言语实践与交际的所有

1　17世纪的俄国文学还不是现代意义上的文学。在古代和中世纪，"文学"这个词是广义的。在中世纪的拜占庭，文史哲统归文学。在俄罗斯，一些实用体裁（历史、布道、讲话、书信、传记等）也称之为文学。

2　派生性土语和原发性土语（乌拉尔、西伯利亚、萨哈林等地土语）的区分性特征除外。

领域和所有形式"[1]。

第三，统一民族语言的确立推动在对立（崇高语体与低俗体的对立，各功能语体在内容与表达形式上的对立）统一（统一的文学语言体系）的原则基础上建立文学语言的修辞体系。民族语言各类别间的界限消失，各类言语要素共用于文学文本，服务于不同语体（高、中、低）、不同体裁的文学创作。从民族语言中精选词源、修辞色彩各异的言语要素为具体内容服务的功能语体渐趋形成。功能语体间界限清晰灵动，形成中间过渡体。各类言语要素在文学作品中"相互碰撞"，没有了统一的风格，加剧了语言体系的对立[如《治家格言》（Домострой[2]）]。

第四，俄罗斯民族语言形成过程中，笔语与口语亲密接触，为口语体的形成打下基础（该语体最终形成于普希金的作品语言中）。起初文学语言的笔语形式与未规范的口语形式相互接近（17世纪下半叶）；随后划分文学语言的笔语与口语形式（18世纪）。

第五，俄罗斯文化的发展促使文学新体裁问世：讽刺作品、戏剧作品、格律诗、纪事体裁等。新的文学体裁要求文学语言提供新的形象表现力手段及从民族语言中精选必要的言语要素。书面语再次变异，根据语言体系的内在规律和社会与时代对语言的要求重新建构。

俄罗斯民族语言形成初期，文学语言发展的所有趋势与变化均反映在俄语语言体系中并被合法化。

（1）词汇变化。

全俄通用词取代古旧书面语词：глаз→око眼, шея→выя颈, горло→гортань喉, грудь→перси胸, рука→десница手, одежда→риза衣服；增加抽象义词汇：выговор警告, замужество出嫁, неспокойство不安, остановление停止, отдых休息, перебор过量, повеление命令, соседство接壤；出现新的术语，如行政管理类：боярская дума大贵族议会, земский собор全俄缙绅

---

1 Виноградов В.В. Проблемы литературных языков и закономерностей их образования и развития. М., 1967. С.43; Он же. История русского литературного языка//Избр. труды. С.297.
2 治家格言（俄国16世纪的一部要求家庭生活无条件服从家长的法典性作品，后来成为家庭生活中恪守陈规陋俗的代名词）。

会议, посадские люди工商业者, стряпчий宫内侍臣, урядник警察, царь沙皇, чиновник官吏；军事类：артиллерия火炮, баталия会战, генерал将军, копорал — «капрал»下士, шеренга横列；手工艺类：балясина花栏杆柱, баржа驳船, бердо钢筘。

18世纪，由不同起源词汇组成的生动言语库形成。库中既有共同斯拉夫语词：баба村妇, басня寓言, батрак雇农, батя爹；神甫, валять滚动, ведро水桶, вопить号叫, даль远处, доконать断送, дюжий强壮的, желудок胃, жрать狼吞虎咽, каяться后悔，忏悔, кургузый过于短小的, лакомый美味的, лопать吃, марать玷污, мешкать延迟, норов风俗, паскуда下流鬼, пихать推搡, пузо肚子, свадьба婚礼, уйма非常多, хапать抓住；东斯拉夫语词：докука烦扰, егоза坐不住的人, ерепениться固执, канючить苦苦哀求, кишеть蠕动, костить臭骂, крыша房顶, лунка冰窟窿, мастак能手，内行, парень小伙子, полымя火焰, тупица蠢人, чваниться妄自尊大；也有俄语本土词：барахло废物, бестолочь乱七八糟, бишь究竟, бука老妖精, воструха活泼伶俐的少女, второпях匆忙中, дотошный寻根问底的, дурынка呆子，傻子, замухрышка衣衫褴褛的人, исподтишка悄悄地, краснобай修辞学家, леший树精, лопоухий长着招风耳的, намедни前几天, небось大概, полоумный发疯的, сквалыга守财奴, харя嘴脸, шашни阴谋。一些教会斯拉夫语词失去了"高雅"色彩，沦为俗语词：благодарствовать多谢, благодать — «обилие»富足, окаянный可恶的；треклятый该死的。沦为俗语词的还有外来语，如希腊语词：аспид阴险的家伙, варвар野蛮人, каторга苦役；波兰语词：гурьба一群, забияка莽汉, каналья骗子, смак好味道, шкода淘气鬼, шуровать添火；法语词：галиматья胡言乱语, кураж魄力, шуры-муры偷鸡摸狗；德语词：квинта灰心丧气, финт诡计，等等。

18世纪中期，俗语成分驳杂，但其结构体系已清晰可辨。如家居实物类：армяк厚呢长外衣, бахилы鞋套, болтушка话匣子, валенки毡靴, вышка塔台, глазунья荷包蛋, горнушка（俄式炉的）搂灰孔, жбан带盖的木桶, жгут辫绳, зипун粗呢无领上衣, изгорода篱笆, клюка手杖, коморка小贮藏室, лапти树皮鞋, овсяник毁坏田间燕麦的熊, ожерелок — «воротник»衣领, подволока

阁楼，портки 裤子，посиделки 晚间集会，сермяга 原色粗呢，утирка 手帕，хибарка 简陋小屋，чёботы 皮靴；动植物类：кашка — «клевер» 三叶草，кочан 甘蓝叶球，можжуха — «можжевельник» 刺柏；буйло — «буйвол» 水牛，верблюд 骆驼，кочет 公鸡，мохнатка — «курица с мохнатыми ногами» 毛腿鸡，несушка 产蛋鸡，цыба — «коза» 母山羊；环境类：высокуша — «высокое место» 高地，зазимье 初雪，мокредь 潮湿天气，моряна — «ветер, дующий с моря» 海风，непогодь 恶劣天气；疾病类：лихоманка 寒热病，огневица 发高烧，родимчик 惊厥，трясавица 热病；人的称谓：дядька 伯伯，叔叔，женка 小老婆，кум 干亲家，малец 小伙子，матка 妈妈，молодка 小母鸡，ребятня 孩子们，хозяйка 主妇；батрак 雇农，скоморох 流浪艺人；баламут 闹事者，балда 蠢货，гуляка 游手好闲的人，запивоха 酒鬼，здоровяк 身强力壮的人，зубоскал 爱开玩笑的人，кривляка 装模作样的人，лентяй 懒汉，лобан 大脑门，плакса 好哭的孩子，пустомеля 喋喋不休的人，рёва 爱哭的人，скряга 守财奴，хапун 贪财者；抽象义词汇：ахинея 胡说，безделье 闲散，бредни 怪诞的想法，всячина 各种东西，галиматья 胡言乱语，додор — «теснота» 拥挤，забобоны — «чушь» 胡说八道，кручина 悲伤，кутерьма 杂乱无章，сором 耻辱，страм 丢人的事，суматоха 慌乱；удача 成功，умора 极可笑，упад 倒下，усталь 疲倦，等等。[1] 笔语中的生动言语词逐渐成为具有明显修辞标记的词语。

（2）语音变化。а音化（аканье）成为元音体系的主导类型：взв[а]лил（взвалил）背起，挑起，п[а]ставил（поставил）摆放；供给，р[а]зл[а]мал（разломал）折断，折毁，п[а]с[а]лил（посолил）放盐。е音化（еканье）得以确认：[д[е]ревни 村庄，в[е]лми — «весьма»极，非常，[е]е 她的，[е]во 他的。但е音化于18世纪末—19世纪初被и音化（иканье）[2]取代：св[и]зать（связать）捆在一起，прот[и]нулъ（протянул）拖延，в[и]сна（весна）春天，с[и]ло（село）村镇，п[и]так（пятак）五戈比。

音素<'э>和<ѣ>再无区别。"17世纪末至18世纪，木版画上的题词拼写极不

---

1 见：Щербакова Н.Н. Словообразовательные особенности русской просторечной лексики XVIII века. Омск. 2006.

2 即е, я在非重读音节上读и或近似[и]的音。

稳定，反映了莫斯科及相邻地区口语的特点，即 e 和 ѣ 在各种条件下通用。这表明，17 世纪莫斯科方言中的 ѣ 在重音下发 e 音"[1]。如：... В самомъ дѣлѣ можно мнѣ здѣлать надгробную надпись, что я вѣкъ свои боряся съ рокомъ, не могъ и малыхъ моихъ достоинствъ показать. 其实可以给我写一个墓志铭，说我一生与命运抗争，但不能夸大我的优点。[2]

爆破音 [к]、[г] 成为一对彼此对立的清浊辅音：Дмитреи Борисовъ сказалъ... у Архангелского города и нигдѣ на ярмонкахъ у него ... торговъ не было. 德米特里·波利索夫说过……阿尔汉城及周边集市上没有买卖。

始于 15 世纪的 [ц] 音硬化现象反映在 15—17 世纪初的古文献及俄罗斯民族语言形成初期的文学文本中，如：отецъ 父亲，концы 末端，мѣлницы — «мельницы» 磨坊（Домострой）；вѣлицыи — «великий» 伟大的，черницы — «черники» 蓝莓，отецъ 父亲（Послание Ивана Грозного, 1573 г.）；самодержецъ 专制君主，страдалецъ 受难者，убиицы 杀人犯，в сердцы 心里（Повесть, 1606 г.）；отецъ 父亲，кузнецъ 铁匠，на лицы 脸上，домочадцы 家人（Житие протопопа Аввакума）；человѣцы 人，вѣцы 世纪（Приветствие царевне Софье Алексеевне）。

（3）构词变化。出现了能产型名词书面语后缀 -ениј-, -аниј-, -ниј-, -иј-, -ств-, -ость, -тельство-：соединение 连接，собрание 集会，посещение 拜访，остановление 停止，строение 建筑物，взятие 占领，учтивство 客套话，потребность 需求，хранительство 守护；口语后缀 -чик, -щик, -ник, -ец：конопатчик 填缝工，красильщик 染色工，бечевник 河岸上的纤道，купец 商人；主观评价式后缀 -ишк, -очк-, -к-：сынишка<口，指小表爱>儿子，царишка<俗，表卑>沙皇，курочка 小母鸡，голубка 小鸽子；亲爱的，дитятко 乖孩子；动词后缀 -ыва-/-ива-：выхаживал 护理，оправливает 整理，умедливаем 拖延；复合词：молокосос 黄口小儿，рукомойник 盥洗器，лежебочество 游手好闲。

（4）构形变化。初步形成名词变格体系：第一、二、三变格法的复数

---

1 Борковский В.И., Кузнецов П.С. Историческая грамматика русского языка. М., 1963. С.139.
2 示例源自：Памятники деловой письменности XVIII в. М., 1981.

有了统一的形式。变格类型不再依据词干后缀划分，而是根据名词单数第一格的性与词尾划分。名词复数第三、五、六格词尾分别为：-ам/-ям（三格），-ами（五格），-ах/-ях（六格）：солдатам士兵, людям人们; летами年；年岁, учениками学生; епархиях教区, городах城市；复数第一、二、四格词尾确定为：一格：причетники教堂小教士, крестьяне农民, мастеры, мастера工匠；二格：челобитчиков呈诉者, от питей从饮料中；四格：во пресвитеры成为牧师, через ручьи涉过小溪。动词除过去时外，增加了前过去时（плюсквамперфект）：пошёл было本想去, жили-были从前有, жил-был从前有一个, судили были裁决。以-учи/-ючи, -ачи/-ячи结尾的副动词形式开始使用：идучи走，步行, живучи活着，生活。

（5）词法变化。确立主从连接词体系：...Збили у Ивановы полаты замок, **в которой** полате рухлядь（Статейный список И.М.Воронцова）人们打落伊万诺夫病室的锁，屋里是一堆破烂。... Есть слух, **что** иным солдатам и по десяти алтын не приходит на месяц. 据传，其他士兵一个月还拿不到10个阿尔滕[1]。...Людем призакрепить, **чтоб** и они в заморских питьях не касались ... — «Людям приказать, чтобы они заморских напитков не касались（не пили）»（«Книга о скудости и богатстве»）已下令不要接触海外饮品。

以上变化反映了17—18世纪俄罗斯文学语言的发展趋势——文学语言的民主化与规范化。

3. 俄罗斯古文献的语言特点

统一民族语言的形成离不开俄罗斯文学语言。17世纪下半叶，文学作品中的文学词汇与俗语词不分伯仲，都是通用词。这或许是因为文学语言的口语、笔语规范刚刚在以往各个时代文学语言规范与传统习惯基础上建立的缘故。17世纪末，俗语成为文学语言的修辞手段，加速了文学语言的民主化。

（1）文学语言民主化。该趋势清晰地体现在《大司祭阿瓦库姆的传记》（Житие протопопа Аввакума, им самим написанное, 1672—1673 гг.）中

---

[1] 俄国旧铜币，相当于三戈比。

Аввакум Петров, 1620/21—1682

（以下简称《传记》）。

阿瓦库姆·彼得罗夫（Аввакум Петров, 1620/21—1682）生前与教会及支持教会的专制制度进行了不妥协的斗争，留下文学遗著近40部。《传记》是其中的一部。它反映了阿瓦库姆对尼康（Никон）及其追随者的敌对态度，对俄罗斯故土与俄语的热爱，对东正教的忠诚和对教友令人感动的关爱。

阿瓦库姆称《传记》为《永恒生命之书》（Книга живота вечного）。作为民主主义者，他笃信民主。《传记》中，他用浅显易懂的语言与教民交流，指出，这些人虽贫苦、懒散、甚至有前科，但虔诚信教。他用俗语作为交际手段，向教民阐释自己对俄语的爱：...Не позазрите просторечию нашему, понеже люблю свой русской природной язык, виршами философскими не обык речи красить, понеже не словес красных Бог слушает, но дел наших хощеть……不要因说俗语而感到羞愧，因为我爱我们的母语——俄语，我不习惯用富有哲理的辞藻美化言语，因为上帝要听的不是动人的言辞，而是我们的业绩。

被发配到伯朝拉（Печора[1]）后，阿瓦库姆在给沙皇阿列克谢·米哈伊洛维奇（Алексей Михайлович, 1645—1676在位）的信中写道：Ведаю разум твой; умеешь многи языки говорить, да что в том прибыли? Воздохни-тко по-старому... добренько и рцы по русскому языку. А керелеисон-от оставь: так еллена говорят; плюнь на них! Ты ведь, Михайлыч, русак, а не грек. Говори своим природным языком: не уничижай ево и в церкви, и в дому, и в пословицах. Любит нас Бог не меньше греков, предал нам и грамоту нашим языком. Чего же нам ещё хощется лучше того? 我知道你很聪明，会讲多种语言，但这有什么好？一切如故，连停顿也不例外……只有发音是俄语

1　俄罗斯城市。

的。你不要再说керелеисон-от了，要唾弃它！因为只有希腊人才这样说。而你不是希腊人，你是米哈伊洛维奇，是地道的俄罗斯人。讲母语吧：不要贬低母语，无论是在教堂、家里，还是在说谚语时。上帝喜欢我们不亚于喜欢希腊人，上帝用我们的语言为我们奉上文字。难道还有比这更好的吗？

在用词上，阿瓦库姆多选择方言词（диалектизмы），与文学词汇形成反差。如：уметы —（грязь, отбросы）污垢，垃圾, залавок —（уступ в русле реки）梯形河床, групско —（грустно, тяжко）伤心，难过, томной —（уставший, утомленный）疲惫, однарятка —（верхняя однобортная одежда）单排扣无领男衫。

在语音上，使用е音化和ч音化（чоканье）[1]词：резанский —（рязанский）梁赞的, девоть —（девять）九, затеели —（затеяли）开始, лошедь —（лошадь）马；чепь —（цепь锁链）。

在词法上，使用带-уч-/-юч-, -ач-/-яч后缀的现在时主动形动词：бредучи缓慢行走, едучи乘车船走, плачючи哭泣, бегаючи跑, перебиваючися勉强过活；带主观评价后缀-ишк-, -ушк-, -ц-, -ец-, -к-, -ик, -оньк-/-еньк-的名词和形容词：дворишко院子，двор的指小表卑；царишко沙皇，царь的指小表卑；кафтанишко长外衣，кафтан的指小表卑；Якимушко亚基马[2], Якима的指小表卑；мясца肉，мясо的表爱；овсеца燕麦，овёс的表爱；мучки面粉, мука的表爱；рыбку鱼，рыба的指小表爱；пудика捕兽的夹子，многонько过多，черненькая乌黑的，чёрный的指小表爱；带前缀роз-/рос-的动词：розсветало（рассветало）天亮, ростянули（растянули）拉长；复合词：овчеобразный绵羊状的, новолюбцы喜新的人, похотолюбец好色之徒, бритобратец刮光胡须的弟兄；以-у结尾的阳性名词第二格：запасу储藏, прежде его приезду他来之前, там снегу не живёт那里无雪；以-ой结尾的形容词阳性单数第一格：русской俄罗斯的, природной自然的, доброй善良的, милой可爱的；把语气词-то, -та, -те, -ту, -от, -су用作构词后缀：люби-те爱, бес-от魔鬼, Федора-то菲德罗, я-су我。

---

1 即将ц发成ч, ч—ц不分。
2 美国的城市。

在句法上，使用补语一格：творить молитва祈祷；держать вера保持信仰。

阿瓦库姆还把生动言语用作形象表现力手段，美化作品言语，使之更加生动。如使用谚语、俗语、口头禅：Отольются медведю коровьи слёзы恶有恶报；Не умеет трёх свиней накормить三头猪都喂不饱，没本事；Из моря напился, а крошкою подавился曾经沧海难为水。隐喻：...Яко зима хощет（хочет）быти, сердце озябло, и ноги задрожали寒冬要来，人心冰凉，两脚冻得发抖；в муках он сидит他在受难。修饰语：Река мелкая, плоты тяжелые, приставы немилостивые, палки большие, батоги суковатые, кнуты острые, пытки жестокие, — огонь да встряска, — люди голодные...河水浅，木筏重，码头冷冰冰，不欢迎你靠岸，打人的棍棒粗又大，笞杖带刺儿，皮鞭带尖儿，用刑残酷——火烧，连打带骂，再加上人们饥肠辘辘……。比喻：...Один он Струна в церкве вертится, что бес 斯特鲁纳一人，像魔鬼一样在教堂里转来转去。Что собачка в соломке лежу我像一只小狗躺在干草堆里。粗俗语：...Вскочил в Церковь, ухватил Антона на крылосе за бороду. ……他一冲进教堂就在唱诗班的席位上一把揪住安东的胡子。...Привезли сани ко двору моему, ломилися в ызбу, хотя меня взять и в воду свести. ……几辆雪橇来到我家门口。他们破门而入，想抓住我，拖到水边淹死。Баба ея Ксенья мучила зиму ту всю, — лаяла да укоряла. 整个冬天，她受到一个叫克谢妮娅的娘们儿折磨、怒喝、叱骂和羞辱。Приволокся к матери — руки и ноги ознобил.他被拉回到母亲那儿时，手脚都冻坏了。Кобыла жеребенка родит, а голодные втай и жеребенка и месо скверное кобылье съедят. 母马生下小马驹，饥饿的人们偷偷把小马驹连同它那污秽的胎衣吃掉。

俗语是阿瓦库姆抨击对手的有力武器：Бедной, бедной, безумной царишко! Что ты над собою сделал? Ну сквозь землю пропадай. 可怜而疯狂的沙皇啊！你做了什么孽？快找个地缝钻进去吧！А ты кто такой? Вспомяни о себе, Яковлевич（архиепископ Рязанский）, ведь ты попёнок! А в карету сядет на подушки, расчесав волосы, что девка, да едет, выставя рожу на площаде...你是谁？想想吧，雅科夫列维奇（梁赞的大主教），你不过是牧师的

小崽子!可你却像娼妇一样坐着马车在广场上招摇……。

阿瓦库姆还用带否定色彩的词语评价与其观点相左的人：…Начальник в ино время на мя（меня）разсвирепел, — прибежал ко мне в дом, бив меня, и у руки отгрыз персты, яко пес, зубами. ……还有一次，领头的人对我恶言恶语，拳脚相加。他冲进我家，不仅打我，而且像狗一样咬我，咬断了我几根手指。Егда поставили патриархом, так друзей не стал и в Крестовую пускать! А се и яд отрыгнул. 当上牧首后，他就不再让朋友们进入牧首府邸的接待厅了！真是翻脸不认人。

然而，阿瓦库姆对教友却充满慈父般的爱：Помнишь ли Феодора?... Он не больно перед вами виноват был, — ибо всем мне пред смертию покойник писал: стала-де ты скупа быть, не стала милостыни творить и им-де на дорогу ничево не дала, и с Москвы от твоей изгони съехал... Нечево старова поминать: меня не слушала... а после пеняешь мне. Да што на тебя и дивить! У бабы волосы долги, а ум короток. 你还记得费奥多尔吗？……他没有什么地方对不起你们。关于这一切，他临死前写信给我，信上说：你变得吝啬了，不再乐善好施了，他们上路时你什么也不给他们，他被你赶出门离开莫斯科……旧事不再提：你也不听我的……过后还抱怨我。究竟什么事让你如此焦虑不安！真如老话所说，妇人头发长，见识短。遇到教民失言、做了错事，阿瓦库姆的语调会突然改变。在给大贵族夫人费奥多西娅·莫罗佐娃（Феодосия Морозова）的信中他这样写道：…И ты, будто патриарх, указываешь мне, как вас, детей духовных, управлять ко царству небесному! О, увы, горе! Бедная, бедная моя духовная власть[1]! Уже мне баба указывает, как мне пасти христово стадо! Сама вся в грязи, а иных очищает; сама слепа, а зрячим путь указывает! Образумься! Ведь ты не ведаешь, что клусишь（валяешь дурака）……可你，竟然像大牧首一样，对我指手画脚，指示我应该怎样管理你们这些上帝的子民，直至把你们送入天国！唉呀呀！呜呼哀哉！我可怜的不幸的教会呀！竟然让一个女人对我指手画

---

[1] духовная власть相当于Церковная власть（教会当局）。信中有讥讽、揶揄教会掌权派尼康派的意味。

脚，命令我该怎样去放牧基督的羊群！她自己全身陷入泥沼，还想给别人洗净身上的污泥浊水；自己眼盲，却要给明眼人指路！醒醒吧！难道你不明白你是在出洋相，冒傻气！

阿瓦库姆精通书面语与 "词语编织（плетение словес）"，善用古斯拉夫语和教会斯拉夫语词，能在不同语境（传记文学或日常生活语境）中保持崇高语体色彩。试比较：**О, светила великия, солнца и луна руския земли**, Феодосия и Евдокея, и **чада** ваша, **яко звезды сияющыя пред Гоподем Богом! О, две зари, освещающия весь мир на поднебесней! Во**истину красота **есте** церкви и сияние **присносущныя** славы Господни по **благодати**! Вы заб**ра**ла церковная и ст**ра**жи дома **Г**оспо**дня, возбра**няете волк**ом**[1] вход во свят**ая**. Вы, два паст**ыря,** пасете овчее **стадо Христово** на пажет**ех** духовных, ог**ра**ждающе всех молитвами своими от волков губящих[2]. 啊，费奥多西娅和叶芙多基娅，两颗伟大的星，照亮俄罗斯大地的太阳和月亮，还有你们的子女，像星星一样，在上帝面前闪光！啊，你们是两道黎明的曙光，在苍穹下照亮整个世界！你们赋予教堂多彩的美丽，你们万世长存的荣耀，是上帝的赐予！你们主持教会、掌控上主的天庭，像警犬一样谨防他人闯入。你俩是牧羊人，在贵族的神学校里放牧着基督的羊群，用祈祷词护卫着整个羊群免遭恶狼的侵袭。В горах тех **обретаются** змеи **великие**; в них же витают гуси и утицы, — перие красное, — вороны черные, а галки серые; в тех же горах орлы, и соколы, и кречеты, и курята индейские, и бабы（пеликаны）, и лебеди, и иные дикие, — многое множ**ест**во... а взять нельзя! На те горы выбивал меня Пашков, со зверьми, и со змиями, и со птицами **витать**. И **аз** ему малое писанейце написал...: «**Человече! Убойся Бога, селящего на херувимех, и призирающего в безны, его же трепещут небесныя силы и вся тварь со человеки, един ты презираешь и неудобство показуешь»**. 深山老林，常有毒蛇大蟒；那里栖息着野雁野鸭，它们的羽毛极

---

1 волк在俄语方言中有"牧羊犬、警犬"（овчар）之意。
2 例句中的黑体词是古斯拉夫语和教会斯拉夫语词。

好看；还有黑乌鸦，灰寒鸦；在这高山密林中也有山鹰、鸢、隼、秃鹫、印度鸡、鹈鹕、天鹅等其他禽鸟，很多很多……数不胜数！帕什科夫把我赶进这样的大山中，与野兽野禽、蛇蝎虫豹为伴。于是我写信给他："人啊！敬畏上帝吧！上帝全能全知，洞察一切。天上的神灵，地上的生物及人类，在上帝面前诚惶诚恐；只有你一人，蔑视神灵，制造麻烦，还不自省"。

信中的黑体词是古斯拉夫语和教会斯拉夫语词，它们赋予信函高雅色彩。

尽管阿瓦库姆善用古斯拉夫语和教会斯拉夫语，但他努力按俄罗斯文学语言的统一规范简化"词语编织"。为此，他在一个句式中使用新旧两种词形式：Егда ещё был в поп**ех**...；А егда в поп**ах** был... 当他作牧师时……；书面语词与俗语词：Он меня **лает**, а я ему **рекл.** 它对我叫，我朝他吼。Он же **рыкнул, яко девий зверь**, и ударил меня по **щоке**. 而他像野兽一样大吼一声，给了我一记耳光。Сам **не прав**, да **на Бога** же **пиняет.** 自己错了，却怪上帝！；教会斯拉夫语和俗语词：А та **птичка** одушевлена, **Божие творение**, нас кормила, а сама с нами **кашку** сосновую ис котла тут же клевала, или **рыбки прилучится**, и **рыбку** клевала, а нам против того **по два яичка на день давала. Слава Богу, вся строившему благая**! 而那只小母鸡很有灵性，是上帝的造物，它给我们生蛋，同我们一起吃锅里的松树皮粥，碰到有鱼，也来啄上几口，作为回报，它每天给我们生两个蛋。谢天谢地！善有善报！

阿瓦库姆刻意降低"词语编织"文体的庄严度，有意识地将生动言语用作修辞手段，让俗语成为文学语言中不可或缺的元素。

《传记》语言直观地表明，俄罗斯文学语言史上两类文学笔语并存的时代结束，以功能为导向的统一文学语言的新时代到来。在新的时代，文学语言中相互对立的不再是语言的类别，而是书面语与口语的对立。

（2）功能语体的建立。

伴随文学语言与生动俄语形式的对立，功能语体日渐形成。这首先是事务语体与文学语体的确立。

事务语体。

18世纪事务文献（书信、证词、呈文等）语言直观地证明事务语体已经形成。事务语言的资源体系主要来自于国家政令。"公文事务语言，特别是事务语言的最佳表现形式大使政令语言为事务语体的诞生奠定了基础"[1]。

事务文献有自己的结构模式、写作规范。如证词中必须有证人的姓名、父称、绰号、年龄、家庭状况，父母姓名、社会地位，出生地等信息。若无父母，则需填上抚养人，写明与谁一起生活，有无房产，生活来源，干什么工作，有无前科等。证词下方还要有证人的签名。如此一来，事务语言具有如下特征：

词汇：事务词汇往往涉及人的职业、工种、社会地位。如制呢厂的 ткач 纺织工, прядильщик 精纺工, шпульник 摇纬工, картовщик 制版工, шерстосниматель 剪毛工; суконщик 纺毛技师, суровых сукон подмастерье 粗呢学徒。

语音：以莫斯科音为标准，a音化为主导类型：о п[а]жаре（о пожаре）关于火灾, с[а]лдата（солдата）士兵, к[а]рабельных（корабельных）造船的, к[а]нторы（конторы）办公室。[и]发[ы]音: с [ы]скрою（с искрой）带小花点, от [ы]збы（от избы）从木屋, с [ы]ными（с иными）与其他的, из [ы]нжереи（из оранжереи）来自温室。爆破音[г]取代摩擦音[г]: в город 进城, выгорела 烧光, не могъ 不能; генваря（январь）一月, государь 陛下, господин 先生; показанного 被出示的, означенного 上述的。

词法：名词一格以-и, -ы结尾: люди 人们, рукавицы 手套; 二格词尾为-ов, -ек: стаканов 杯子, копеек 戈比; 三格以-ам, -емъ结尾: по щекам 打脸, людемъ 人们; 五格以-ами, -ьми结尾: словами 用言语, с людьми 同人们一起; 形容词一格以-ои结尾: природнои 大自然的, дворовои 院内的, серои 灰色的, суконнои 呢子的, краснои 红色的; 二格词尾为-ого, -аго: писанного 手抄的, нижаишаго 最矮的。统一了动词的人称形式，完成体与未完成体在形式和语义上形成对立: далъ — отдалъ 给, 还给, бѣжал — сбежалъ 跑, 逃跑, писать — записать 写, 记录下来, нёс — снёс 拿来, 拿到下面去; 出

---

1 Устинов И.В. Очерки по истории русского языка. Ч.2. С.115.

现了副动词形式：пришед来, выломавъ撬开, разобравъ拆开。

句法：使用带连接词 a, но, да 的并列复合句和带连接词 что, чтобы, который 的主从复合句：... Отца своего не помнит, **а** слышал он от мачихи своеи ... **что** отца его звали Никифором. 他不记得自己的父亲，但听继母讲，他父亲叫尼基福尔。И опасаюсь, **чтобы** он... надо мною не учинил. 我怕他搞出什么事来害我。... Снесли три калпачка серебренных, ис **которых** пьютъ водку. 三个喝酒用的小银杯被人拿走了。

«О России в царствование Алексея Михайловича»

事务语体的特点还体现在格里戈里·科塔施欣（Григорий Котошихин）的《论阿列克谢·米哈伊洛维奇执政时期的俄罗斯》（О России в царствование Алексея Михайловича）（1667）一书中。该书语言与呈词证供、书信语言不同，使用加工规范后的语言传递事务内容。科塔施欣有自己选择语言手段的原则：

（1）用全俄通用语叙事，统一文体风格：Как приспеет родитися царевичю, и тогда царица бывает в мылне, а с нею бабка и иные немногие жены, а как родится, и в то время царю учиниться ведомо, и посылают по духовника, чтоб дал родилнице, и младенцу, и бабке, и иные при том будучим женам молитву и нарек тому новорожденному младенцу имя... 王子即将出生，王后来到浴室，与她一起的有接生婆和其他几位女眷。王子一出生，立即通报国王，并派人去请神父为产妇、婴儿、接生婆及其他几位未来的产妇祈祷，为新生儿命名。

（2）均衡使用书面语和口语—俗语词，尽量不用高雅体和带否定评价色彩的粗俗语词：А как будет время, что им ехать к венчанию, и дружки у отца и у матери невестиной спрашиваются, чтоб они новобрачного и новобрачную благословили ехать к венчанию: и они благословляют их словом, и на отпуске отец и мать жениха и невесту благословляют образами, а потом, взяв дочь свою за руку, отдают жениху в руки. 婚礼时间一到，伴郎们就请新娘父母恩准新郎新娘前去婚礼，于是，新娘的父母说着祝福的话，临别时以各种方式祝福新郎新娘，然后把女儿的手交到新郎手中。

（3）利用不同的语言手段改变文体类型，使文本从事务体裁过渡到政论体裁，再从政论体裁过渡到抒情体裁：Сестры ж царские или тщери царевны имеяй свои особые ж покои разные и живуще, яко пустынницы, мало зряху людей и их люди; но всегда в молитве и в посте пребываху и лица свои слезами омываху, понеже удоволство имеяй царственное, не имеяй бо себе удоволства такова, как от всемогущаго Бога ведомо человеком совокуплятися и плод творити. 王室姐妹和公主的女儿们都有自己的房间，她们像隐士一样生活，很少见人，人们也很少看到她们。她们总是斋戒祈祷，以泪洗面。因为，她们虽享有王室快乐，却无法从全能上帝那里了解繁衍子嗣的快乐。

（4）慎用新词形，因为新词形往往会导致语法范畴或语法意义的改变：...А после обеда **благословляют власти** царевич**а** образ**ами**... 午饭后，高官们以各种方式祝福王子。Благословлять是多次体行为动词，在语义和词形上与благословить形成体的对立；власти为复数形式，表"高官"之新意；-а是阳性生动物名词царевич的单数第四格词尾；-ами是阳性名词образ的复数第五格新词尾形式；

（5）笔语句法趋向于口语句法。如使用简单的句法结构：А в концех посылаются стряпчие, дьяки, жильцы, подъячие и начальные люди. 律师、文员、市民、书吏和官吏们被派往异国作使节。К турецкому салтану посылаются послы таковы ж, что и к датцкому королю. 派给土耳其苏丹的大使与派给丹麦国王的大使同样级别。单部句：И от того теми титлами не пишется к ним, бусурманским государем. 给君主写信不用节略符号。А за боярское бесчестье отсылают к бояром на двор... 因对大贵族不敬，被送往大贵族家服劳役……。情感句：Благоразумный читателю! Не удивляйся сему: истинная есть тому правда, что во всем свете нигде такова на девки обманства нет, яко в Московском государстве. 理智的读者！请不要惊讶，真正的事实是，全世界没有哪个地方像莫斯科国那样欺骗少女。口语语气词：И того **ж** дни к послом посылают с столом столника прежнего **ж**, или иного такого **ж**, и они бывают у послов и подчивают против прежнего — «В тот же день к послам направляют стольника: того же, что и был или другого, и они бывают у послов и угощают их как можно лучше. 就在这一天，御前大臣被派往外国使领馆，拜访各国使节并款待他们。带连接词 а, но, да, или 的并列复合句和带 что, чтоб, какой, который, как, однако 的主从复合句：Той же Борис Годунов послал во град Углеч многих людей, **и** по дорогам поставил заставы под смертною казнию, **чтоб** никто о том убиении подлинные ведомости не сказал, но **чтоб** сказывали все по его приказу, **как** об нем сказал царю. 就是这个鲍里斯·戈东诺夫打发许多人去乌格列奇城，在死刑执行前沿途设卡，封锁消息，不让人说出谋杀真相，要所有人照他的指令、按他的口径上报沙皇。

（6）把纯事务语言词语用于书面语上下文：А вшоб **послы** в полату, начнут по **наказу** своего **говорити речь,** и царя поздравляют, и **правят поклон**; и царь в то время встанет, и шапку сымет, и спрашивает **послов** о королевском здоровье сам, стоя. 各国使节走进大殿，依令向沙皇鞠躬致意。沙皇起身、脱帽，向各国使节问候王室健康。

事务语言"特有的公务职能使其没有足够的内部资源发展和丰富自己，唯有与文学语言、大众口语相结合，方能保证其在各类文献（包括文学作品）中的作用和影响"[1]。

文学语体。

文学语体的建立与文学新体裁的出现有关。新体裁需要新的形象表现力手段，或用传统语言手段表达新内容。讽刺性文学体裁利用书面语与口语、粗俗语搭配时形成的反差，讽刺古旧文学语言的夸大其词与不切实际。这类作品有

---

1 Горшков А.И. Теория и история русского литературного языка. С.161.

讽刺教堂礼拜的《酒鬼醉汉的节日》（Праздник кабацких ярыжек[1]），模拟法庭审判的《谢米亚卡法官判案的故事》（Повесть о Шемякином суде），《棘鲈的故事》（Повесть о Ерше Ершовиче[2]），嘲笑寺院无所事事、酗酒的《科里亚津修道院的呈诉状》（Калязинская челобитная[3]），以及《倒霉鬼和苦命人的故事》（Повесть о Горе и Злочастии），《萨瓦·格鲁德岑的故事》（Повесть о Савве Грудцыне）和《弗罗尔·斯科别耶夫的故事》（Повесть о Фроле Скобееве）等。

《倒霉鬼和苦命人的故事》写于17世纪下半叶，讲述一个棒小伙儿因不幸遁入空门、到修道院修行的故事。小说用近似民间口头创作的文体讲述日常生活事件，伴有劝谕与警示，告诫年轻人应如何生活，如何行事，具有教育意义。《故事》的语言类似大俄罗斯民族斯拉夫书面类文学笔语，但这已是小说语言，反映俄罗斯民族语言的特点。古老传记文学中的斯拉夫书面类词语在《故事》中被用作修辞手段，表达劝谕内容。

为劝谕体裁服务的有俄罗斯民族语言的各种词语。如书面语词：Человеческое сердце несмысленно и неуимчиво. 人心难测；教会斯拉夫语和古斯拉夫语词：Изволением Господа Бога и Спаса нашего Иисуса Христа Вседержителя, от начала века человеческого... 秉承主上帝和救世主耶稣基督的旨意，谨从人类始祖开笔……；Непрельщайся, чадо, на злато, сребро, не збирай богатства неправаго, а зла не думай на отца и матерь... 孩子，不要贪图黄金白银，不要聚敛不义之财，不要对父母有任何恶念……；口语—俗语词：...От сна молодец пробуждаетца, в те поры молодец озираетца ... **чиры** (башмаки), чулочки — все поснимано, рубашка и портки — все слуплено, и вся **собина** (имущество) у его ограблена ... он накинут **гункою** (рубище) кабацкою, в ногах у него лежат лапотки-отопочки... 年轻人从醉乡苏醒，环顾四周，打量自己……皮鞋和长袜被人从脚上扒下，衬衫

---

[1] См.: Адрианова-Перетц В.П. Очерки по истории русской сатирической литературы XVII в. М.—Л., 1937.

[2] Там же.

[3] Там же.

和裤子也未剩下。身上所有财物被洗劫一空……一件酒店跑堂的破衣盖在身上，一双破烂的树皮鞋套在他的脚上……；民诗词：И вставал молодец на белы ноги, учал молодец наряжатися: обувал он лапотки, надевал он гунку кабацкую, покрывал он свое тело белое; стоя молодец **закручинился**...小伙子赤脚站起身，开始拾掇自己：他穿上破烂的树皮鞋，披上跑堂的破烂衣，裹住裸露的身体，站在那儿伤心不已……；事务词：... Все **имение** и взоры у мене изменилися, **отечество** мое потерялося. 我的全部财产已不属于我，我改变了脾性和习惯，我失去了亲人，回不了故乡；... Не взели у него **перевозного** ……没有向年轻人收取渡河费；**Наживал** молодец **пятьдесят рублев** 年轻人挣了50卢布；... садят ево в место среднее, где седят **дети гостиные** ……他被安排在中间坐下，那里坐着宾客们的子弟；Или место тебе не **по отчине твоеи**? 或许，按你祖辈的习俗这地方不适合你？

　　构成《故事》语体风格的既有中性词：Молодец был в то время се мал и глуп, не в полном разуме и несовершен размом. 年轻人当时年少无知，阅历浅薄，缺少心计；又有高雅词：Ещё, **чадо**, не давай **очам** воли, не **прельщайся, чадо**, на добрых красных жен. 孩子，不要寻花问柳，贪恋女色，不要迷恋女人，即使她是良家美女；低俗词：**упился** он без памяти 他喝得烂醉，不省人事；с того свету сюды не **вытепут**（не вытолкают）从那个世界赶也赶不回来；民诗词：А что ты еси, доброй молодец, ты поди на свою сторону, к любимым честным своим родителем, к отцу своему и к матери любимой... 好小伙，你要回到自己的家乡，回到你诚实、敬爱的父母身旁……；...Быть тебе, травонка, посеченой, лежать тебе, травонка, посеченой, и буйны ветры быть тебе развеяной 小草儿，小草儿，你注定要被拔掉，小草儿，小草儿，你命该被人割倒，狂风把你吹得七零八落，东歪西倒。

　　《萨瓦·格鲁德岑的故事》写于17世纪70年代，讲述有罪的人通过忏悔、祈祷获得重生的故事。故事的主要叙事手段是组合使用传记文学中的斯拉夫书面语和俄罗斯民族语言。然而，《故事》直观地表明，传统斯拉夫书面语正在被丢弃，代之以表达艺术内涵的新形式。《故事》的主人公也不再是圣徒，而是日常生活中的普通人。主人公萨瓦从少年到辞世，生活轨迹遍及伏尔加河流域、乌拉尔、莫斯科、斯摩棱斯克等地。为客观再现生活,作者引入了真实的历史人物:沙皇米哈伊尔·费奥多罗维奇(Царь Михаил Федорович)[1],御前大臣蒂莫西·沃龙佐夫(стольник Тимофей Воронцов),百人长雅科夫·希洛夫(сотник Яков Шилов);河流:第聂伯河(Днепр),奥卡河(Ока);城市:阿斯特拉罕(Астрахань),奥勒尔(Орел),卡马河畔的索利城(Соль Камская)[2],舒雅(Шуя),喀山(Казань),大乌什久格(Великий Устюг),斯摩棱斯克(Смоленск);街道:乌斯特连卡街(Устретенка),卖破衣的市场街(Ветошный ряд)等,并用古斯拉夫语和教会斯拉夫语营造仿古叙事风格。作者打破斯拉夫书面类文学语言传统,让斯拉夫书面类文学语言与俗语搭配:Боярин же начат всякими нелепыми словесы **поносити** его и глаголя... 可大贵族对萨瓦还是横挑鼻子竖挑眼地盘问,说……; Обаче глаголю ти: **нимало зде медли**, но иди в дом родителей твоих и тамо в благоденствии с родители своими пребывай. 不过我要提醒你:你在此地一天也不要耽搁,立刻回到你父母身边,在家同他们一起共享天伦之乐; И абие **поляк** той **яростно напустив** на Савву и уязви его копием в левое **стегно.** 只见那波兰人狂暴地冲向萨瓦,用长矛刺伤他的左腿;与事务词语搭配:Аз убо, елико **имам** зде товаров и богатство отца моего с **прибытками,** все отдаю тебе. 我在这里有不少货物,还有我父亲的财产和赚到的钱,全都给你。Царь же... глаголя предстоящим пред ним сигклитом, да егда бывает **повседневное изменение караулов, повелевает** посылати в дом сотника оного... 时值每日例行换班,沙皇对站在面前的侍卫说,快派个人去百夫长家……

《故事》的句法结构反映了当时俄罗斯人的思维方式。如新表达式:куплю творяще做生意; на конной площади在马市; ласканием приветствование его对他说好话表示欢迎; ходити на учение去操练; российское воинство俄军; свальным боем битися打得难解难分; 新成语: скаредное дело сотворити

---

[1] 米哈伊尔·费奥多罗维奇是罗曼王朝的第一位沙皇。16岁(其家族是当时门第显赫的大贵族世家)被缙绅会议"推举"为俄国沙皇。1613—1645年在位。

[2] 卡马河(Кама)是伏尔加河上游的一条支流,河畔的索利城(Соль)自古以制盐业闻名。

干卑鄙勾当; сердцем тужити 心悲伤; в пагубу впасти 落入陷阱; уловлен лестию женскою 被女人的狐媚所俘获; от сна возбнув（проснувшись）从梦中醒来; 比较短语：яко скот пребывая 像牲口一样活着; яко лютая львица 像一头凶猛的母狮; яко смола черны 像树脂一样黑; 评价结构：супостат дьявол 魔鬼; о проклятой жене 该死的婆娘; зелною яростию распалися 大发雷霆; от адския пропасти 从地狱深渊; преславное чадо 可爱的孩子; честные кресты 圣十字架; 复合词词组：юноши темнообразнии — «юноши с темными лицами» 脸色黝黑的少年; новообразнных солдат 新征士兵; повседневную пищу 日常食物。

最明显反映文学语体确立的是《弗罗尔·斯科别耶夫的故事》。该《故事》写于17世纪末18世纪初。作品中没有中世纪文学艺术特有的对生活的宗教理解，有的只是世俗生活的全新内容：一个生活无忧、轻浮、没有信仰、仅凭兴趣生活的年轻人做出的不体面行为。《故事》叙述生动，情节曲折，引人入胜，是此类作品的上乘之作。

混用不同起源的词是该《故事》的特点。如混用书面语词与口语词：И та сестра ево весма о том сокрушалась, понеже что ежели признает его, то конечно быть великои беде брату моему, понеже тот столник Нардин Нащокин весма великой милости при царе находится; однако ж не прислушала воли брата своего, принесла ему девичеи убор. 对哥哥的请求，妹妹非常为难，因为哥哥一旦被认出，就要倒大霉，要知道御前大臣纳尔金·纳肖金是深得沙皇恩宠的人物；可她又不敢违拗哥哥的心意，只好给了他一套姑娘的穿戴；俄语本土词与外来词：И приехал Фрол Скобеев к себе на фатеру и того кучера поил весма пьяна. А сам, убрався в лакейское платье, и сел на козлы, и поехал ко столнику... 弗罗尔·斯科别耶夫回到自己寓所，然后招待马车夫，把他灌醉。紧接着弗罗尔换上仆役的制服，坐在马车夫的位置，驱车前往御前大臣的府邸……; 公文词与民俗词：Видишь ты, мои друг, какое здравье! Таков ти родителской гнев: видишь, они заочно брянт и кленут, и от того она при смерти лежит. Донеси их милости, хотя б они заочно бранят, благословение еи дали. 我的朋友，你来瞧，这就是她的身体状况！当

父母的如此大发雷霆，背后这样痛骂自己的女儿，她还能不病得奄奄一息？！快把他父母的慈爱心送来吧，趁她还有一口气的时候为她祈祷祝福吧！；教会斯拉夫语词和俗语词：Ну, мои друг, уже быть так, что владеть дочерью нашею плуту такому, уже так Бог судил. 算啦，我的夫君，已经这样了，就让那个骗子娶我们的女儿吧，既然天意如此。

　　《故事》的另一特点是对当时引以为时尚的献殷勤习惯的描写。为此作者使用以往世俗文学中没有的特殊句式，句中关键词可以是抽象名词：Милостивои государь... отпусти виновного яка раба, которои возымел пред вами **дерзновение**! 尊敬的大人……请宽恕我，您的奴仆的罪孽，宽恕我胆大妄为对您犯下的罪行！；外来词：Уже Фрол Скобеев живёт роскочно и ездит везде по знатным **персонам.** 弗罗尔·斯科别耶夫的生活阔绰起来，经常去一些显贵人士的府邸串门访友；民诗词：И о том столник и з женою весма соболéзновали **плакали горко.** 听说女儿失踪，御前大臣和妻子十分伤心，痛哭流涕；具有特殊修辞色彩的东斯拉夫语词：Господин Скобеев, не по заслугам моим ко мне милость **казать** изволишь, для того что моей **услуги** к вам никакои **не находится.** 斯科别耶夫老爷，无功不受禄。平白无故受此厚礼，实在不敢当呀！；古斯拉夫语词：Фрол Скобеев ... взял себе намерение **возыметь** любовь с тою Аннушкой. 弗罗尔·斯科别耶夫……一心想同安努什卡谈情说爱。

　　《故事》的句法特点还表现在动词的支配关系上，如不及物动词接名词第四格：Фрол Скобеев ... **подарил**[1] тое **мамку** двумя рублями. 弗罗尔·斯科别耶夫送给奶妈两卢布；Аннушка **подарила Фрола Скобеева** денгами 300 рублев 安努什卡赠送给弗罗尔·斯科别耶夫300卢布。反身动词接名词第五格：И стали все девицы **веселитца** разными **играми.** 于是，姑娘们开始玩儿各种各样的游戏，玩得十分开心。不及物动词支配代词第四格：Столник Ловчиков... стал **ево разговаривать.** 御前大臣洛夫奇科夫……开始同他谈话。对话形式和口语句法结构：... столник Нардин ... спросил сестры своей:

---

[1] 动词подарить当时被认为是不及物动词，"赠予"的客体用第五格。

«Сестрица, что я не вижу Аннушки?» И сестра ему ответствовала: «Полно, братец, издиватся! Что мне делать, когда я бесчастна моим прошением, к себе просила ея прислать ко мне; знатно, что ты мне не изволишь верить, а мне время таково, нет чтобы послать по нея» 御前大臣纳尔金问姐姐:"姐姐,我怎么没看到安努什卡?"姐姐回答:"兄弟,你真会开玩笑!如果连我对你的请求也不算数,那你叫我怎么办才好?我求过你派人送她到我这儿来。显然,你不相信我,我自己又没有时间亲自去接她"。Ну, мамушка, уже быть так, того мне не возвратить. 我最最亲爱的奶娘,如今生米已做成熟饭,我也无法挽回了。

17世纪的讽刺作品《棘鲈的故事》《谢米亚卡法官判案的故事》《科里亚津修道院的呈诉状》《酒鬼醉汉的节日》有一个共同的特征,那就是文学语言与事务语言相互抵近,旧式文学词汇与事务语言词汇在讽刺作品中获得功能意义。这表明,17世纪中期的"俄罗斯文学语言已走上与莫斯科事务语言、俄国受教育阶层生动口语相结合的道路,打破了俄式斯拉夫语体系[1]",也解释了为什么17世纪的讽刺作品在主题、情节与结构上接近事务文本。究其原因,二者讲述的内容相同(恣意妄为、不公正、贫富不均),故事情节相同(揭露社会的不公正),结构布局相同(诉讼、法庭审理、宣判);区别仅在于事务语言在讽刺作品中履行新的功能——艺术创作功能。事务语言在与书面语、俗语、外来语的组合中充当讽刺、调侃的工具,或描述不太重要乃至愚蠢的情节,用以揭露法官的不公正、偏袒、卖身投靠的行为和教会神职人员口是心非的行径。

写于17世纪上半叶的《棘鲈的故事》是对俄国司法程序的讽刺性模拟。《故事》以"鱼类王国"为背景,揭露沙俄的司法不公。作品以事务文本结构呈现,有事件发生的时间、地点:Лета 7105(1597)декабря в день было в большом озере Ростовском... 7105[2](1597)年12月的一天,在罗斯托夫湖……;有原告与被告:челом били Ростовского озера жильцы, Лещ да Головль, на Ерша на щетину по челобитной 罗斯托夫湖居民鳊鱼和圆鳍

---

1 Виноградов В.В. Основные проблемы изучения, образования и развития древнерусского литературного языка. М., 1958. С.125.
2 创世纪的7105年等于基督诞生后的1597年。

雅罗鱼在此叩首，状告棘鲈；有起诉原因：...Ерш щетина, ябедник, лихой человек, пришел из вотчины своей, из Волги из Ветлужскаго поместья... к нам в Ростовское озеро з женою своею и з детишками своими, приволокся в зимнюю пору на ивовых санишках и загрязнися и зачернился... и впросился у нас начевать на одну ночь... И тот воришько Ершь обжился в наших вотчинах... расплодился с племянем своим, а нас, крестиян ваших, перебили и переграбили, и из вотчины вот выбили, и озером завладели насильством... Смилуйтеся, господа, дайте нам на его суд и управу 棘鲈是个头上长角、浑身长刺的恶棍，他携妻带子从伏尔加河维特卢斯基领地……来到罗斯托夫湖。他们冬天乘柳条做的雪橇而来，满身污垢，浑身黢黑……请求在我们这儿过一夜……就是这个棘鲈偷偷在我们的领地上安家……并伙同家人生出许多事端，而我们、您的子民，多人被打被抢，甚至被赶出封地，他还强行霸占了罗斯托夫湖……行行好吧，大人们，让我们把他交给法庭惩处；有对被告的询问：«Ершь щетина, отвечай, бил ли ты тех людей и озером и вотчиною их завладел?» "棘鲈，请回答，你是否打了人，霸占了他们的湖与封地？"；有被告人的答辩：Человек я доброй, знают меня на Москве князи и бояря и дети боярские, и головы стрелецкие, и дьяки и подьячие и гости торговые, и земские люди, и весь мир во многих людях и городех, и едят меня в ухе с перцемь и шавфракомь, и с уксусомь, и во всяких узорочиях, а поставлять меня перед собою честно на блюдах, и многие люди с похмеля мною оправливаютца — «Человек я добрый, в Москве меня знают князья и бояре, и дети боярские, и стрелецкие командиры, и дьяки и подьячие, и купцы, и земские люди, и многие люди и города во всем мире, и едят меня в ухе с перцем и шафраном, и с уксусом, и на драгоценной посуде ставят меня перед собой открыто на блюдах, и многие люди с похмелья мной поправляются» 我是良民，在莫斯科和其他大城市，王公贵族、军队长官、衙门官员、客商、地方人士、全世界的许多人都认识我，他们把我蒸熬炖煮，撒上胡椒、番红花和醋等调料，用上等餐具端上来，体面地摆在面前。许多人喝醉了酒，还用我醒酒；有对证人的质询：И судии спрашивали Сельди да Лодуга и Сига: «Скажите, что ведаете промеж Леща да Ерша, чье изстарины то Ростовское озеро было?» 法官问鲱鱼、红鲑和白鲑："你们知不知道鳊鱼和棘鲈之间的事？罗斯托夫湖自古属于谁？"；有宣判: И судии в правду спрашивали и приговорили Лещу с товарищем правую грамоту дать. И выдали Лещу с товарищи Ерша щетину головою. 法官问明案情，判鳊鱼及其族人胜诉，把棘鲈的首级割下，判给鳊鱼及其族人；有本案法官: А суд судили: боярин и воевода Осетр Хвалынского моря да Сом з болшим усом, да щука-трепетуха, да тут же в суде судили рыба Нелма да Лосось, да пристав был Окунь, да Язев брат, а палач бил Ерша кнутом за его вину — рыба Кострашь... 主审法官：赫瓦伦斯克海的大贵族、地方军政长官鲟鱼、大胡子鲶鱼和狗鱼，大北鲑鱼宣读判决书，鲈鱼、雅罗鱼任法警，刽子手麻杆鱼鞭笞棘鲈……；司法执行人: И судной список писал вину Ершову подъячей, а печатал грамоту дьяк Рак Глазунов, печатал левою клешнею, а печать подписал Стерлеть с носом, а подъячей у записки в печатной полате — Севрюга Кубенская, а тюремной сторож — Жук Дудин. 书吏记录棘鲈的罪行，书记员巨蟹格拉祖诺夫打印宣判书并用自己的左鳌盖印，大鼻子鲟鱼签字盖章，书吏闪光鲟古宾斯卡娅做笔录，甲虫杜京为监狱看守。

　　事务语言与书面语、俗语并用，再现司法全过程。以鱼代人参与诉讼更增加了讽刺效果: И судии спрашивали и приговорили Окуню приставу съездити по те третие, на коих слалился в послушество на общую правду, и поставити их перед судиями. И пристав Окунь поехал по правду и взял с собою понятых Мня. И Мень ему отказал: «Что ты, братец, меня хощешь взять, а я тебе не пригожуся в понятые — брюхо у меня велико, ходити я не могу, а се у меня глаза малы, далеко не вижу, а се у меня губы толсты, перед добрыми людми говорить пс умею...» 法官要河鲈法警传讯第三方到庭作证。河鲈前去取证，欲带江鳕鱼出庭作证。江鳕鱼对河鲈说："老兄，你干嘛找我，我不适合当证人，你看，我肚子太大，走不动，眼睛太小，看不远，嘴唇太厚，在好人面前不知怎样开口……

　　《故事》的另一个典型特征是把生动言语用作评价手段: Жалоба, господа,

нам на Ерша на Ершова сына, на щетинника[1] на ябедника, на вора на разбойника, на обманщика... 诸位大人，本诉状乃控告棘鲈和他的儿子，控告这个浑身长刺的家伙、诽谤者、小偷、强盗、骗子……；或用于刻画特征：... А тот Ерш щетина... поклёпщик..., обманщик, воришько... 可那个棘鲈是滋事者……诬告者……、骗子、窃贼……；比较：...И тогда яз был здвоя тобя и толще и шире, и щоки мои были до передняго пера, а глава моя была что пивной котел, а очи — что пивные чаши, а нос мой был карабля заморскаго, был что лодейный парус. 那时我比你胖、比你宽，是你的两倍，我的脸长至前鳍，头像啤酒锅，双目有如啤酒杯，鼻子似海船上的帆。民俗语言单位赋予叙述丰富情感：лихой человек 坏蛋, голодною смертию 饿死, худым человеком 瘦子, доброй человек 良民, путь дальней, далече 路很远很远; с голоду поморил 饿得要命。俗语使叙述更加可信：И яз ему, вору, поверил и от него б... с... назат воротился. 于是我相信了这个贼的话，从那儿……往回走；А Сом воевода, уставя свою непригожую рожу... 鲶鱼长官盯住自己丑陋的脸……；А иных людей пересморкал. 可他却往别人身上抹黑。

《谢米亚卡法官判案的故事》讲的是穷弟弟、富哥哥的故事，是强权者（神甫、法官、富哥哥）欺骗庄稼汉的故事。作品语言十分风趣。《故事》中，作者用斯拉夫书面语描写日常生活，用日常生活内容与书面语表达形式的不协调营造喜剧效果：И убоги приведе к брату своему лошадь без хвоста. И виде брат его, что у лошади ево хвоста нет, нача брата своего поносити, что лошадь у него отпрася, испортил, и не взяв лошади, поиде на него бити челом во град к Шемяке судии. 穷弟弟牵着断了尾巴的马去见富哥哥。哥哥一见自己的马没了尾巴，火冒三丈，痛骂弟弟：借马时马好好的，可如今却把马弄伤了，尾巴断了。哥哥不去牵马，反而奔省城找谢米亚卡法官告状去了。同样造成喜剧效果的还有在同一语境中混用书面语词与俗语词：Поиде убогой от богатого, взя свои дровни, привяза за хвост лошади, поеде в лес и привозе ко двору своему, и забы выставить подворотню, и ударив лошадь кнутом. Лошедь

---

[1] Щетинник 原意为 "狗尾草"。但考虑该词与 щетина（鬃，刚毛，硬毛）同根，修饰 ерш（棘鲈），故译为 "浑身长刺的家伙或刺儿头"。

же изо всей мочи бросися чрез подворотню с возом и оторва у себя хвост. 穷弟弟离开富哥哥回到家里，把自家大车套在马后面——用绳子捆在马尾巴上，赶着马儿进了树林子，装上木柴往家里拉。到家门口时他忘了搬开大门口的活动门槛，用鞭子猛地往马背上一抽，马儿拉着沉重的大车使劲从门槛上跨过去，结果把自己的尾巴弄断了；书面语与事务语言词汇：И пришед человек и сказал судье. Судья же, слыша от человека своего, и рече: «Благодарю и хвалю Бога моего, что я по нем судил, ак бы я не по нем судил, и он бы меня ушиб». 差人回来后向法官禀报。法官听了差人的话后说："谢天谢地，感谢上帝恩宠。当时我就是按被告的意愿审判的。如果我不按他的意愿断案，他就把我砸死了"；俗语与公文事务词语：Выслушав же Шемяка челобитную, глаголя убогому: «Отвещай». Убогий же не веды, что глаголати, вынял из шапки тот заверчены камень, показа судии и поклонися. Судья же начаялся, что ему от дела убоги посулил, глаголя брату его: «Коли он лошади твоей оторвал хвост, и ты у него лошади своей не замай до тех мест, у лошеди выростет хвост, а как выростет хвост, в то время у него и лошадь свою возми». 法官谢米亚卡看完状纸听完陈述，转身对被告穷弟弟说，"你来回答"。穷弟弟不知道该说些什么，就从帽子里取出那包着石块的小布包，给法官瞧了一眼，接着向法官鞠了一躬。法官心领神会，他指望从这桩案件得到被告允诺的那个东西。法官对原告富哥哥说："既然被告把你的马的尾巴弄断了，那么在马尾巴没有长好之前你就先不要让他还马了。等到马尾巴全长好后，你再从他那里牵回自己的马。

词源、修辞色彩不同的词语并行于同一语境，标志着语言资源运用的新时代的到来。在新的时代，新内容决定词语在文本中的功用：Убогий же нача с полатей смотрети, что поп з братом его ест, и урвася с полатей на зыпку и удави попова сына до смерти. Поп так же поеде з братом в город бити челом на убогова о смерти сына своего. 穷弟弟从高板床上往下一瞧，只见神父同自己的哥哥又吃又喝。他猛地从高板床往下一跳，正好跳到一张婴儿摇床上，结果把神父的儿子压死了。于是，神父同富哥哥一起进城状告穷弟弟杀死自己的儿子。

17世纪下半叶至18世纪初，转喻辞格体系形成。其中包括比喻：а ты, что бес, скочил 可你像魔鬼一样跳了出来；яко ворона по полатям летает 像乌鸦一样在吊板上飞来飞去；яко пес, голодом мрешь 像狗一样饿死；对偶：Днесь пьян бывает и богат вельми, а как проспитца — перекусить нечего, с сорому чужую сторону спознавает! — «Днем пьян бывает и очень богат, а как проспится протрезвеет после сна – есть нечего, со стыда уходит в чужие края» 白天喝醉酒，觉得很富有，一觉醒过来，什么都没有，羞愧走他乡；层递：Пьяницы царьствия божия не наследят; без воды на суше тонет; был со всем, а стал ни с чем... — «пьяницы царствия божьего никогда не наследуют. Они без воды тонут на суше. В кабак — со всем, обратно ни с чем» 酒鬼进不了天堂。没有水他们也会淹死在旱地上。进酒吧时，富有一切，出酒吧时，一无所有；评价：И он, архимандрит, родом ростовец, а нравом поморец, умом колмогорец, на хлеб на соль каргополец, нас, богомольцев твоих, ни в чем не слушает... мало с нами пьет да долго нас бьет...— «И он, архимандрит, родился в Ростове, а характер у него как у поморца, а ум – как у холмогорца, ест как каргополец, нас, монахов, ни в чем не слушает... мало с нами пьет да долго нас бьет...» 他是东正教的大司祭，罗斯托夫人，有波莫里亚人的性格，霍尔莫戈雷人的智慧，饮食随卡尔戈波尔人，从不听我们修道士的……很少和我们一起喝酒，却长时间地敲打我们……

综上，在俄罗斯民族与俄罗斯民族语言形成初期，同一语言的不同类别的提法已过时，文学语言的新时代开启。在新的时代，新旧语言形式获得功能意义。"大量表示同一特征、同一概念的成对语言符号有怎样的意义、应如何解释？该现象……说明了过渡阶段的性质，即旧文学语言退出，新文学语言形成。作家需做的就是把新元素与传统元素结合起来，打通使用，用旧元素托衬新元素，解释新元素。"[1]

4. 西南罗斯文化对俄语的影响

随着斯拉夫书面语被挤出笔语的所有领域，17世纪的斯拉夫书面类规范笔语

---

[1] Ларин Б.А. Лекции по истории русского литературного языка. С.268.

与事务语言的对立结束。然而，17世纪下半叶，基辅-莫吉良斯克研究院的毕业生们在莫斯科"同仁"的支持下试图恢复斯拉夫书面语规范。

1654年乌克兰与俄罗斯复归一体，18世纪末（后30年）白俄罗斯加入俄乌联盟，促进了俄罗斯、乌克兰、白俄罗斯在政治、经济、文化领域的联系。17世纪中期，基辅文化与文字具有很高水平，吸引世界著名学者、作家、传教士来基辅—莫吉良斯克研究院工作，其中包括首部教会斯拉夫语语法的撰写者美列基·斯莫特利茨基，俄国首位剧作家、诗人西麦昂·巴洛茨基（Симеон Полоцкий），著名教会作家、传教士伊欧安尼基·科梁托夫斯基（Иоанникий Голятовский）和叶比法宁·斯拉维涅茨基（Епифаний Славинецкий）等。

17世纪下半叶，学者们来到给予他们更高礼遇、为他们提供教会或国家管理机构最高职位的莫斯科，并带来大量用与莫斯科维亚文学语言完全不同的语言撰写的书籍。书中有许多源自拉丁语、波兰语、乌克兰语和白俄罗斯语的词、词形式和表达式，古希腊上帝的名讳，神话讴歌者、诗人的名字，作品名称等。这是17世纪中叶前，乌克兰和白俄罗斯语言受波兰语，并通过波兰语受拉丁语（基辅—莫吉良斯克研究院当时用拉丁语教学）影响的结果。此外，在基辅，教会斯拉夫语作为衡量世俗文学语言是否规范的标准器开始影响世俗文学语言。如此一来，17世纪形成的西南罗斯文学语言依据的是受波兰语、拉丁语和俄罗斯受教育阶层语言影响的教会斯拉夫语规范。逐渐，基辅使用的斯拉夫书面类语言开始影响莫斯科维亚的书面语，使"在乌克兰战胜东拜占庭教育的西欧经院教育率先经基辅进入莫斯科"[1]。

然而，在莫斯科维亚的语言环境中西南罗斯文学语言被俄化：拉丁语、波兰语、白俄罗斯语元素逐渐消失，代之以基辅—莫吉良斯克研究院毕业生向莫斯科推介的庄重、华丽、浮夸的巴洛克式文学语言。该语言拒绝低俗语，远离生动俄语，失去与事务语言的联系，成为矫揉造作、"以小范围专家、鉴赏家为对象，在人造温室中培育出来的与世隔绝的语言"[2]。

巴洛克式文学作品的主人公大多是古希腊的上帝和英雄。诗歌被认为是文

---

1 Виноградов В.В. Очерки по истории русского литературного языка XVII—XIX веков. С.12.

2 Еремин И.П. Русская литература и ее язык на рубеже XVII-XVIII веков// Начальный этап формирования русского национального языка. С.20.

Симеон Полоцкий, 1629–1680

学典范。著有5万多首诗歌的西麦昂·巴洛茨基是莫斯科巴洛克式文学的奠基人，他用诗歌表达在俄罗斯建立面向西欧传统文化新文学的愿望，他改革教会斯拉夫语，使之摆脱教会影响，满足世俗需求。其作品以斯拉夫书面语为基础，使用非全元音组合词：краль (король) 国王，глад (голод) 饥饿，млеко (молоко) 牛奶，сребро (серебро) 白银；е, ю, а 起首词：елень (олень, серна) 鹿，岩羚羊，аз (я) 我；复合词：доброцветущий (процветающий) 繁荣的，мрачноочный 眼神忧郁的；古旧语法形式（名词、形容词、代词、动词）：**Отче** любезны! Се ти челом бию, под твое **нозе** преклоняю выю — «Отец любезный! Вот тебе кланяюсь, к твоим ногам преклоняю шею (голову)» 亲爱的父亲！我向你鞠躬，向你表示深深的敬意；Симонид рифмотворец **по мори** плаваше — «Симонид – поэт, по морю плававший» 西蒙尼特是海外来的蹩脚诗人；Людие **злыи** вси ми расхитиша — «Злые люди все у меня украли» 这些坏蛋盗走了我所有财产；... Сей брат твой **к нама** возвратится — «Этот твой брат к нам возвратился» 你这个兄弟回到我们这儿来了；Внегда случися **нань** кому востати — «Когда кто-нибудь на него нападет» 当有人攻击他时；Тебе бо слично науки **начати** — «Тебе следует начать учиться прилично» 你应该开始体面地学习；На торжество то людие **бежаху** — «На то торжество люди бежали» 人们跑去参加庆典；...Пакость ему люту **сотворил есть** — «Сильно его оскорбил» 大大地得罪了他；"独立三格" 短语：И пришедщу ему Кыеву — «И когда он пришел в Киев»[1] 而当他来基辅时；有古斯拉夫语连接词的复杂句法结构：Мир сей приукрашенный — книга есть велика, **еже** словом написа всяческих владыка — «Этот прекрасный мир – большая

---

1 Винокур Г.О. История русского литературного языка / Общ. ред. С.Г. Бархударова. М.: Книжный дом «ЛИБРОКОМ» 2010. С. 67.

книга, которую разными словами написал Бог» 这个美丽的世界是上帝用不同词语写就的一本大书；А мене, внучка, изволите щадити, **яко раба си в милости хранити** — «А меня, внучка, пожалуйста, пожалейте, как раба своего храните в милости» 孙女，可怜可怜我吧，就像可怜自己的仆人一样。

Карион Истомин, 1640—1717

除斯拉夫书面语外，西麦昂·巴洛茨基的作品中还有拉丁语词：маестат（величество）陛下；波兰语词：скарб 家当儿；乌克兰语和白俄罗斯语词：здавна（издавна）自古以来, витать（приветствовать）欢迎；古希腊诸神的名讳：Аполлон 阿波罗, Афина 雅典娜, Нептун 海王星；女神的名字：Клио 克利俄，历史女神, Терпсихора 忒尔普西科瑞，舞蹈女神。

隶属西麦昂·巴洛茨基学派的还有西尔维斯特·梅德韦杰夫（Сильвестр Медведев, 1641—1691）和莫斯科首席诗人卡里欧·伊斯托明（Карион Истомин, 1640—1717）。前者很少文学遗产，且作品生前被禁，死后抄件被焚；后者（伊斯托明）在生命的最后十年硕果丰富，有颂词、悼念文章、宗教抒情诗、英雄史诗等问世。宗主教阿德里安（Адриан）住持时期，伊斯托明负责印馆工作，两次出版配有自创诗歌的《识字课本》（Букварь）。

«Букварь»

西南印本的斯拉夫书面语在影响世俗文学的同时，也影响教会斯拉夫语：作家、诗人无节制地在自己的作品中使用斯拉夫书面语[1]。

---

[1] 即便在描写日常生活的上下文中也不例外。以往这样的上下文通常使用事务语言和俗语。

这种趋势在翻译文学和戏剧作品中尤为突出。如戏剧《犹滴》（Юдифь[1]）。作者在剧中组合使用教会斯拉夫语：О светлая сабля! Радуйся сим вестям, зане вящая ти честь в крови утупети, нежели во ржавчине. Прийди, брате, **да днесь возрадуемся**... — «О светлая сабля! Радуйся этим вестям, ибо лучше（больше чести）затупиться от крови, чем от ржавчины. Придите, братья, сегодня порадуемся...» 哦，明亮的马刀！听到这消息高兴吧，因血变钝总比生锈好。来吧，弟兄们，今天让我们高兴一下……；事务语言：**Имянуешь ныне мя** милостивым господином, како же мя **в то время** именовал, егда мя к дереву привязал еси? — «Теперь называешь меня милостивым господином, а как называл меня тогда, когда к дереву привязал?» 你现在叫

«Юдифь»

我仁慈先生，可把我绑在树上时，你叫我什么来着？；外来词：**Капитаны** и вси начальники, **солдаты** и воинские люди! ... воевода хощет сам **генеральной смотр учинити** — «Капитаны и все начальники（офицеры）, солдаты и воинские люди! ... воевода хочет сам провести генеральный смотр» 船长及全体官兵！……督军要亲自检阅；俗语：Что **ворчишь**, ты, **собака**? ... Како сице молчищи, ты, **скотина**, ты, **осля**?

1　《犹滴》（Judith，又译《朱迪思》），讲述亚述军队主帅在包围犹太伯苏利亚城时在军营设宴狂欢，美丽的犹太寡妇犹滴赴宴作陪。喝得醉熏熏的荷罗孚尼主帅欲抱犹滴取乐，犹滴将其杀死后逃脱。她号召族人奋起反抗。亚述人最终被击溃，犹滴受到奖赏，不忘感谢上天。

Говори ты, **лютой ворище** — «Что ворчишь, ты, собака? … Почему молчишь, ты, скотина, ты, осел? Говори ты, лютый злодей» 狗东西，你嘟囔什么？……为什么不说话？你是畜生，还是驴？说呀，可恶的坏蛋。由此形成一种背离"所谓正确"规范的俄语。

西南文化影响俄罗斯文学语言，给俄语带来丰富的斯拉夫语与非斯拉夫语借词。如源自拉丁语的科教术语：глобус地球仪, вертикальный垂直的, нумерация编号, фабула梗概, циркуль圆规；军事术语：дистанция距离, фортеция工事；行政术语：апелляция上诉, инструкция指令, персона人物, церемония仪式，典礼, фамилия姓氏, форма形式；天文术语：градус度，温度, деклинация磁差, минута分钟；经波兰语传入俄语的西欧借词：школа学校, кухня厨房, мещанин小市民, обыватель市侩, аптека药房, хирург外科医生, рисовать素描, демонстрировать 展示；波兰语借词：бричка轻便四轮马车, коляска婴儿车, корона王冠, костёл天主教教堂, мешкать拖延, опека监护, особа大人物, позволить允许, сбруя马具；希腊语借词：центр中心, цикл周期, академия科学院；乌克兰语借词：галушки面疙瘩汤, буханка黑面包，等等。

尽管巴洛克文体是17世纪末俄罗斯文化中的主导文体，但俄罗斯谨慎吸收外来语。对那些不符合俄罗斯民族利益的外来语或立即拒绝，或使其逐渐消失。许多与俄语词汇重复或无实际意义的外来词语在俄语词汇体系中站不住脚，如波兰语借词желнеры（波兰士兵），крыж（十字架）于18世纪从俄语中消失。巴洛克文学语言中的许多特点在彼得时代被俄罗斯民族语言发展的新趋势所去除。

17—18世纪之交，斯拉夫书面类规范笔语衰落。究其原因：（1）新的世俗文学体裁出现，对此斯拉夫书面语未做好准备；（2）事务语言与斯拉夫书面类规范笔语在国家语言框架内的对立以事务语言的"胜利"告终。此时的事务语言已完成语言资源的民主化、规范化、民族化进程，成为全民功能性语言；（3）文学语言"欧化"促使斯拉夫书面语退出笔语，西欧借词进入俄语，俄语句法结构与修辞体系改变；（4）文学语言在语言资源的选用上开始倾向于民间口语（而非教会书面语）；（5）世俗文学中的斯拉夫书面语失去了与教会斯拉夫语的内在联系，尽管后者仍是规范笔语的典范。

阿克萨科夫（К.С.Аксаков）这样描述过渡期俄语的状况："教会斯拉夫语正在成为任意虚构的工具……民俗语、外来语及其表达式尽管与教会斯拉夫语的本质特征与形式格格不入，却在该语言中唱响…… 这种无序、离奇、近乎崩溃的状态表明，旧秩序被打破，新秩序、新生活即将来临"[1]。这种特有的斯拉夫书面类文学语言的民主化及其体裁的限制使用（诗歌与戏剧）促使该语言从俄国社会的文化生活中缓慢消失。

此前与世俗文学中的斯拉夫书面语高效互动的教会斯拉夫语仍旧是规范语言，但已分离出来，独自行使职能。

教会斯拉夫语在分裂派教徒中表现出另一种性质。旧礼仪派[2]的理论家们对教会斯拉夫语的双重看法影响语言规则的改变，特别是句法规则和词法规则的改变。旧礼仪派教徒，一方面，主张在教会斯拉夫语中保留旧的规范，反对用一些词替代另一些词，反对改变句法结构，反对简化教会语言；另一方面，教会斯拉夫语又在分裂派教徒中经历了奇特的简化。宗教文本中越来越多地渗入生动言语，起初为了抵制"文字堆积"（如大司祭阿瓦库姆的作品），稍晚被用作中和"高雅的"、有时难以理解的宗教含义的手段。旧礼仪派文献中使用的生动言语经过文人的精挑细选。更换词语、改变句式只有一个目的：让生动言语词、词形式和表达式在不违背教会斯拉夫语语义，不动摇教会斯拉夫思想和宗教神话根基的前提下，有序进入教会书面语上下文。如此一来，生动言语在教会书面语上下文中变得"圣洁"起来。

教会斯拉夫语的民主化导致新修辞类别（高雅体、中性体、低俗体）的形成。"在俗语与教会斯拉夫语的大胆组合中，在语言的一个类别向另一类别的自由过渡里我们发现了别具一格的'中性体'"[3]。

综上，有着华丽辞藻、庄重文体、教会斯拉夫语表达式和转喻辞格的斯拉夫书面类文学语言于18世纪初衰亡，但其部分语言资源与形象表现力手段仍留存在

---

[1] Аксаков К.С. Ломоносов в истории русской литературы и русского языка // Собр. соч. М., 1875. Т.2. С.275.
[2] 指17世纪俄国东正教教会分裂后产生的旧礼仪派，该教派主张保留旧的礼仪。
[3] Филин Ф.П. Истоки и судьбы русского литературного языка. С.113.

文学语言中。它们或具有高雅色彩：вран(ворон)渡鸦，сущий真正的，或转为中性词：бремя重担，единственный唯一的，горячий热的、热烈的，царство王国、帝国，имение领地、庄园，господин先生。17世纪末至18世纪初的语言状况可概括为：（1）斯拉夫书面类文学语言解体；（2）西南印本语言（诗歌和戏剧）影响俄罗斯文学书面语；（3）生动言语进入文学语言；（4）事务语言转为功能事务语体；（5）俄罗斯东正教使用的教会斯拉夫语独立。

5. 彼得大帝时代的俄语

彼得大帝的改革在俄罗斯帝国史、文化史和俄语语言发展史上占据特殊地位。16世纪末至17世纪初，封建制度开始走下坡，并在彼得大帝执政时期彻底崩溃。彼得大帝时代被认为是古罗斯与新罗斯的分界。

15—16世纪是封建社会的鼎盛期。教会作为最富有的封建主权力极大，其统治不仅涉及宗教信仰、抽象空洞的经院科学，而且涉及世俗事务、法律、经济等领域。彼得大帝执政时期，教会威望消失，国家事务中几乎看不到它的影子。修道院的土地被剥夺，教堂大钟被铸成火炮，僧侣转做卫生员为伤兵治病，修道院收养失去劳动能力的残废军人[1]。

彼得时代（18世纪初的30年），俄国政治、经济、科学、文化和社会生活发生巨变：废除旧的社会秩序，确立新的发展方向[2]，完善国家制度，建筑新城，改造旧城，增建工厂，发展手工业生产，改革陆海军，扩大与西欧的文化联系，改造社会，限制教会权力，废除古老文化习俗，改变俄罗斯人的生活方式，所有这一切影响着俄语的发展。

1710年，沙皇颁布《推行民用新字母[3]》法令，改革字母表。旧的基里尔

---

1 Б.А.Ларин 《Лекции по истории русского литературного языка（X-середина XVIII в.）》СПБ.，《Авалон》，《Азбука-классика》.2005. C.340, 346.

2 即发展工业，培植"第三阶层"——资产阶级、商人和手工业者。彼得时代，罗斯有200多座轻工业与重工业工厂，其中近一半的重工业工厂生产铸铁、铁制品、火炮、锚和机床。轻工业工厂的规模相当可观，如莫斯科的制呢厂有工人730人，1200人在亚麻布厂工作。为振兴工业彼得甚至把国有工厂交给商人打理。在他看来，个体商户比那些无知、不作为的政府官员做的要好。此外，彼得允许商家买地（只要安置土地上的农民到工厂打工即可），允许商人中的上层分子在城中自治，并为其建立全国统一的管理机构。这一切加速了俄罗斯经济的复苏，提升了工商业者的素质。

3 彼得一世时期，推行俄罗斯民用字母（字体），替代教会斯拉夫字母。

字母[1]仅允许用于教会书籍、祈祷文献。彼得十分关注译作与科学用书，要求译者、出版人士在翻译编辑这些作品时，不使用古斯拉夫语，而用远离教会书面语的世俗语言——大众俄语。

世俗文献（文学作品，科技、法律文献等）使用的新字母与旧字母完全不同（尽管新字母是在基里尔字母基础上制定的）：新字母轮廓清晰完整，易于读写。无俄语读音或已被俄语字母取代的字母ѡ、Ѧ、ѱ、ѯ、оу、ѵ[2]从字母表中删除。新的民用字体[3]不再使用字上符号[4]和行上[5]行下书写符号。新增字母Э。

自此（1710年），各类书刊开始用民用字体印制。如《消息报》（Ведомости），演讲课本，《斯拉夫地震几何学》（Геометриіа славенски землемѣріа），《地理地球简介》（Географіа, или Краткое земного круга описаніе），《直尺和圆规的使用方法》（Приемы циркуля и линейки），教科书《史纲》（Синопсис）[6]，《论火炮》（Описаніе артилеріи），《恭维话或书信范本》（Комплименты, или Образцы, как писать письма к разным особам）等。

俄语字母改革对斯拉夫书面类文学语言影响极大。如果说改革前，斯拉夫书面类文学语言还用于某些世俗文学体裁，则改革后该语言仅限于祈祷文和科教出版物，文艺作品仅限于庄重的演说词与颂辞。彼得一世对世俗文献（法律、政论、文学、译著）语言的政策明确而坚定：世俗文学中不能有高雅的教会演讲语，这意味着斯拉夫书面类文学语言被禁用。新的世俗文学体裁须用俄罗斯民族语言，旧的斯拉夫书面类文学语言要素只可用作修辞手段。政论文则使用恪守事务语言规范的俄语。如：

В нынешнем же генваре (январе) мсце против 25 го числа. На Москве солдатская жена родила женска полу младенца мертва о дву главах, и те главы ат друг друга атделены особь и со всеми своими составы

1　基里尔文字是古斯拉夫两种文字中的一种，系俄语字母的前身。
2　不久，字母ѵ重新进入字母表，并一直延用到1917年的正字法改革。
3　指彼得一世时实行的代替教会斯拉夫语的字母或字体。
4　中世纪文字中，字上符号多标在缩写词或表数目的字母上。
5　如重音。
6　系依诺肯季·吉喆尔（Иннокентий Гизель）撰写。

и чувствы совершенны, а руки и ноги и все тело так, как единому человеку природно имети, и по анатомии усмотрены в нем два сердца соединены, две печени, два желудка и два горла, о чем и ат ученых многие удивляются («Ведомости», 1704) 今年1月25日，士兵之妻在莫斯科诞下一名死婴，这是一个有着两个头的女婴，五官齐全，手脚、身体无异于常人。解剖后发现，女婴有两个彼此相连的心脏、两个肝脏、两个胃和两个喉道，许多学者为之震惊。

新兴书信体也要用俄罗斯本族语。俄语词汇在文本中占主导地位，斯拉夫书面语词只用在高格调的上下文里：

Господин адмиралитейц. Уже вам то подлинно известно, что сия война над однеми нами осталась; того для ничто так надлежит хранить, яко границы, дабы неприятель или силою, а паче лукавым обманом не впал (и хотя еще и не думает из Саксонии идти, однакож все лутче заранее управить) и внутреннего разорения не принес — «Господин адмиралтейц. Вам уже точно известно, что эту войну мы ведем в одиночку, поэтому границы надо охранять сильнее всего, чтобы неприятель силой, а, особенно, хитрым обманом не напал [и хотя он еще не думает идти (нападать) из Саксонии, лучше все подготовить заранее] и внутреннего разорения не принес» (Из письма Петра I, 1707) 上将先生，您已知晓，我们正在独自进行这场战争；所以，必须加强边境守卫，防止敌人用武力或欺骗手段入侵（尽管敌人还没考虑从萨克森州出击，但最好提前部署），给国内带来破坏。

礼仪纪事体裁混用词源、修辞色彩各异的俄语词：

И ходя по берегу на многие часы, усмотрел как бы ему куда проитить к жилищу и ходя нашел малинкую тропку в лес, яко хождение человеческое, а не зверское. И о том размышлял, какая та стежка: ежели поидти, то даидти неведомо куда; и потом размышлял на долг час, и положась на волю божию, пошел тою стежкою в темный лес тридцать верст к великому буераку. (Гистория о российском матросе Василии Кориотском и о прекрасной королевне Ираклии Флоренской земли) 他沿着河岸走了许久，寻找回住所的路，走着走着他找到一条似乎是人、而非野兽走

过的通往森林的小径。他想，这是怎样的一条小径啊：若往前走，不知会走到哪里；沉思良久，听凭上帝的意旨，他沿着这条小径朝30俄里外通往黑森林大峡谷的方向走去。

抒情诗使用民间口头文学创作词语：

Не сон меня, молодца, клонит,	并非梦幻让年轻的我睡意连连，
Не дрема меня изнимает,	并非睡魔令我寝食难安，
Изнимает меня кручина великая,	令我极不耐烦的是
На житье свое горькое смотрячи,	看着自己痛苦的生活，
На бесчестье свое глядя!	回顾自己遭受凌辱时的巨大悲痛！

（П.А.Квашнин）

语言分析表明，"彼得时代不是简单地改变文学语言的组分，而是在文本框架内打破旧的词汇体系，创建新的词汇序列，尽管后者在整个复杂的统一体中还没有清晰的形态结构"[1]。

语言资源的多样性、语言资源在俄罗斯文学中的无序使用与俄语词汇的变化有关，而促使词汇发生重大改变的却是语言外因素。

彼得时代，俗语不可能不发生变化，因为它已是在新的交际条件下发挥职能。俗语被用于不同体裁的上下文时，接近文学语言，是文学语言的民俗基础。与此同时，文学语言有可能选用那些将成为新文体类别基础的俗语。这一进程促进了俄罗斯文学语言规范的确立。18世纪后十年，文学语言的规范化"解决了两个彼此相关的问题：确定民间口语元素的地位与作用和确定传统'斯拉夫'书面语的使用范围。这是一个关乎在文学语言中挑选、保留生动言语和书面语元素，使之有别于不规范用语的原则性问题"[2]。这一时期，不少俗语被收入词典，如《俄荷词典》（Книга лексикона, или собрания речей по алфавиту, с российского на голландский язык）收录了колода木墩, постоялый двор大车店, постромки套索, пристяжь拉边套的马, чурбан原木、笨蛋, шалаш窝棚, ширинка台布；《三语词典》（Треязычный лексикон）收录了гульба狂欢, дуда笛子, жижа汤汁, мешанина大杂烩, няня保姆, подушка枕头, рожа嘴脸,

---

1 Горшков А.И. Теория и история русского литературного языка. С.168.
2 Левин В.Д. Краткий очерк истории русского литературного языка. М., 1958. С.100.

等等。

彼得时代，俄罗斯文学语言中的外来词数量剧增，它们大多源自德语、荷兰语、英语、法语等西欧语言。如：

（1）行政词汇：аудитор审计员, бухгалтер会计, губернатор省长, инспектор监察员, канцлер总理, министр部长, префект长官; архиве档案室, губерния省, канцелярия办公室, комиссия委员会, контора办事处, ратуша市政厅, Сенат上议院, Синод主教公会; адресуют寄发, аккредитуют委任, апробуют核准, баллотируют投票表决, конфискуют没收充公, претендуют希望得到, трактуют解释说明; инкогнито匿名, пакеты函件, акты证书, акциденции附加税, амнистии特赦, апелляции上诉, аренды租赁, векселя期票, облигации债券, рапорты报告, тарифы税率[1]（源自德语）；

（2）军事词汇：вахтёр守卫者, генералитет将官, ефрейтор上等兵, лагерь兵营, штурм强攻（源自德语）；барьер障碍物, батальон营, брешь缺口, галоп疾跑, гарнизон卫戍部队, калибр枪炮的口径, манеж跑马场, марш行军, мортира迫击炮（源自法语）；

（3）航海词汇：гавань港湾, кабель缆绳, катер快艇, киль船龙骨, рейд停泊处, руль舵, трап舷梯, шлюпка舢板（源自荷兰语）；бухта海湾, лавировать逆风曲折前进（源自德语）；бот小船, бриг双桅横帆船, мичман海军准尉, шхуна纵帆船（源自英语）；абордаж接舷战, десант陆战队, флот舰队（源自法语）；

（4）学科名称：алгебра代数, оптика光学, физика物理, химия化学；

（5）教具名称：глобус地球仪, ландкарта地图；

（6）医学词汇：апоплексия中风, лапис硝酸银, летаргия嗜睡症, 等等。

生活中的新事物需要新的文字符号来表示，于是与之相关的外来词纷纷涌入：ассамблея舞会, галантерея服饰用品, кавалер男舞伴, квартира寓所, лакей仆人, марьяж婚礼, маскарад化妆舞会, пармезан帕尔马干酪, политес彬彬有礼, презент礼物（源自法语）；шлафрок长睡衣, штиблеты半高靿系带

---

[1] Н.А. Смирнов 给出近3000个彼得时代的借词。见: Смирнов Н.А. Западное влияние на русский язык в Петровскую эпоху. СПб., 1910. С.5.

男皮鞋（源自德语）；байка厚绒布, провизия食品, табакерка烟盒, шпалеры夹道列队（源自波兰语）；анчоусы欧洲鳀, клавикорды击弦古钢琴[1]（源自英语）。

此外，古斯拉夫语后缀被重新启用，用于构建抽象词，以满足科学事务文献翻译之需。如能产型后缀：-ение, -ание, -ние, -ие, -ство, -ость, -тель, -тельство；-ств-, -еств-：соединение连接, собрание会议, строение建筑物, взятие占领, учтивство谦恭有礼, потребность需要，исследователь研究者, домогательство强求；руководство领导, художество艺术。

旧词、新词与外来词在新语境中碰撞导致文学语言词汇、词形式及其表达式有了两个或两个以上的变体，如：победа — виктория胜利; закон — декрет法、法令; собрание — синклит, сенат会议、上层人物的集会、参议院; пир — трактамент盛宴、给养; шишка — конус包、疙瘩、圆锥体，等等。

可以这样评价彼得时代的俄罗斯文学语言：词源、修辞色彩各异的词汇共存于同一语言体系，反映文学语言的"震幅"：从最古老的斯拉夫语到日常俗语。那些以往集中在语言两级、隶属不同语言体系、体现封建时代双语状况的词语无序地杂陈在一部作品里，再加上大量外来词，使笔语变得更加色彩斑斓。[2]

笔语的这种状况直观地体现在《俄罗斯水手瓦西里·克里鸥茨基与佛罗伦萨美丽公主伊拉克莉的故事》（Гистория о российском матросе Василии Кориотском и о прекрасной королевне Ираклии Флоренской земли）里。作品使用了俄罗斯民族语言的几乎所有手段，但因使用无序、修辞不当，导致不同言语手段在文本中碰撞。如古斯拉夫书面语与俗语：Виде великой, огромной двор, поприща на три, весь кругом стоящим **тыном** огорожен. 只见大院儿被分为三块，周围用木栏围起；外来语：Господин атаман, изволь командировать партию молодцов на море, понеже по морю едут **галеры** купецкия с товары. 军官先生，请派一批棒小伙儿出海，海上有商船来；俗语与外来语：В Галандии **учинили** им квартиры и поставлены были все младшие матросы по домам купецким...给他们在荷兰搞到了住处，所有年

1　15—18世纪的一种有弦键盘乐器。
2　Левин В.Д.Краткий очерк истории русского литературного языка. C.94.

轻海员都被安置到商人家居住；民俗语与书面语：…**Василей** от великаго **ужеса**, лежа на острове, очнулся и **взыде** на остров, и велие благодарение воздав Богу, что его Бог вынес на сухое место живаго. 瓦西里倒卧在水边，惊醒后爬上岛，感谢上帝，让他活着回到陆地。所有这些碰撞，一方面，造成文学语言表达手段的"多样与无序"，另一方面，也表明"新的文学语言正在紧张而艰难地建构着"[1]。

新文学语言形成过程中有三位学者起到重要作用。他们是俄国著名的教育家、作家费奥凡·普罗科波维奇（Феофан Прокопович）、安齐奥赫·德米特里耶维奇·康捷米尔（Антиох Дмитриевич Кантемир）和瓦西里·吉利尔洛维奇·特列季亚科夫斯基（Василий Кириллович Тредиаковский）。他们不仅改革俄语，而且为俄语新修辞体系（三语体体系）的建立做好了准备。

作家费奥凡·普罗科波维奇（1681—1736）是教会人士。毕业于基辅—莫吉良斯克研究院，曾留学波兰、意大利和德国。1705年，任教于基辅—莫吉良斯克研究院，主讲数学、物理、天文学、逻辑学、诗歌和演讲术。普罗科波维奇主张理性崇拜，反对禁欲与迷信，否认宗教奇迹。他用不同体裁（布道稿、悲喜剧剧本、诗歌、政论文）阐明自己对俄罗斯文学语言的看法。他认为，尽管文学语言与传统书面语联系紧密，但其根基应是生动俄语。换言之，俄罗斯文学语言要向斯拉夫书面语或教会斯拉夫语学习，但更应适合变化了的俄语使用者及俄国社会的需求。为此，他在创作中把书面语与事务语言、俗语结合使用：Родися зависть

Феофан Прокопович, 1681—1736

на нас от **соседов** наших от самой **близкости**. Родися всяка зависть от гордыня, егде человек не весело зрит другаго себе или сравняема, или

---

[1] Там же. С. 99.

и преуспевающа, однако же гордыня не родит зависти к дальним, но к ближним: к ближним, глаголю, или **по чину гражданскому,** или **по делу воинскому, купеческому, художескому**, или по крови и племени, или **по державе верховной** и прочая （Слово похвальное о баталии Полтавской, проповеданное в Санктперербурге июня в 27 день 1717 года） 邻里嫉妒我们是因为与我们走得太近。当一个人看到别人比自己强或有所成就时，就会不高兴。任何嫉妒均因傲慢而生。然而，因傲慢而生的嫉妒只针对身边人，我再强调一次，只针对那些职位相近，或在军事、商业、艺术事业上接近的人，或在血源和种族上有联系的人，或握有最高权力的人。

在普罗科波维奇的作品中，书面语的文本结构与俄语新词、外来词并不冲突：**Викториа!** Два часа жестокий огнь вытерпели **Шведы** и повинилися, не удержали оружия своего, не стерпели нашего: множество трупием своим услали поле Полтавское, множество в плен захвачены, и с ними оныи прехитрыи **министры**, и оные величавии и именем страшнии **генералы** с нестерпимым студом достались в руки Рускии... 胜利啦！瑞典人在忍受两个小时攻击后投降了。他们经不住我方炮火，丢盔弃甲。波尔塔瓦原野上到处是瑞典人的尸体，多人被俘。连狡猾的部长和声名显赫的将军们也落入俄国人之手，饱尝耻辱……

而口语句法结构在文学中的使用证明，在笔语中书面语句法结构逐渐被口语句法结构取代：Но что прочее на бою деется? Викториа творя, о Россе! 但在战斗中你做了什么？啊，俄罗斯，你创造了胜利！... Под Полтавою, о Россиане! Под Полтавою сеяно было все сие, что после благоволи нам Господь пожати. ……啊，俄罗斯人，你在波尔塔瓦城下播下了上帝让我们收获果实的种子。

为使文学语言适应俄国社会的需求，普罗科波维奇致力于建构新时期的书面语。在他看来，新时期的书面语应不同于口语，应具有深刻的科学内涵，复杂的形象体系、简洁合理的句法结构。他提倡高品质的文学语言，强调演讲者无论使用何种语言，都应是纯正通用的俄语。

普罗科波维奇的主要贡献是创建了新的文学体裁——论世俗主题的民间布

道稿（гражданская проповедь）。该体裁"用世俗化的斯拉夫语"撰写，它既繁荣了政治演讲，又使其远离"人们业已习惯了"的言语。普罗科波维奇曾用该体裁提醒世人卡尔（Карл）十二世[1]有夺取莫斯科之企图：Ныне ругайся российскому воинству, яко не военному; ныне познай, кто бегством спасается; сия бо бяху между иными укоризны твои. Но и пророчество твое, им же свейской силе на Москве быти прорекл еси, отчасти истинно и от части ложно есть: мнози бо уже достигоша Москвы, но мнози под Полтавою возлюбиша место — «Теперь ругай российское войско как невоенное; теперь узнай, кто бегством спасается; ибо и этим укорял ты. Но и пророчество твое, в котором предрекал ты быть шведам в Москве, отчасти истинно и отчасти ложно: ибо многие уже в Москве, но многие и под Полтавой облюбовали место（многим и под Полтавой понравилось）»（Слово похвальное о преславной над войсками свейскими победе）现在骂俄罗斯军队没有战斗力；现在发现谁在逃跑；要知道你也曾这样抱怨过。你曾预言，瑞典人将抵达莫斯科。可你的预言只对了一半：确有许多人来到莫斯科，但也有不少人喜欢上了波尔塔瓦。

仿拟学说是普罗科波维奇修辞理论的主要内容。在他看来，"仿拟（подражание）"是"利用经典作家的修辞经验"，"语体"则指"经加工得以规范的言语"。普罗科波维奇用"语体"这一术语表征文学语言变体，并在对文学语言进行逻辑分区的基础上划分出高雅体、中性体和低俗体。然而，普罗科波维奇没能成功建构科学的三语体理论体系，因为当时的语言学发展水平还不具备这样的条件，新的文学语言还处于体系形成建构的阶段。

---

[1] 查理十二世（1682年—1718年），瑞典军队的统帅，发萨王朝的第10代国王。1697年（时年15岁）即位时，他拥有欧洲北部首屈一指的武装力量。18岁率军出征，屡获大胜，可在进攻俄国后却一蹶不振，最后失去北方霸主地位。1708年1月卡尔率军渡过维斯瓦河，向俄国腹地进军。俄皇彼得一世的军力此时强大了许多，但仍立即转入战略防御，采取坚壁清野的政策，避免不利决战。瑞军进攻受挫，被迫改变直奔莫斯科的计划。查理十二世率军南下乌克兰，寻求哥萨克首领马泽帕的支援，安全过冬。1709年春末，查理十二世率3万余人围攻俄国要塞波尔塔瓦，守军不过4200余人，竟3个多月久攻不下。6月27日，彼得一世率军4.2万人，火炮72门实施反攻。决战前夕，查理十二世策马亲自侦察，身受重伤，坐在担架上指挥。决战结果，瑞军大败，几乎全军覆没，查理率1000余人逃往奥斯曼土耳其。1718年，查理十二世率军进攻挪威，12月在作战中死去。年仅36岁。

Антиох Кантемир, 1708–1744

安齐奥赫·德米特里耶维奇·康捷米尔（1708—1744）是在彼得时代率先整顿俄罗斯文学语言，在古典主义理论（要求文学体裁和语体精确匹配）基础上规范文学语言的少量作家之一。康捷米尔是一位诗人，著有9部讽刺性作品，包括《致亵渎者的学说》(На хулящих учение)，《坏脾气贵族的嫉妒与傲慢……》(На зависть и гордость дворян злонравных...)，《论无赖的无耻行径》(На бесстыдную нахальчивость)等。康捷米尔以讽刺作品抨击政敌，揭露谴责是其特点。

彼得时代的政论文通常使用两种语体：高雅体与低俗体。前者用于演讲，后者用于抨击、讽刺。康捷米尔在作品中描写罪恶，揭露恶习，抨击政敌，故不能用高雅体，俗语、"低俗体"是他的首选。但"低俗体（низкий стиль）"，在康杰米尔看来，指修辞中性的言语。

康捷米尔是俄国作家中为体裁和语体选择语言手段、规范文学语言的第一人。针对不同上下文他选用不同修辞色彩的词语。在揭露人的恶习时，康捷米尔使用俗语，乃至粗俗语；且所有词语参与文本建构，体现文本特征：或平铺直叙、朴实表达，或大胆勾勒诗意形象。他曾这样描写东正教大司祭瓦尔拉姆：

Варлам смирен, молчалив, как в палату войдёт, —

Всем низко поклонится, к всякому подойдёт,

В угол отвернувшись потом, глаза в землю втупит;

Чуть слыхать, что говорит; чуть, как ходит, ступит.

Когда в гостях, за столом — и мясо противно

И вина не хочет пить; да то и не дивно;

Дома съел целый каплун, и на жир и сало

Бутылки венгерского с нуждой запить стало.

Жалки ему в похотях погибшие люди,

Но жадно пялит глаза с-под лбу глаз на круглы груди... （3-я сатира）

瓦尔拉姆性情温和、寡言，走进厅堂，

向所有人鞠躬致意，他走近每一个人，

然后躲到角落里，眼睛紧盯地面；

几乎听不到他说话，走路也很轻。

做客吃饭，从不动荤腥，

酒也不想喝；这不奇怪；

他在家已吃掉一只整鸡，为解油腻

还喝了几瓶匈牙利酒。

他可怜纵欲而死的人，

可自己的眼睛却死盯着女人圆鼓鼓的乳房……

然而，康捷米尔不认为口语、俗语是创作文学形象的唯一手段。在回忆俄国18世纪初的改革时，他只用抽象、高雅的古斯拉夫语词（不与俗语词搭配），也使文体与叙述主题相契合：

К нам не дошло время то, в коем председала

Над всем мудрость и венцы она разделяла,

Будучи способ одна к вышнему восходу.

Златой век до нашего не дотянул роду;

Гордость, леность, богатство — мудрость одолело,

Науку невежество местом уж посело...

（Фидарет и Евгений, или На зависть и гордость дворян злонравных）

我们没有赶上智慧崛起

凌驾于一切之上

分享王冠的时代。

黄金时代也未延续到我们这一代，

傲慢、懒惰、财富战胜了智慧，

科学的阵地被无知占领……

因从事翻译工作，康捷米尔的晚期作品中较少用到俗语，具有抽象义的书面语词却扩大了使用范围。如在翻译丰特耐尔（Б.Фонтенель）[1]的书时，康氏借用科学术语：понятие概念，наблюдение观测，плотность密度，начало（принцип）基本原则，средоточие中心，вихри急剧变化。这也证明了康捷米尔整顿书面语、让书面语与作品体裁、语体契合的严谨态度。

瓦西里·吉利尔洛维奇·特列季亚科夫斯基（1703—1769）出身于阿斯特拉罕一个地主家庭。曾就读于天主教中学，斯拉夫一希腊一拉丁语学院，后留学荷兰与法国，学习数学、哲学和神学。1730年回国。特列季亚科夫斯基兼诗人、语文学家、院士于一身，是当时最有学问的学者之一。其创作之路始于俄罗斯文化发展的转折期，始于旧的传统表达式与俄国社会生活新内容激战的时期。"特列季亚科夫斯基如同站在两个时代的交界处：他属于基辅经院哲学时代，但也是俄国杰出的教育家"[2]。这一矛盾体现在他的世界观里，让他所做的一切具有双重的

Василий Тредиаковский, 1703–1769

理论认识，未完结，未形成前瞻性科学理念。尽管如此，他的译作《爱情岛之旅》（Езда в остров Любви）[3]无论在俄罗斯文学史上（这类体裁此前从未有过），还是在俄罗斯文学语言史上都揭开了新的一页。在译本序言中他这样写道："我翻译这本书用的不是斯拉夫语，而是最最朴实的俄语，即我们之间讲话使用的语言。我这样做的原因是：（1）斯拉夫语是教会语言，而这本书讲的是人世间的事情；（2）斯拉夫语晦涩难懂，许多人读它，却不解其意。而这本书讲的是甜蜜爱情，理应让所有人都能看懂；（3）斯拉夫语生硬、尖刻、刺耳"（Тредиаковский III, c. 649—650）[4]。教会斯拉夫语是教会语言，不适合讲述世

1　Б.Фонтенель（1657—1757），法国作家、学者、科学知识的普及者。

2　Гуковский Г.А. Тредиаковский как теоретик литературы// Русскаая литература XVIII века. М. —Л., 1965. Сб.6. С.43.

3　长篇小说的作者是法国作家达尔曼（П.Тальман）。

4　转引自：Успенккий Б.А. «Краткий очерк истории русского литературного языка（XI-XIX вв.» М. «Гнозис» 1994, С.123.

俗内容。特列季亚科夫斯基的思想与彼得一世改革俄语字母的初衷不谋而合。彼得改革俄语字母为的是厘清教会书籍与民用世俗书籍的界限，明确二者在语言形式上的不同。特列季亚科夫斯基支持彼得的改革，并将改革扩展到文学领域。特列季亚科夫斯基用жесткий（生硬，尖刻，刺耳）形容斯拉夫语，认为其是没有生命力的语言，"生硬"得令人窒息；而生动言语应是温柔的（нежный）。可见，特列季亚科夫斯基对教会斯拉夫语否定评价。他认为，选择语言代码是美学问题，他希望人们把品味标准看作是规范语言应该遵循的审美标准：必须让文学语言接近"我们讲话时使用的"简单俄语（простой русский язык），因为这是最"有文学价值的语言，是上层社会、贵族阶层使用的语言"，"是众多同伴使用的语言"[1]。这一思想也体现在他的译作中：Наше плавание тихое весма было чрез многия дни; но когда мы хотели пристать к одному острову, где мы думали отдохнуть и повеселиться, тогда встала превеликая буря, и ветр так силнои, что он нас бросил с великою наглостию к другому берегу напротив того, на которои мы хотели вытти. Нас там било чрез четыре или пять часов, но потом оная буря затихла, и Солнце появилось на Небе так красно, что оно таково никогда не бывало; а мы нашлися близко одного острова, у которого берега были украшены очюнь прекрасными садами.（Езда в остров Любви）我们静静地航行了许多天。当我们想上岸休整时，狂风大作，暴雨骤起，一下子把我们刮到小岛的另一边，困在那里4—5个小时。后来风停了，雨息了，天边出现了火红火红的太阳，从未见过。这时我们发现，已来到一座小岛旁，小岛沿岸是非常漂亮的花园。

如此一来，新型文学语言就被特列季亚科夫斯基理解为贵族社会受教育人士的口语。这里凸显了两个矛盾：（1）文学语言的社会功能变窄；（2）用"口语"概念偷换"书面语""笔语"概念。虽则如此，将朴实言语、生动口语用于文学创作仍具有积极意义，对俄罗斯文学语言的进化与发展有重大影响。

"调整规范俄罗斯民族语言基本准则的问题始终是特列季亚科夫斯基语言学

---

1 Тредиаковский В.К.Стихотворения. Л., 1935.С.324.

理论的核心"[1]。在他看来，语言使用正确与否与人们所处社会地位有关。首都上流社会语言规范，恪守语法规则，是正确的语言；城乡下层居民讲话随意，不守语法规则，是不正确的语言。所以，在建立统一语言规范时应考虑如下准则：（1）"和谐""智慧"地使用语言的语法准则；（2）完美的用词准则；（3）以宫廷大臣、东正教智者、上层人士的言语为准绳，以经典作家"令人愉悦的语言"为标准的言语实践准则。

两种用法（正确与不正确）的理论涉及特列季亚科夫斯基的品味理论，而好品味、坏品味的理念更是其修辞理论的基础。他认为，好品味要有好的修养、优质的教育，要通晓宗教文学与古斯拉夫语。好品味的基础是优厚的知识储备和对文学语言示范性创作规范的遵守。而坏品味特列季亚科夫斯基用"不好，非常不好，不正确、刺耳，完全不能用，广场语言，有伤风化"来界定。在他看来，坏品味的语言是不规范的。18世纪30年代，他甚至用"品味"一词表示"优雅的情感、高品质的美学领悟与评价"。

三语体（три стиля）理论在特列季亚科夫斯基的语言学研究中是区分文学语言变体的普世理论，涉及文学作品的体裁、主题、叙述对象等。然而，特列季亚科夫斯基只在形式上区分高、中、低语体，却没有对三语体的词汇、语法体系进行描述（这有别于罗蒙诺索夫），也没有"给予语言语体准确的解释，只热衷于阐释语体特点及从语言手段是否符合理想条件的角度对言语建构和语言手段的使用做出评价"[2]。在他看来，理想条件与作者叙述的正面或负面评价有关，与作者的品味有关。

18世纪初"创建俄罗斯民族语言文学体系问题，在该体系中组合使用教会斯拉夫语、俄语、西欧语言要素的问题还未彻底解决。尽管'欧'式新俄罗斯文学语言的轮廓已经显现，但在全民文学语言创作中社会语言不同元素的作用与关系还未清晰界定，文学语言中封建时代的传统还未克服"[3]。

1　Вомперский В.П. Стилистическое учение М.В.Ломоносова и теория трех стилей. М., 1970. С.103.
2　Там же. С. 113.
3　Виноградов В.В. Очерки по истории русского литературного языка XVII-XIX веков. С.101.

本章小结

1. 俄罗斯统一民族语言的确立加速了俄语修辞体系在对立统一基础上的形成。新内容决定语言单位在语境中的功用。事务语体与文学语体应运而生。词源、修辞色彩不同的词语在同一作品中混用,标志着俄语新时代的到来。

2. "南斯拉夫二次影响"让教会斯拉夫语回归。17世纪,受文学语言民主化的影响,文学文本中的教会斯拉夫语词获得了清晰的修辞色彩,用作讽刺的手段。作为国家语言的法律事务语言继续履行自己的职能。17—18世纪之交,作为中世纪世界文学图景的斯拉夫书面类规范笔语消失。此前在世俗文学中与斯拉夫书面语高效互动的教会斯拉夫语独立,为教会事务服务。

3. 受西欧文化影响,俄罗斯新文学语言形成。该语言的建立与其说是现实的需要,不如说是思想意识形态的要求。彼得大帝的改革(包括俄语字母的改革)、思想意识形态的改变催生了新文学语言。审定新的俄语字母表,推行俄语新字母,标志着俄罗斯敞开国门、接受西方先进文化并使之与俄罗斯文化融合、与教会斯拉夫语对抗的新的文化取向。作为文化符号的俄语新字母因此具有了象征意义。

4. 彼得时代,俗语发生变化,可用于不同体裁,并在新的语境中行使职能。俗语用于不同体裁的上下文时,接近文学语言,是文学语言的民俗基础。而文学语言也因此有可能选用那些将成为新文体类别基础的俗语。该进程加速了俄罗斯文学语言规范的建立。

5. 新文学语言形成过程中,三位学者起到重要作用,他们是:建构新时期文学书面语,满足俄国社会需求的普罗科波维奇,整顿、规范俄罗斯文学语言的康捷米尔和使文学语言贴近大众俄语的特列季亚科夫斯基。然而,18世纪初,俄罗斯民族语言的规范问题,教会斯拉夫语、俄语、西欧语言要素组配使用的问题,不同语言要素在文学创作中的作用与关系问题还未解决。

第四章

俄罗斯民族语言的发展（18世纪中后期）

1. 俄语学的奠基人——罗蒙诺索夫

普希金极为准确地评价罗蒙诺索夫（М.В.Ломоносов，1711—1765）："罗蒙诺索夫具有非凡的意志与理解力，他将二者结合惠及教育。对知识的渴求是他内心最强烈的愿望。作为历史学家、演说家、力学家、化学家、艺术家和诗人，他感受洞察一切……率先深入俄国历史，建立俄国社会的语言规范，提供经典演说范例……他建工厂，造机器，制作马赛克艺术品，为我们揭示诗样语言的真正来源。"[1] 他知识渊博，是首位用历史对比法和描写法研究俄语的俄罗斯语言学家，俄语学的奠基人，新修辞体系的倡导者。他热爱祖国，渴望认知周围世界的规律，在历史、文学、语言和修辞等领域均有建树。

М.В.Ломоносов，1711–1765

18世纪中期，俄罗斯的语言环境与彼得时代的语言状况相差无几，仍旧是语言资源的使用多样而无序，各种外来词在俄语笔语中占据主导地位。变化的只有一点，那就是古斯拉夫语结构被厚重的拉丁语（及部分德语）结构所取代。口语中，法语时尚取代德语时尚，成为贵族首选语言。生动俄语被看作是"下"层平民的语言。俄国社会甚至形成一种观念：似乎俄语无法表达细腻的情感、抽象的概念、人的内心感受，所以不能用来传播科学文化知识或用在高等学府授

---

1 见：«О предисловии г-на Лемонте к переводу басен И.А.Крылова»。

课[1]。

有鉴于此，这一时期俄国科学文化最重要的任务是建立俄罗斯新文学语言。新的文学语言必须具备口笔语形式、功能语体、俄罗斯本土内容与形式。"作为俄语规范的制定者、倡导者、改革者和普及者，罗蒙诺索夫用自己创作的文学作品、历史著作令人信服地证明，有着西班牙语的华丽、法语的生动、德语的坚毅、意大利语的温柔、希腊语和拉丁语的丰富与简洁的俄语能做什么"[2]。

《Российская грамматика》

罗蒙诺索夫清楚地知道，要在俄语的基础上创建俄罗斯文学语言，首先需明确俄罗斯文学语言的基础是什么；该语言应有怎样的规范；它与教会斯拉夫语/斯拉夫语的关系如何；哪些教会斯拉夫语词可用于俄罗斯文学语言；不同文学体裁中的语言单位应有哪些使用规范；外来语在俄语中应处于怎样的地位；如何把语言规范与修辞规范结合起来。

罗蒙诺索夫看到了语法在解决上述问题与结构语言中的重要作用（没有语法，剧作呆板，诗歌文理不通，哲学失去根基，历史令人厌恶，法律似是而非），于是，在1755年撰写了首部《俄语语法》（Российская грамматика）（1757年出版）。这是一部科学的语法、规范性语法[3]。它规范生动言语的使用，并以书面形式将其固定下来；它剔除陈腐词、词形式及表达式，分六章对18世纪中期的俄语进行了理论概括与梳理[4]。

第一章《人类语言概述》（О человеческом слове вообще）阐述人类语言的概念，元音、辅音的构成特点，划分出8个词类：（1）称谓事物的静词；（2）缩略称名的代词；（3）表行为的动词；（4）连接名词与动词短语的形动词；

---

1 当时的斯拉夫—希腊—拉丁语学院用拉丁语和希腊语授课，学习教会斯拉夫语。
2 Белявский М.Т. ...Все испытал и все проник. М., 1990. С.59.
3 见Ломоносов М.В. Полн.собр.соч. М.-Л., 1952.Т.7.
4 Там же.

（5）描绘状态的副词；（6）表状态与事物或行为关系的前置词；（7）表概念相关性的连接词；（8）表内心感受的感叹词。《静词》一节，作者还给出了格的概念，引入术语"前置格（предложный падеж）"。

第二章《阅读与俄语正字法》（О чтении и правописании российском）谈到制定俄语正字法的原则："（1）正字法应方便懂俄语的人阅读；（2）应接近俄罗斯主要方言，如莫斯科方言、北方方言和乌克兰方言；（3）应接近纯正的发音；（4）应不遮掩熟语产生、形成的印记"[1]。罗蒙诺索夫反对特列季亚科夫斯基提倡的按音写词[2]的观点，以全新正字法表明，正字法应使所有讲俄语的人联合起来，而不是分裂。

第三章《静词》（О имени）阐述静词变法格：4种名词变格法和一种形容词变格法。

第四章《动词》（О глаголе）介绍动词的语法范畴：式范畴（陈述式、命令式、未完成式[3]），时范畴（现在时、不定过去时、一次过去时、久远过去时1、久远过去时2、久远过去时3、不定将来时、一次将来时；过去完成时、将来完成时）[4]和态范畴（主动态、被动态、互及态、反身态、中态和共同态）。

第五章《虚词》（О вспомогательных или служебных частях речи）描述代词、形容词、副词、前置词、连接词和感叹词。

第六章《词的组合》（О сочинении частей слова вообще）明确词组是语言的句法单位。

罗蒙诺索夫的《俄语语法》是俄语学的奠基作，其后所有对俄语语法体系的论述均源于此。《语法》首次在俄语历史上展现出基于俄语建构的语言体系，梳理出俄罗斯民族语言在文学语言中的使用规范。《语法》作为一部科学著作"无疑在许多方面超越了同时代的西欧语法，比俄语语言学的发展早了近

---

1 见Ломоносов М.В. Полн.собр.соч. М.-Л., 1952.Т.7.

2 在《论正字法》（Разговор об орфографии）一文中，特列佳科夫斯基解释了俄语正字法的基本原则，建议"按发音"书写和印刷。"按音"写词的原则与俄语正字法相悖，因此被特列佳科夫斯基同时代人所排斥。

3 当时还没有祈求式和假定式。

4 俄语动词的体范畴发展较晚，19世纪才有清晰的轮廓。17世纪没有体范畴，18世纪俄语动词体的意义刚刚萌芽。罗蒙诺索夫在1757年版的《俄语语法》中给出包括完成时在内的时范畴，表明体与时不矛盾，真实地反映了当时动词时形式与体形式尚未完全分离的过渡状态。

百年"[1]。

罗蒙诺索夫在《论俄语教会书籍的益处》（Предисловие о пользе книг церковных в российском языке）（1758）中，谈到建立和发展俄语语言学的问题，明确了古斯拉夫语在俄罗斯文学语言中的地位与作用。在他看来，古斯拉夫语与俄语是不同的语言，但同源。古斯拉夫语与教会斯拉夫语元素是俄罗斯文学语言的重要组成部分，而俄语是俄罗斯文学语言的基础。古斯拉夫语与教会斯拉夫语在俄罗斯语言文化的发展中起过重要作用，为俄语提供了大量格言警句，丰富了俄语。古斯拉夫语及稍晚的斯拉夫书面语、教会斯拉夫语加速了俄语书面语的形成，使俄罗斯文学语言有了统一的书面语形式。

罗蒙诺索夫多角度研究俄语与古斯拉夫语的关系问题：从历史对比的角度把俄语和"斯拉夫"语看作是两种不同、但同源的语言；在语言体系各层级上甄别俄语元素与"斯拉夫语"元素，首次在俄语史上区分这两类元素，阐述其内涵；在文学语言中同时使用俄语与古斯拉夫语，为俄罗斯文学语言新文体的诞生奠定基础。

罗蒙诺索夫还为"三语体"理论定义，划定俄罗斯文学语言的语体界限，确定语体、体裁、语言在文学作品中的对应关系；在《简明演讲指南》（Краткое руководство к красноречию...）（1748）、《俄罗斯诗歌创作规则》（Письмо о правилах российского стихотворства）（1739年写，1778年出版）等修辞学著作中，对俄罗斯诗歌创作理论和俄罗斯民族语言在文学作品中的使用原则给予了科学的阐释。

罗蒙诺索夫率先意识到有必要创造俄国自己的科技术语。经他建议用作术语的既有俄语本土词：движение运动，опыт经验，сопротивление电阻，частица粒子，явление现象；又有国际通用的外来词：артерия动脉，атмосфера大气压，барометр气压计，вольфрам钨，квадрат正方形，кобальт钴，микроскоп显微镜，оптика光学，пропорция比例。他自己也是科学术语的创造者：зажигательное стекло火镜，земная ось地轴，кислота酸，огнедышащие горы火山，преломление лучей光折射，удельный вес比重。罗蒙诺索夫在建立俄

---

1 Ларин Б.А. Лекции по истории русского литературного языка. С.306.

语科学术语体系时遵循以下原则：（1）术语选词，首选俄语词，包括生动言语词：глина黏土, земная ось地轴, золото самородное天然金, осадка沉陷, сгущение浓缩, песок沙土, чернозем黑土；（2）使用已被俄语开发、无需翻译的外来术语：квадрат正方形, термометр温度计, фонтан喷泉, эллипсис椭圆、省略法, электрический电的；（3）准确通顺地翻译外来科学术语：Горизонтальная линия та называется, которой каждая точка от центра земного равно отстоит 每个与地心等距的点连成的线叫做地平线；（4）引入单义术语：тягость负担；（5）科学术语的结构应简单，由一、两个词构成：степень程度, частица粒子, прямой угол直角, удельный вес比重；（6）应把常用词放入反映学科知识的上下文里，促其术语化。

罗蒙诺索夫这样评价自己的工作："我用自然语言撰写的文章、语法、演讲稿、诗歌、历史著作在过去的20年间纯洁了俄语，方便各种思想的表达。我的著作得到认可，我在各种信函中使用的词语可为此作证，证明这些工作有益于国民教育"[1]。

2. 罗蒙诺索夫的修辞体系

罗蒙诺索夫在《俄语语法》中划分出两种语体：高雅体（высокий стиль）与白话体（простой стиль или простой слог, просторечие），认为二者的对立也是书面语与口语的对立。以此表明，文学语言不排斥口语，书面语与口语的对立只表现在修辞上。罗蒙诺索夫不人为制造文学书面语，而是把口语纳入文学语言范畴。创作中，他不回避口语形式，但要求其遵循传统书面语规范。罗蒙诺索夫也不创造新词，不建构新的文学形式，而是把已有语言材料按文体分类：教会斯拉夫语用于高雅体，俄语口语中精选出的语料用于白话体。如此，高雅体与白话体的关系正好契合教会斯拉夫语与俄语的关系[2]。

高雅体、白话体的对立与教会斯拉夫语、俄语双语并存有关。这在罗蒙诺索夫的著作中表现为：高雅体由教会斯拉夫语构建，白话体由俄语口语构建；而通

---

[1] Ломоносов М.В.Полн. собр. Соч.Т.7.С.897.

[2] 罗蒙诺索夫在《俄语语法》中指出，俄语（口语）与教会斯拉夫语不同，它没有精准的语法规则。口语中起主导作用的是使用习惯。所以要从规则出发，兼顾口语的使用习惯；既考虑教会斯拉夫语的特点，又兼顾俄语口语的用法惯例，如此，罗蒙诺索夫为俄语标准语的确立指明了可行之路。

用于教会斯拉夫语和俄语的词，其语体由上下文决定。换言之，词源不同的词汇用于不同语体的词汇组合。如ангельскаго **гласа**（天使般的声音）中的黑体词属教会斯拉夫语，所以该词组属高雅体；птичья **голосу**（鸟的叫声）中的黑体词是俄语口语词，所以该词组属白话体。同理，в потѣ лица труд совершать中的в потѣ属高雅体，用于转义："辛勤劳作"；而в поту домой прибежать中的в поту用于口语，直义："跑回家浑身是汗"。罗蒙诺索夫认为，高雅体与白话体有可能相互转换，从一个体系转入另一体系，这正好契合了教会斯拉夫语与俄语的对应关系。由此可见，要正确选用词语，必须关注词的起源，搞清其与教会斯拉夫语或与俄语的关系。了解词汇的原始属性及其与教会斯拉夫语、俄语的关系是正确使用词汇的前提条件。

同样的原则也体现在罗蒙诺索夫的正音建议里。罗蒙诺索夫认为，教会斯拉夫语与俄语各自有自己的发音标准。高雅体发音与教会发音一致，适用于教会斯拉夫语词；白话体与俄语口语发音相同，适用于俄语词。以字母г为例，其在教会读音中读摩擦音[h]，而在俄语口语中读爆破音[g]。因此规定：г在高雅体中读摩擦音，在白话体中读爆破音。罗蒙诺索夫认为，词的发音由词的起源决定。但倘若一个词既用于教会斯拉夫语，又用于俄语口语，则该词的发音取决于上下文。以罗蒙诺索夫创作的《论俄语字母г的可疑发音》（О сомнительном произношении буквы «г» в Российском языке）为例，诗中的每个实词都含有字母г，但因起源不同读音各异。仅以第一行诗Бугристые берега, благоприятны влаги...为例：Бугристые берега是俄语词，所以г读爆破音，благоприятны влаги是教会斯拉夫语词，因此г读摩擦音。同样的分析也适用于该诗的其他部分。相互对立的发音形成不同的词语组合。起源不同、发音规则对立的词语在诗中碰撞。发爆破音的词遵循生动言语、即口语规范（有时伴有а音化和重读е向о的过渡）；发摩擦音的词遵循与教会读音一致的书面语语音规范。教会斯拉夫语发音与俄语口语发音在诗中混搭，体现了教会斯拉夫语和俄语的发音特点。

基于同一原则，罗蒙诺索夫为语法、语音材料分类，使俄罗斯文学语言有可能把起源不同的语言要素归到一起，用于创作。然而，不同起源的语言要素共存于文学文本，并不能消除他们之间的对立，因为此时还无法中和教会斯拉夫语与俄语的对立（中和稍晚出现），因此，这一时期的俄罗斯文学语言中既有教会斯拉夫语的印记，又有俄语的印迹。两种语言的对立在文学语言中迅速转化为语体的对立。而词语与教会斯拉夫语、俄语的关系决定各语言要素的修辞特点。由此可见，罗蒙诺索夫没有把教会斯拉夫语看作是俄语的前身，而是把教会斯拉夫语和俄语看作是两个独立、平等的体系，把教会斯拉夫语与俄语在俄罗斯文学语言中的融合看作是两种语言混用的结果，进而证明俄罗斯文学语言具有多相异质的特点。

如果说在《俄语语法》中罗蒙诺索夫探讨的是语体间语音和语法的差异问题，则在《论俄语教会书籍的益处》中研究的是词汇问题。后者是前者自然合理的接续。尽管如此，二者有本质区别：《俄语语法》中谈论了两个语体（高雅体与白话体），而在《论俄语教会书籍的益处》中讨论了三个语体（高雅体、中性体、低俗体）。后者中的高雅体、低俗体（низкий стиль）与前者中的高雅体、白话体相吻合，但中性体（средний стиль）却是全新的概念。

罗蒙诺索夫的三语体体系建构在词汇分类的基础上，即把俄罗斯文学语言的词汇分为三类：（1）通用于教会斯拉夫语与俄语的俄式斯拉夫语词；（2）源自教会斯拉夫语、口语中不用、但所有识字的人都懂的斯拉夫语词；（3）只用于俄语口语的粗俗语词；并在词汇分类的基础上划分出三个语体：（1）高雅体：由第1、2类词（俄式斯拉夫语词和斯拉夫语词）组成，用于撰写英雄史诗、颂诗、重大事件的讲话；（2）低俗体：由第1、3类词（俄式斯拉夫语词和俄语口语词）组成，用来写作喜剧、嘲讽诗、歌词、散文式书信、描写日常事务；（3）中性体或称中间体（посредственный стиль），融汇上述三类词，用于撰写戏剧（喜剧除外）、诗体书信、讽刺作品、牧歌、挽歌、理论文章或描写难忘事件。如果说高雅体与低俗体在词汇上相互排斥，则中性体融合三类词，混用教会斯拉夫语与俄语词，成为理想语体。如果说高雅体与低俗体的划分依据的是言语实践，则中性体表明文学语言的发展方向。如果说高雅体与低俗体在修辞上是均质同种的，则中性体起到了平衡修辞的作用，恢复了斯拉夫语与俄语并用时失去的平衡。这里所说的平衡不是语言范畴的修辞平衡，而是文本范畴的修辞平衡。换言之，罗蒙诺索夫完成的修辞任务不是语言的，而是文本的。文学语言原则上可由不同语言要素构成，各要素在文本或体裁框架内实现修辞平衡。词语的选择取决于体裁，取决于文本的语义结构。各语言要素的归集与使用使中性体混用两种语言，所不同的只是混用的程度。

罗蒙诺索夫是俄语新修辞体系（三语体体系）的创始人。尽管三语体学说自古希腊时[1]就有，16—17世纪的修辞课本中也有阐述，但罗蒙诺索夫为旧体系增添新内容，给出高、中、低三语体使用规范，明确了规范、语体、体裁间的对应关系。

1. 词汇规范。罗蒙诺索夫在《论俄语教会书籍的益处》《俄语语法》和《论俄罗斯诗歌创作规则的书信》中阐述了三语体体系的词汇规范：（1）古斯拉夫语是俄罗斯文学语言的主要来源，是表达文学思想的形象表现力手段，有了这些手段文学语言就有了大量的成语和智慧表达式；（2）应去除费解的古斯拉夫语词，只使用祈祷文献中常用的古斯拉夫语词；（3）文学语言的基础是俄语，俄语与古斯拉夫语的有机结合是发展俄罗斯文学语言修辞体系的基础；（4）俄语词汇丰富，无需从他国语言中引入不恰当的词语，但好词也不能放过，要明确仿效谁、学什么；（5）要用作家的作品完善俄罗斯文学语言，而作家要使用自己独创的语言。

罗蒙诺索夫把词汇绑定在特定体裁和语体上以前，将其分为三类：（1）共同斯拉夫语词，即古斯拉夫人和现代俄罗斯人通用的斯拉夫语词：Бог 上帝, слава 光荣, рука 手, ныне 现在, почитаю 读一会儿；（2）古斯拉夫语词，尽管少用（尤其在口语中），但所有识字的俄国人都懂：отверзаю 打开, Господень 主, насажденный 种植, взываю 恳求；（3）俄语本土词：говорю 说, ручей 小溪, который 哪一个, пока 目前, лишь 仅仅。他还从"得体"（语料适合叙述主题）、通用、理解/不理解的角度对词做出评价，把那些在口笔语中都不用的古旧词（обаваю 念咒, рясны 饰物, овогда 有时, свене 除了）和无论用在哪个语体都不合适、只适于恶作剧的粗俗语排除在文学语言之外。

罗蒙诺索夫不仅为词汇划分出修辞层，而且为其增添新内容，指出："语体"不仅指古斯拉夫语词与俄语词及表达式在不同言语中的使用比例，而且包括对文本类别、西欧外来词的选用。罗蒙诺索夫明确了三语体与文献体裁及内容的

---

[1] 1世纪，科维吉里安时代（Квинтилиан）。

对应关系，认为文献体裁的层级取决于体裁的庄重程度和叙述的内容，内容可以是高雅、严肃的，也可以是普通、低俗的。

高雅体使用：（1）活跃在教会斯拉夫语中的古斯拉夫语词；（2）教会斯拉夫语与俄语通用的共同斯拉夫语词；（3）已融入俄语词汇库的外来词。罗蒙诺索夫称高雅体为"规范体（важный штиль）""言辞动人体（красный штиль）"，建议在长诗、颂歌和论述"重大题材"的散文中使用[1]。

中性体使用：（1）俄语本土词；（2）修辞中性的古斯拉夫语词；（3）俗语词（粗话除外）。罗蒙诺索夫建议中性体使用能中和文体色彩的古斯拉夫语词和俄语俗语词。中性体可用来撰写戏剧、诗体书信、讽刺作品、牧歌、哀歌、寓言和散文，以及学术著作、科普文章和事务文献等，也可用于描写"值得记忆的事件和高贵的学说"。中性体介乎高雅体与低俗体之间，这样的地位"使中性体的语言成分不确定，语体界限模糊……中性体的结构、其在文学笔语中功能的扩大、各种各样来自其他语体的语言手段、对不同表现力色彩语言要素连接规则的主观认识，所有这一切给制定中性体规范造成很大困难"[2]。

低俗体或白话体使用：（1）俄语本土词；（2）共同斯拉夫语词，即斯拉夫语中的核心词汇；（3）俗语词。低俗体可用于撰写喜剧、娱乐性嘲讽短诗、歌曲、书信，也可用来描写日常事务。

罗蒙诺索夫不以体裁而以叙述主题为出发点定义语体；主题决定语言手段的选择。如此一来，一种体裁可根据叙述主题的变化选用不同语体的词汇。如在喜剧体裁（低俗体）中，用高雅体词塑造英雄形象。由此可见，罗蒙诺索夫的修辞理论基于语言语体概念。

2. 语法规范

罗蒙诺索夫在《俄语语法》中为高雅体和低俗体制定了语法规范：高雅体奉行斯拉夫书面语规范，低俗体遵守俄语口语规范。

高雅体的词法规范：（1）名词阳性第二格单数词尾为-а：взгляда视线，флота舰队，часа小时；第六格词尾为-ѣ：о языкѣ论语言，вѣкѣ世纪；名词阴性单数第六格词尾为-и：по земли沿地面，в пустыни在沙漠中；（2）形容词

---

[1] Ломоносов М.В. Полн.собр.соч.Т.7.С.589.
[2] Вомперский В.П. Стилистическое учение М.В.Ломоносова и теория трех стилей. С.147-148.

阳性单数第一格词尾为-ый：ужасный可怕的, прекрасный美好的；第二格词尾为-аго：святаго神圣的；阴性单数第二格词尾为-ия/-ыя：прежния以前的, истинныя真实的；复数第一格、第四格词尾为-ия/-ыя：бегущия богыни（бегущие богини）奔跑的女神, на все земныя красоты所有尘世之美；（3）形容词比较级后缀为-ѣе, -е：быстрѣе更快的, краше更好看的；最高级后缀为-ейш-, -айш-：светлейший最明亮的, сладчайший最甜的；（4）现在时主动形动词后缀为-ущ-/-ющ-, -ащ-/-ящ-：скачущий滚落的, поющий歌唱的, звучащий发出声响的；（5）副动词词尾为-а/-я：думая想, неса携带, шествуя行进。

句法规范：形容词短尾作一致定语：божественны науки神学；северна страна北国；в небесну дверь进天堂之门；чрез яры волны穿过汹涌的波涛；使用形动词短语：главу, победами венчанну头顶胜利的桂冠；反身动词的被动态结构：ветром от ветра колеблется море风吹海水动。

低俗体词法规范：（1）名词阳性单数第二格词尾为-а/-у：часа, часу小时；第六格词尾为-ѣ/ -у：в шумѣ, в шуму嘈杂声中；（2）形容词阳性单数第一格词尾为-ой/-ей：неиствой борей狂暴的北风；волчей вой狼嚎；第二格词尾为-ого：дневного白天的, дорогого贵重的；（3）形容词比较级后缀为-яе：скоряе更快的, быстряе更敏捷的；（4）使用带主观评价后缀的名词、形容词：бородища大胡子, ручища大手, махонький年幼的, синички小山雀；集合数词：двое мещан两个小市民, трое беглых三个逃犯, девятеро разбойников九个劫匪。带-уч-/-юч-, -ач-/-яч-后缀的现在时主动形动词在低俗体中极为罕见，它们已转化为形容词：могучий强大的, вонючий臭的；或副动词：думаючи思考, идучи步行, будучи是，作为。

句法规范：全尾形容词在句中作一致定语：записной дурак真正的傻瓜；вонючие лисички臭鸡油菌；用关联词который连接带限定从句的主从复合句；由动词派生的感叹词在句中作谓语：бряк砰的一摔, глядь你瞧, хвать抓住、打, стук敲击。

3.语音规范

高雅体：（1）使用非全元音组合词：вран（ворон）渡鸦, сребро

(серебро)银币, класы等级; ра-, ла-起首词: в расселинах石缝中, равный相等的; е, ю起首词: еленей鹿的, едина唯一的, юношей少年; 含音素[жд], [ш']的词: услаждаюсь欣赏, зиждитель创始人, отвращает移开, хощет想;（2）е在软辅音后、硬辅音前、重音下发['э]音: восхищённа赞赏, дерзнёт敢于, живёт居住;（3）o音化[1], 即[o]在重音前一音节仍发字母音: аромáтных芬芳的;（4）区分[e]和[ѣ]: "e音丰满些, ѣ音尖细些"[2];（5）[г]在古斯拉夫语中发摩擦音: Богу上帝, господь上帝, государь国王, благо福利, глас声音; государство国家, господин先生, благодать富足, разглашать泄漏; 在弱音位上г发[x]音: Санктперербур[x]圣彼得堡, Марбур[x]马尔堡, ле[x]кий轻巧的, мя[x]кий柔软的;（6）某些词重音遵循教会斯拉夫语规范: рая́天堂, зижди́тель创始人, высóко高, защи́тить保护, пóдруга女友, предáнный忠实的, принéсено被拿来。

低俗体:（1）使用全元音组合词: борода胡子, ворота大门, безголовым无头的, через通过; ро-, ло-起首词: родиться出生, локоть肘部; 含音素[ж]、[ч']的词: провожать送别, хочет想;（2）['е]音在软辅音后、硬辅音前、重音下读['о]音: тріохъ（трёх）三, везіошь（везёшь）运送, бріовна（брёвна）原木;（3）а音化, 即重音前的о发[а]音: харашó（хорошó）好, падóбен（подóбен）类似的, хачý（хочý）我想, гавари́（говори́）你说。"选中莫斯科方言不仅因其首都的重要地位, 而且因其自身的美, 特别是非重读字母о发а音更使人愉悦"[3]。然而, 罗蒙诺索夫也提醒人们, 不要在书写时混淆元音[о]与[а]: "如果大家按发音书写或打字, 则大多数俄国人都要重新学习说话和阅读了"[4];（4）爆破音[г]位于词尾时清化, 读[к]: друк（但друга中的г仍读[г]）; 以-го结尾的第二格, [г]发в音: моего, сильнаго读моево, сильнаво"[5]。

综上, 罗蒙诺索夫撰写的语言学和修辞学著作为俄罗斯语言学理论奠定了基

---

1 北俄方言中, 非重读元音о仍读作[o]。
2 Ломоносов М.В.Полн.собр.соч.Т.7.С.427.
3 Там же. С.430.
4 Там же. С.430.
5 Там же. С.427.

础，提前数十年明确了俄语语言学的发展方向。他提出的历史比较法比西欧语言学早了近百年。罗蒙诺索夫对当时俄语语言体系、体系结构、语言功能的全方位描写，科学术语体系的建构，新修辞体系的创立，反映了特定时期俄语语言学的发展状况。

3. 克服三语体局限，探索语言新规范

罗蒙诺索夫的《三语体》理论对世俗文献体裁中不同层次的词汇进行了梳理，将"可鄙"词排除在标准语之外，把18世纪因俄罗斯文学语言标准化、规范化产生的俗语地位问题确定为俄语语言学亟待解决的问题之一。罗氏建议从修辞和功能上划定生动言语的使用范围，让俗语逐渐从词汇修辞过渡到功能修辞。该观点反映了罗蒙诺索夫在"思考文学语言历史词层的作用和确定文学语言发展方向"时所经历的心路历程。他"对俗语的认识体现在词源的对立（斯拉夫语与俄语），功能的对立（高雅与质朴、高雅与低俗）和形式的对立（书面语与口语）上"[1]。

俗语用于"低俗"体裁（寓言故事，喜剧，喜歌剧，讽刺作品和生活故事等），表述日常生活中的"低俗"内容。在不同体裁中，俗语的作用不同：在喜剧和喜歌剧中，俗语被用来勾勒主人公的言语特征或模拟日常生活场景；在寓言和世俗故事里，俗语被用来塑造作家和人物无拘无束的叙述调性；在讽刺诗和长诗里，俗语是讽刺挖苦的手段。

翻译文献中也有俗语。译者常用俗语进行创造性翻译。如：У сего секретаря живёт ражий хромоногий бакалаврий, сродственник его（А.Лесаж «Повесть о хромоногом бесе», 1763）文书家住着一位膀大腰圆腿有点瘸的学士，是他的亲戚。在这里，译者有意用俗语词ражий, хромоногий, сродственник降低书面语词секретаря, баккалаврий的调性。再如：Сударка моя! Как я буду рад, если тебе угожу и буду твоим другом（П.Мариво«Жизнь Марианны», 1762）小妹妹！我很高兴，投你所好，做你的朋友。俗语词сударка, угожу与буду твоим другом搭配使言语矫饰。

然而，俗语的使用受到限制，只用于刻画喜剧人物、叙事者、讽刺作品主人

---

[1] Князькова Г.П. О некоторых аспектах изучения просторечия 50—70-х годов XVIII в.// Очерки по истории русского языка и литературы XVIII в. Казань. 1969. С.131.

公的言语特点。换言之，"三语体"理论在体裁上限制了俗语的使用。这种把体裁绑定在左右斯拉夫书面语与俄语口语使用比例的语体上、再把语言手段绑定在体裁上形成的"语体—体裁—语言"的怪圈导致书面语与口语词无法搭配使用，更谈不上文学词语与俗语的互动了。

三语体的划分，一方面，整肃了彼得时代五花八门的文体，另一方面，也使书面语与俗语在文学语言中的互动受到体裁限制。罗蒙诺索夫很快意识到"三语体"体系自身的狭隘与无据，"意识到三语体理论无法容纳俄语的全部财富，初步拟定了克服狭隘三项式研究语言的方法。他提出的在三语体框架内形成功能性言语语体的观点清晰地表明，他已找到研究文学语言的新思路"[1]。

18世纪下半叶的文献表明，功能语体在俗语的基础上形成，三语体体系的狭隘性正在被克服。在这一时期的文学作品中，已可以区分出首都贵族与外省贵族、官员、商人、农民、军人、教会神职人员的讲话特点，而把各类人士的言语交集在一起并有所区别的正是俗语。

或许只有俄国受教育人士（首都贵族和城市知识分子）不说俗语。他们言语正确，文理通顺，无语法错误，符合文学语体规范。考察这一时期的戏剧作品《小贵族》（Недоросль），《货郎》（Щепетильник），《奶奶的好孙子佛姆斯卡》（Фомушка, бабушкин внучек）[2]等，不难发现，主人公的言语中有大量书面语词：просвещение教育, презрение蔑视, повиновение服从, обличение揭发, безумство丧失理智, состояние状态, рассуждение推论；高雅体复合词：любочестие虚荣心, лицеприятие偏袒, благосостояние福利, благонравие品德优良, простосердечие淳朴；科技、文化、政治领域的外来词：теология神学, философия（философия）哲学, контракт契约, марьяж婚礼, вояж旅行；斯拉夫化西欧句法结构：Я делал мою должность我履行我的职责；Угнетать рабством себе подобных беззаконно奴役压迫同胞违法。

外省贵族的言语中有相当多的俗语。这在《小贵族》的主人公普罗斯塔科娃雅（Простаковая）的言语中可见一斑。普罗斯塔科娃雅说话粗鲁，对仆人

---

1 Вомперский В.П. Стилистическое учение М.В.Ломоносова и теория трех стилей. С.183.
2 «Недоросль»Д.И.Фонвизина, «Щепетильник»В.И.Ликина, «Фомушка, бабушкин внучек» П.А. Кропотова.

和农奴更是开口即骂：Выди вон, скот! 滚出去，畜生! Не говорила ль я тебе, воровская харя, чтоб ты кафтан пустил шире... Скажи, болван, чем ты оправдаешься?（«Недоросль»）贼东西，难道我没告诉过你，让你把长衫放宽些……傻瓜，你说，你用什么证明自己没错？

18世纪下半叶，有作家为"贴近角色原型"，不仅模仿农民的用词特点、语法特征，而且仿效其发音。于是о音化, и音化, ц音化, с-ш, з-ж 不分等现象出现在角色言语中：...Велел вс**и**м частным б**о**ярам сказа**ци**, что у него новые есть... новые стани! ... ни т**о**вары, а!... голотире**и**, привезенные из заморья, ... имена-та некрещенные, так мудрены, что их скоро и не проба**и**шь... （В.И.Лукин. «Щепетильник»）— «Велел всем честным боярам сказать, что у него новые есть... новые! не товары, а!... голотиреи, привезенные из-за моря,...имена-то неправославные, такие сложные, что сразу и не выговоришь»……他让人告诉所有想买稀罕物的大贵族，说他有批新鲜玩意……是新玩意! 不是商品! ……从海外带来的……名字很怪，很复杂，一下子说不出它的名称。

拉季舍夫（А.Н.Радищев）作品中的农民语言则是另一番模样：无方言俗语，语言平和、朴实、自然：«Ты, конечно, раскольник, что пашешь по воскресеньям?» — «Нет, барин, я прямым крестом крещусь, — сказал он （пахарь）, показывая мне сложенные три перста. — А Бог милостив, с голоду умирать не велит, когда есть силы и семья» （Путешествие из Петербурга в Москву）"你肯定是分裂派教徒，要不怎么星期天犁地呢？""不，老爷，我起誓"，农夫向我伸出并拢的三个手指说道。"我们有力气、有家，上帝仁慈，不让我们饿死"。

然而，高格调、不用俗语的理想农民言语有可能极不自然：Воззрите на меня, яко на странника и пришельца, и если сердце ваше ко мне ощутит некую нежную наклонность, то поживем в дружбе, в сем наивеличайшем на земли благоденствии. Если же оно без ощущения пребудет — да забвени будем друг друга, яко же нам не родитися（А.Н.Радищев «Путешествие из Петербурга в Москву»）你们看我就像看居无定所的外乡

人，如果你们对我有一丝温柔，我们就友好相处，过人世间最幸福的生活。如果你们对我没有感觉，那就让我们彼此忘记，只当我们从未来过这个世界。

逐渐，文学作品中开始区别对待、选择农民言语，作家则致力于开发已摆脱方言土语的俄罗斯民族语言的真正美与富足。

18世纪末，事务语体最终形成。文学作品全面呈现官场语言、文牍语言、书面语和俗语组合使用的特点。

商人言语同样形成于18世纪，俗语性贸易词汇丰富了文学语言，如：лавка商铺, барыш利润, заимодавец债主, прибыток盈利, убыток亏损, затвор小型商业用房, разорился破产, законтрактовал订合同; отпустить товары发货, идти в продажу出售, поставить товар供货。

18世纪下半叶，喜剧中出现了大量军事词语：сержант中士, офицеры军官, полк团, гвардии прапорщик近卫军准尉, капитан大尉, майор少校, отставка退伍(П.А.Кропотов «Фомушка, бабушкин внучек»); военный устав军事条令, записать в полк登记入伍, храбрый генерал勇敢的将军(Д.И.Фонвизин. «Бригадир»); к обеду провианту не стало没有军粮做饭; видел здесь беглый огонь в сутки сряду часа по три看到了这里一昼夜持续3小时的速射（Д.И.Фонвизин. «Недоросль»）等。教会斯拉夫语词经重新解读，构成特殊的教会隐语。如《小贵族》中的教会学校学生库杰茨基（Кутецкин）口中不乏古斯拉夫语词：зван **бых** и **придох**接到邀请就来了; **посрамихся** окаянный丢死人了; **несть** вреда в курении табака吸烟无害; житие твое, Еремеевна, яко **тьма кромешная**伊列乜耶芙娜，你的生活漆黑一片，等等[1]。

可以说，18世纪的文学作品记录了俄国各阶层人士的言语，显露出俗语的独特魅力与功能：丰富文学语汇，嘲笑、谴责恶习，增加文学艺术表现力，克服三语体体系的狭隘性。

全面地、令人信服地展现三语体体系局限性的是那些用自己的作品为俄语新修辞体系、"新文体"奠基的诗人和作家们。苏马罗科夫（А.П.Сумароков）、

---

[1] 古斯拉夫语词бых=был, придох=пришёл; посрамихся=посрамился; несть=нет.

杰尔查文（Г.Р.Державин）、拉季舍夫（А.Н.Радищев）、诺维科夫（Н.И.Новиков）、冯维京（Д.И.Фонвизин）等均"从不同角度、不同方向为俄罗斯文学语言展现出新的表达式，开启了生动言语库的大门。他们摆脱三语体理论的束缚，重新组配言语要素，努力弥合呆板的文学语言和'民间语言、社会语言、俄罗斯语言（拉季舍夫语）'生动语义间的裂痕[1]"。

罗蒙诺索夫的同时代人、论敌苏马罗科夫（1717—1777）是18世纪最著名的作家之一，著有9部悲剧、12部喜剧，属理性文学流派。他认为，合理的才是美好的，符合理性要求的才合乎道德。苏马罗科夫高度评价俄语的美与富足，呼吁要保护俄语，使之免遭"蹩脚"译者的涂炭，否则"美好的语言就会消失"。纯理性的美学理念体现在剧作家的创作中。质朴、清晰、自然（即准确感受、清晰思考，简单和谐地表述）是作家遵循的创作原则。在"致马伊科夫（В.И.Майкову）"的诗中他这样写道：

Александр Сумароков, 1717–1777

... Ум здравый завсегда гнушается мечты,

Коль нет в иных стихах приличной красоты,

Ни ясности, ни чистоты, —

Так те стихи лишены красоты

И полны пустоты.

（«В.И.Майкову»）

理智总是鄙弃幻想，

若体面美丽的诗句中

没有了清新与纯净，

诗就失去了美，

满是空虚。

苏马罗科夫的"荒谬的颂歌（Вздорные оды）"是对罗蒙诺索夫高雅体的讽刺性模拟：

Заря багряною рукою

От утренних спокойных вод

朝霞像一只血红色的手

从清晨平静的水面上

---

1 Виноградов В.В. Очерки по истории русского литературного языка XVII-XIX веков. С.163.

Выводит с солнцем за собою	和太阳一起引领出
Твоей державы новый год.	祖国新的一年。
（М.В.Ломоносов）	
Трава зеленою рукою	青草像一只绿色的手
Покрыла многие места;	覆盖大地;
Заря багряною ногою	朝霞像血红色的脚
Выводит новые лета.	引领出新的夏季。
（А.П.Сумароков）	

苏马罗科夫认为通用（общеупотребительность）是文学作品的选词标准，因此，他反对恢复斯拉夫书面语规范[1]，反对矫揉造作的"宗教"演讲与"长篇大论"，认为只有"傻子"才长篇大论，"自然表达才是最好"，通用才是规范，才是标准；贵族知识分子的语言是通用的。

然而，苏马罗科夫拒绝混用笔语和口语："我们为什么写和说要一样呢？这太随意了，这会使我们古老的语言消失殆尽。倘若我们交谈时不用俄语，写作也不用它，再让大量外来语进入我们的语言，我们就有可能彻底忘掉母语，这太可惜了，没有哪个民族会这样扼杀自己的语言，哪怕我们的语言已受到灭绝的威胁"。[2]

苏马罗科夫嘲笑那些因外来语而变得色彩斑斓的沙龙隐语，提出使用外来语的原则：（1）"毫无必要地"使用外来语是"对俄语的损害"；（2）"我们不需要"德语和法语借词，希腊语词也只能"作为俄语的点缀"；（3）应保留俄语中已有的外来词，不用新的外来词替代它们；（4）学习外语，须首先掌握母语，"不了解母语之美，何谈外语之美"[3]。

为克服三语体系的狭隘性，苏马罗科夫在自己的作品中使用俗语。然而，剧作家只使用首都贵族讲的俗语。面对有人希望把俄国社会底层居民讲的俗语[如вóстрый（острый）尖锐的, вóтчина世袭领地, восьмóй第八]合

---

1 18世纪40—50年代的作家们为抵御笔语中的外来词，特别是法语外来词，曾试图让斯拉夫书面语规范合法化。

2 Виноградов В.В. Очерки по истории русского литературного языка XVII-XIX веков. С.147.

3 Сумароков А.П. Избр. произведения. Л., 1957.Т.2.С.314.

法化的问题，他这样回答："**во́тчина**已被大家接受，但**во́строй**只有农民和最底层的人在用，且还不是所有人"[1]。为此，苏马罗科夫主张在文学作品中只用那些已被文学语言接受的俗语。如悲剧：**нахальство** ум расшибло（Дмитрий Самозванец）放肆无礼折煞聪明人；讽刺作品：**Мужик** и пьет и ест, родился и умрет, господский так же сын, хотя и слаще **жрет**（О благородстве）庄稼人吃饭喝水，出生死亡，老爷的儿子也一样，尽管吃得要好些；寓言：Мы **дур** и **дураков** не сеем（Лисица и Статуя）我们不培养傻瓜；Напилась, как **стерва**（Парисов суд）醉得像死人一样；喜剧：Да есть пословица, что гром-ат гремит не всегда из небесной тучи, да иногда из **навозной кучи**（Рогоносец по воображению）是的，有一种说法，隆隆雷声并不总是来自天上的乌云，有时也来自粪堆。俗语在苏马罗科夫的作品中，履行以下功能：

（1）突出角色言语特点：Вы это учнили против государственных прав: **понеже** выше означенную **чару** по силе регламента выпить **надлежало** мне（Приданое обманом）您这样做不符合我国习俗：照例这杯该我喝；да **штота** на животе ворчит, да полно **ето** ото вчерашнева вечера: я поела жареной платвы и подлещиков, да ботвиньи **обожралася**...（Рогоносец по воображению）肚子咕噜咕噜叫，大概是昨晚吃多了：吃了炸鱼，还吃了好多凉菜，撑坏了。

（2）用作形象表现力手段：Не грусти, мой свет, мне грустно и самой, что давно я не **видалася** с тобой.不要悲伤，亲爱的，久未见你，我也忧郁；Только я с тобой **спознался**, ты свободу отняла.我刚和你好，你就夺去了我的自由。

（3）用于称谓日常事物：**Похлёбка** ли вкусняй, или вкусняе суп?（Эпистола о русском языке）粥好吃还是汤好喝？

（4）用作情感表现力手段：Я бы и развелся с нею, да много с нею детей и внучат нажил: а скоро и правнучата будут; да и ее люблю я

---

[1] Цит.по:Виноградов В.В.Очерки по истории русского литературного языка XVII-XIX веков. C.148.

страстно, и хотя она уже за шестьдесят лет: а когда **примахнется**, так и двадцатилетнюю женщину **за пояс заткнет**(«Рогоносец по воображению»)我想和她离婚，可我与她已有好多孩子和孙子，重孙也将诞生；况且我还深爱着她，虽然她已年过六旬，可打扮起来，胜过二十岁的小妇人。

苏马罗科夫将俗语用于文学文本，促进了俄罗斯文学语言的民主化，展现出俗语的美与潜能，修辞的丰富与多样，证明俗语在文学语言中可替代斯拉夫书面语和外来语。简言之，苏马罗科夫提升了俗语的地位，使其成为文学语言中的一员。

杰尔查文（1743—1816）出身贫寒，自幼失去父亲。几十年的生涯中，他经历了从士兵到省长、到司法部长的历程。诚实，智慧，有良知，相信理智，道德纯洁，这一切帮助杰尔查文实现了成为俄罗斯第一公民与第一诗人的理想。

Тавриил Державин, 1743–1816

杰尔查文习惯用高雅体写作[1]，但他不受高雅体规范的约束，将低俗语融入自己的创作。不同风格词语的组合使用改变了高雅体文本的性质，使作品语言变得简洁、动感、易解：

Погнал стадами воздух синий,	蓝色气团涌来，
Сгустил туманы в облака,	雾气凝聚成云，
Давнул, —и облака расселись,	受压——云散，
Пустился дождь и восшумел.	雨声骤起。

（Осень во время осады Очакова）

果戈理（Н.В.Гоголь）十分欣赏杰尔查文作品语言的民主化趋势："他的文体影响之大，是我们这些人所望尘莫及的。如果用解剖刀划开来看，你会看到，这是最高雅与最低俗、最朴素词语的非同寻常的组合……

---

1 见《На смерть князя Мезерского》，《Бог》，《Фелица》，《Видение Мурзы》，《На Счастие》，《Властителям и судиям》等作品。

И смерть, как гостью, ожидает,	他捻着胡须沉思，
Крутя, задумавшись, усы.	等待死亡的来临。

除杰尔查文，还有谁敢把等死这样的事与捻胡须这一微不足道的行为联系在一起？但正是这种手法，让人们看到大丈夫的形象和他内心忧郁的情感！"[1]

杰尔查文把高雅与低俗、古旧与现代结合起来，创造出具有喜剧效果的语言手段，用以：

1）表示对所述事件的讽刺：

Он тянет руку дам к устам:	他把太太们的手拉到嘴边，说：
За честь я чту тянуться с рылом;	为表敬意我把脸谦恭地凑上前去；
И целовать их ручки сам...	亲自亲吻她们的小手……

（Привратнику）

2）表述不太重要或滑稽的内容：

Иль, сидя дома, я прокажу,	抑或，我在家淘气，
Играя в дураки с женой;	与妻子玩"抽傻瓜"[2]游戏；
То с ней на голубятню лажу,	时而与她一起掏鸽子窝，
То в жмурки резвимся порой;	时而玩捉迷藏；
То в свайку с нею веселюся,	时而玩投钉游戏[3]，
То ею в голове ищуся;	时而在她头上捉虱子；
То в книгах рыться я люблю,	时而翻翻书，
Мой ум и сердце просвещаю,	启迪心灵与智慧，
Полкана и Бову читаю;	博尔坎、博瓦的书我都读；
За Библией, зевая, сплю...	手捧圣经，打着哈欠，睡觉……

（Фелица）

3）突出人物性格特征或事物特点：

Осел останется ослом,	驴就是驴，
Хотя осыпь его звездами;	尽管岩屑也是星星；
Где должно действовать умом,	该采取明智行动时，

---

[1] Гоголь Н.В.Собр. соч. М., 1959.Т.6.С.165.
[2] 一种纸牌游戏。
[3] 地上置一环，投大而粗的钉子，使其尖朝下插入环中央的土中。

Он только хлопает ушами...	驴只会扑闪耳朵（什么也听不懂）……
（Вельможа）	

4）贬低、嘲笑自己：

А я, проспавши до полудни,	吸支烟、喝杯咖啡；
Курю табак и кофе пью;	直到正午我方醒来，
Преобращая в праздник будни,	把平日变成假日，
Кружу в химерах мысль мою:	任由思绪在空想中游荡：
То плен от персов похищаю,	时而劫持波斯俘虏，
То стрелы к туркам обращаю;	时而向土耳其人射箭；
То, возмечтав, что я султан,	时而幻想我就是苏丹，
Вселенну устрашаю взглядом;	一个眼神令世界震颤；
То вдруг, прельщаяся нарядом,	时而迷上漂亮的服装，
Скачу к портному по кафтан...	去找裁缝做男式长衣……
（Фелица）	

5）嘲讽用高雅体表述低俗内容：

Седый собор Ареопага,	雅典最高法院的法官，
На истину смотря в очки,	戴着眼镜看真相，
На счёт общественного блага	有关社会福祉
Нередко ей давал щелчки...	手指一弹做判断……
（На смерть графини Румянцовой）	

6）描绘"从高调向现实的过渡"：

Иной вменял мне в преступленье,	有人认为我有罪，
Что я посланницей с небес	说我作为上天的使者
Тебя быть мыслил в восхищенье	对你赞赏有加
И лил в восторге токи слез.	喜欢得泪奔。
И словом: тот хотел арбуза,	总之：有人想要西瓜，
А тот соленых огурцов...	有人想要腌黄瓜……
（Виденис Мурзы）	

杰尔查文还借助俗语性语法手段降低高雅体的调性，如名词第二格复数

以-ов\-ев结尾：Как нет кикимор**ов** явленья怎会没有荒诞可笑的征兆；одно стих**иев** дуновенье一股自然风吹过；-мя结尾的名词间接格无后缀-ен-：В водах и в **пламе** помышляет：или умрёт, иль победит在水与火中思考：或死亡，或胜利；Сын **время**时代的儿子；形容词阳性以无重音-ой结尾：припас здра́вой合理的储备；副动词以-ючи, -а/-я结尾：блистаючи显露, побеждаючи战胜, являючи出现, движа移动, согласяи和解；带反身动词的被动态结构：И звезды его сокрушатся他的星辰将陨落；То ею в голове ищуся时而在她头上捉虱子；名词二格与不及物动词搭配：Бежим разврата за мечтами — «Бежим ОТ разврата за мечтами»我们不再放荡，转而追求理想；И общей не уйдет судьбы共同的命运是躲不开的；等等。

　　杰尔查文在同一上下文中组合使用高雅体与低俗体词，变高雅体为简单质朴，不仅凸显了三语体体系的局限，而且为现实主义文学语言的创立做出了自己的贡献（该语言最终确立于普希金的作品中）。正如别林斯基所言："罗蒙诺索夫是杰尔查文的先驱，杰尔查文是俄罗斯诗人之父。如果说普希金对同时代的诗人及后来者有重大影响，则杰尔查文对普希金影响极大"[1]。

　　拉季舍夫（1749—1802）既是作家，也是政论家。创作中他把语言形式与内容、规范与习用有机结合，以另一种方式克服三语体体系的狭隘性。他的创作在俄罗斯文学语言史上留下不可磨灭的印记。

　　拉季舍夫还是俄语新语体——政论语体[2]的奠基人。他创作的《彼得堡—莫斯科之旅》（Путешествие из Петербурга в Москву）（1790）融合了政论—艺术叙事、革命新文体和罗蒙诺索夫的"三语体"要素，而《自由颂歌》（Вольность）（1783）不仅在内容上，而且在形式上都是18世纪唯一一部革命诗篇。

Александр Радищев, 1749–1802

1　Белинский В.Г.Собр.соч.:В.3 т.М., 1948.Т.2.С.555.
2　该语体后在十二月党人的作品和别林斯基的文章里得到发展，于19世纪中期定格为俄语标准语的政论语体。

作品的现实（社会政治与革命）内容要求拉季舍夫使用新的言语表达式。在《彼得堡—莫斯科之旅》中，拉季舍夫运用古斯拉夫语和教会斯拉夫语，赋予"旧"词以新内容、新语义。如：

（1）把"旧"词用在新的具有情感色彩的上下文里：Варвар! Не достоин ты носить имя **гражданина**! 野蛮人！你不配公民的称号！Города почувствуют властнодержавную **десницу** разрушения. 城市将感受到权势之手的破坏。

（2）用古斯拉夫语词表达自己对世界的看法：Страшись, помещик жестокосердный, на **челе** каждого из твоих крестьян вижу твое осуждение. 恐惧吧，残暴的地主，我在每个农民的额头上都看到了对你的谴责。Вдруг почувствовал я быстрый **мраз**[1], протекающий кровь мою... Мне так стало во внутренности моей стыдно, что едва я не заплакал. 我突然感到一丝寒意渗入血液……内心无比惭愧，几乎哭了出来。

（3）将古斯拉夫语词用于西欧句法结构，使其失去与古旧词的联系，但保留书面语性质，强化词的抽象义：Я взглянул **окрест**[2] меня — душа моя страданиями человечества уязвленна стала. 我环顾四周，人类的苦难让我心灵备受煎熬。...Я найду кого-либо, кто намерение мое **одобрит.** 我定会找到一位赞同我志向的人。

（4）同一上下文中搭配使用古斯拉夫书面语词与俄语词：гол**ой** наемник 赤裸的雇佣兵; вид прощения, сопутствовавш**ей** сему изречению 伴随格言的是一种宽恕；古斯拉夫书面语词与俗语词：Слезы потекли из глаз моих; и в таковом положении почтовые **клячи** дотащили меня до следующего стана. 眼泪夺眶而出；在这种状态下，驿站老马把我送到了下一个宿营地。Окончать не мог моея речи, **плюнул почти ему в рожу** и вышел вон. 我不停地说，口水几乎唾到他的脸上，而后走了出去；古斯拉夫书面语词与民俗词：Прости, мой **друг сердечный**, прости, мое **красное солнышко**. Мне, твоей невесте нареченной, не будет больше **ни утехи, ни веселья.**

1　古斯拉夫语词мраз=мороз。
2　古斯拉夫语词окрест=вокруг, около。

对不起，我的挚友，请原谅，我亲爱的。我，你的未婚妻，将不会再有喜悦与欢乐；古斯拉夫书面语词与事务词汇：Ныне **всемилостивейше царствующая наша мать** утвердила прежние **указы высочайшим о дворянстве положением**, которое было всех степенных наших встревожило, ибо древние роды поставлены в **дворянской книге** ниже всех. 现在，我们仁慈的女皇批准了早前提交的有关贵族地位的最高法案，贵族地位曾让我们所有人担心，因为，贵族族谱中古老氏族的地位最低。

此外，拉季舍夫让俄国社会不同阶层的人士在作品中以不同方式讲话。以《彼得堡—莫斯科之旅》为例，贵族用高雅体：Воззрите на меня, яко на странника и пришельца, и если сердце ваше ко мне ощутит некую нежную наклонность, то поживём в дружбе, в сем наивеличайшем на земли благоденствии. 你们看我就像在看一个居无定所的外乡人，如果你们对我有一丝温柔，我们就友好相处，过人世间最幸福的生活；农民用低俗体：…Мы шесть раз в неделю ходим на барщину; да под вечер возим оставшее в лесу сено на господский двор, коли погода хороша; а бабы и девки для прогулки ходят по праздникам в лес по грибы да по ягоды. 我们一周服6次劳役；如果天气好，晚上还要把留在树林里的干草运到老爷的院子里；婆娘和女娃逢节到树林捡拾蘑菇和浆果；作者的话语用中性体：Зимою ли я ехал или летом, для вас, думаю, равно. Может быть, и зимою и летом. Нередко то бывает с путешественниками: поедут на санях, а возвращаются на телегах. — Летом. 我冬天去还是夏天去，我想这对于你们来说是一样的。或许，冬天、夏天都去过。旅行者常常是（冬天）坐雪橇去，夏天乘大车回。

拉季舍夫还在自己的作品中改变已知词汇的语义，使其成为俄罗斯文学新体裁和不同语体所需词汇，从而找到一条建构全民词汇的途径。

首先，拉季舍夫让教会斯拉夫语词摆脱宗教文化内涵与颂扬色彩，赋予其新意，使之成为政论文所需词语。如教会斯拉夫语词всещедрый даровальтель（慷慨的恩赐者），всесильный（万能的）在拉季舍夫的作品中不再与上帝有关，而指涉声音：Время, пространство, твердость, образ, цвет, все качества тел, движение, жизнь, все деяния — словом, всё… — и ты, о, **всещедрый**

дарователь, и ты, о, **всесильный**...— всё преобразуем в малое движение воздуха, и аки некиим волхвованием звук поставлен на место всего сущего, всего возможного, и весь мир заключен в малой частице воздуха, на устах наших зыблющегося（О человеке, о его смертности и бессмертии）时间、空间，物体的硬度、形态、颜色和质地，运动，生命，所有行为，所有一切……哦，还有你，慷慨的恩赐者和万能的……一切被我们转化为微小的空气运动，声音就像着了魔一样被传导至一切可能的地方，整个世界置身于微小的空气粒子中，置身于我们颤动的双唇上。

其次，拉季舍夫用带有情感—表现力色彩的词语使政论文更具说服力。再以《彼得堡—莫斯科之旅》为例，作者使用修辞性呼语：**О природа,** объяв человека в пелены скорби при рождении его, влача его по строгим хребтам боязни, скуки и печали чрез весь его век, дала ты ему в отраду сон. 哦，大自然，人出生时你将他包裹在悲伤的襁褓里，让他一生过着恐惧、苦闷、忧伤的日子，只在梦里感受快乐；粗俗语：... Стал он к устерсам как **брюхатая баба.** 他开始像大肚子孕妇一样爱吃牡蛎；谚语和成语：Видно, барин... что ты на Анютку нашу **призарился.** Да уж и девка! Не одному тебе она **нос утерла... всем взяла...** На нашем яму много смазливых, но пред ней **все плюнь.** Какая мастерица плясать! Всех **за пояс заткнет**... 看得出，老爷，你看上了我们的阿妞塔。是啊，是个好女孩！不仅你胜不了她，所有人都被她拿下……在我们这疙瘩有许多长得很不错的女孩，但都不如她。整个一舞蹈大师！胜过所有人……；带情感色彩的句式：«А кто тебе дал власть над ним?» — «Закон». — «Закон? И ты смеешь поносить сие священное имя? Несчастный!...» "谁给你权利管他？" "法律"。"法律？你敢亵渎这神圣的名称吗？没用的家伙！……"；疑问句：Жестокосердый помещик! Посмотри на детей крестьян... Не ты ли родших их в болезни и горести обложил сверх всех полевых работ оброком? 毫无怜悯心的地主！你看看这些农民的娃儿们……不是你让这些生于疾患的孩子们在大田服劳役的吗！；单部句与不完全句：А как пойдет в поле жать... загляденье. 她怎能下地收割呢……如此美丽的女孩；头语重复：... **Кто** намерение мое одобрит; **кто** ради благой цели не опорочит неудачное изображение мысли; ... **кто** в шествии моем меня покрепит...有人赞赏我的志向；有人出于善意不诋毁我不成功的思想表达；……有人在我前行的路上让我精力充沛……。此外，在《人的死亡与不朽》（О человеке, о его смертности и бессмертии）中作者使用警句格言：Крестьянин в законе мертв 农民打官司必死; Блаженство неволи несродно 幸福与束缚毫无共同之处; 重复：**Ничто** для нас столь обыкновенно, **ничто** столь просто <не> кажется, как речь наша; но в самом существе **ничто** столь удивительно есть, столь чудесно, как наша речь. 对于我们来说，似乎没有什么像我们的语言如此普通，如此简单，也没有什么像我们的语言如此美妙，令人惊羡。

总之，为克服三语体体系的局限，拉季舍夫重新解读高雅体词，赋予其社会政治意义，为俄语标准语的新语体——政论语体——的建立奠定了基础。

新语体，又称"白话体"（простой стиль），最终形成于诺维科夫（Н.И.Новиков, 1744—1818）的作品中。其风格不同于罗蒙诺索夫的中性体，使用的语言手段也不与文学体裁挂钩。作为教育家、作家、记者、讽刺杂志《雄蜂》（Трутень）、《画家》（Живописец）、《钱袋子》（Кошелек）及各类书籍的编辑和出版人，诺维科夫尝试在政论文中建构统一的俄语语言规范。为此，他在白话体中并行使用高雅体和低俗体词，中和二者色彩，克服三语体局限。

诺维科夫作品语言的基础是生动俄语。在他看来，俄罗斯文学语言必须用俄语口语来丰富，"倘若人们在日常交谈中鄙视母语，那么母语就不可能在笔语中得到完善与丰富"[1]。

俗语在诺维科夫的政论作品中履行以下功能：

（1）讽刺：Э! Кстати, сударыня, сказать ли вам новость? Вить я

Николай Новиков, 1744 –1818

---

[1] Новиков Н.И. Избр. соч. М.-Л.1951.С.77.

влюблён в вас **до дурачества**: вы своими прелестями так вскружили мне голову, что я **не в своей сижу тарелке**（К читателю）唉！顺便说一句，小姐，是否要告诉您？我爱您爱得发狂：您的姿色让我神魂颠倒，心绪不宁。

（2）评价主人公的言语特点：Нутка[1], Фалалеюшка, вздумай да взгадай да поди в отставку: **полно**, друг мой, вить уже послужил: лбом стену не проломишь; а коли не то, так хоть в отпуск приезжай（Письма к Фалалею）喂，法拉列尤什卡，考虑一下再去请辞吧。算了吧，我的朋友，你已服过役。别不撞南墙不回头。如果不是这样，那么至少来度个假。

（3）艺术描写：У нас в крестьянстве есть пословица: **до Бога высоко, а до царя далеко**, так мы таки все твоей милости кланяемся. **Неужто** у твоей милости каменное сердце, что ты над моим сиротством не сжалишься?（Отписки крестьянские）我们这儿的农民有个说法：天高皇帝远，所以我们求您行行好。难道您铁石心肠，不可怜我孤苦无依？

为营造喜剧效果，诺维科夫还把俗语与书面语词搭配使用：

（4）讽刺性模拟：Ты, радость **беспримерный** Автор. **По чести говорю, ужесть, как ты славен!** Читая твои листы, **я бесподобно утешаюсь**; как у тебя все славно: слог **расстеган**, мысли **прыгающи**（К читателю）你是无与伦比的欢喜作家。老实说，你太棒了！读着你的大作，我无比欣慰；你的作品一切都好：文体花哨，思绪跳跃。

（5）嘲笑：Трудно было бы сделать правильное заключение о произведении слова **болванчик**... остается произвесть его от последнего болвана, **дурака**（К читателю）很难对"小笨蛋"一词的起源做出定论……只能认定该词起源于"笨蛋"一词，表"傻瓜"之意。

（6）冷嘲：О великий человек! Ты рассуждаешь премудро, наука твоя беспримерно славна, и ты так учен, **что я от тебя падаю**; ты **вечно посадил себе в голову вздор**: как тебе не удивляться（К читателю）哦，伟人！你的推论极有智慧，你的学识无与伦比，你如此学术，我甘拜下风；

---

1 <口语>同ну-ка，"喂"，表示催促，比较亲昵。

你满脑子妄语:难道你不感到惊讶?

诺维科夫对外来词有自己独到的看法:"我们发现,如果在笔语中不停止使用外来词,则俄语永远达不到完美;但随后又出现新的矛盾,那就是如果在笔语中极为小心地使用外来词,并搜寻俄语词或仿效德语编造俄语中没有的词,则这些词也不可能得到确认,假使在俄语日常对话中没有这种严谨"[1]。这段话清楚地表明诺维科夫对外来语的看法:(1)应明确区分笔语和口语;(2)笔语和口语相互关联,缺一不可;(3)口语是丰富文学语言手段的源泉;(4)文学语言规范与口语的关系越明确,文学语言就越完善;(5)外来语在口语中的使用应受到书面语规范的制约。

如果说特列季亚科夫斯基和苏马罗科夫主张文学语言面向贵族上层人士的口语,则诺维科夫主张文学语言面向大众"日常口语"[2]。笔语与口语的有机结合是文学语言完善与丰富的前提条件。无节制地使用外来词势必"损害"俄语;但一味地用俄语或"杜撰出来的"词替代所有外来词也是不可取的。外来词在笔语中的使用应由语言发展的内在规律来调节。

诺维科夫作品中反映出的文学语言的发展趋势在俄罗斯感伤主义文学与现实主义文学中得到发展。许多从古典主义视角或在三语体框架内无法解决的问题逐渐得到解决。

19世纪初,人们更加关注俄罗斯文学语言的使用原则,要求取消体裁限制,建立面向口语、不受"陈腐"古斯拉夫语、公文言语、俚语和方言土语影响、符合受教育人士品味的文学语言规范。三语体体系的崩溃、文体摆脱厚重繁琐的书面语结构、新体裁的出现促进了俄罗斯文学新文体的建立。

4. 新文体的创始人——卡拉姆津

18世纪末—19世纪初,人们思考的重大问题有:俄罗斯文学语言应是怎样的?应如何发展?作家应如何表达自己的思想?遵循哪些规范?使用哪些手段?在思考和回答这些问题的基础上,一个"把俄罗斯民族语言与泛欧表达形式有机

---

1 Новиков Н.И.Избр.соч. С.76.
2 Горшков А.И.Язык предпушкинской эпохи.М., 1982. С.65.

Николай Карамзин, 1766 –1826

结合、与古老教会斯拉夫笔语彻底决裂"[1]的全新文体诞生。新文体的出现促进了俄语语言学的发展。

"新文体"的奠基人卡拉姆津（Н.М.Карамзин, 1766—1826）既是作家，历史学家，彼得堡科学院名誉院士，也是《莫斯科杂志》（Московский журнал）、《欧洲先驱报》（Вестник Европы）的编辑，《俄罗斯国家史》（История государства Российского）的作者，俄罗斯感伤文学的代表。著有《俄罗斯旅行者书信集》（Письма русского путешественника）、《可怜的丽莎》（Бедная Лиза）、《大贵族之女纳塔莉雅》（Наталья, боярская дочь）、《总督之妻玛尔法》（Марфа Посадница）等。

在俄罗斯文学语言史上，人们对卡拉姆津及其追随者[2]评价不一。主要观点有二：（1）卡拉姆津没有创立新文体，只是总结了前人和同时代人[3]为"新"俄罗斯文学语言精选词汇、改革句法所做的工作[4]；（2）卡拉姆津改革罗蒙诺索夫修辞体系，创立新文体，此后俄罗斯文学语言的发展均沿此路而行[5]。后一种观点显然没有考虑到诺维科夫、克雷洛夫、格里鲍耶陀夫、普希金及19世纪下半叶现实主义作家对俄罗斯文学语言发展所做的积极贡献。

卡拉姆津对俄罗斯文学语言的看法受其文学偏好影响。感伤主义推崇教育，认为超等级的价值观是生命的基础，所以，感伤主义文学中的主人公不以在军事、公务活动中建功为荣，而以人的精神品质、感受能力吸引受众。感伤主义文学的叙事者大多是悲伤、忧郁的。描写他们的内心世界需要新的词语组合、新的修辞手

1　Виноградов В.В. Очерки по истории русского литературного языка XVII-XIX веков. C.197.

2　见М.Н.Муравьев, И.И.Дмитриев, А.Е.Измайлов, молодой В.А.Жуковский, В.В.Капнист, Н.А. Львов, Н.И.Гнедич; К.Н.Батюшков, П.А.Вяземский, В.Л.Пушкин, Д.В.Дашкова等人的著述。

3　Д.И.Фонвизин, Н.И.Новиков, М.А.Сперанский, А.А.Пертров等。

4　见：Н.С.Тихонравов, С.П.Шевырёв, Н.А.Лавровский, В.Д. Левин, Г.П.Макогоненко等人的著作。

5　见Я.К.Грот的著作。

段。感伤主义创造的不仅是另类主人公,而且是另类体裁、另类语言与文体。

感伤主义的美学规范,程式化的"新文体"左右着感伤主义者对俄罗斯文学语言的看法。卡拉姆津及其追随者主张历史地看待语言的发展,认为语言是一种社会现象,随社会环境的变化而发展。卡拉姆津的追随者马卡洛夫(П.И.Макаров)指出:"语言不可能是静止的……语言永远追随科学、艺术与教育,仿效风俗与习惯。现在使用的语言终将陈旧……古俄语中缺少许多词,因此无法表达抽象的科学理念、微妙的公共法律政策,无法形象地展示人与社会。罗蒙诺索夫时期的语言已不适用,因为它无法用巧妙的智慧、多彩的情感、奔放的想象力美化所有细节"[1]。

卡拉姆津的"新文体"以法语规范为指向,旨在使俄罗斯文学语言类似贵族口语中流行的法语。法国大革命前的文学语言,一方面,根据宫廷人士的品味完成了语言资源的民主化与规范化:口语句法取代笔语句法,繁琐的句法结构消失,词汇受沙龙语言影响发生变化。一切与"好品味"、与世俗讲话方式相抵触的言语要素被排除在规范语言之外。另一方面,文学语言摈弃了日常言语中不礼貌的粗俗语、大白话和方言土语,使法国文学语言变为简洁、优雅、民主的世俗语言。法语的这些良好品质吸引了俄国感伤主义者,促其效仿法语,改革俄语。逐渐,笔语与口语接近的趋势在感伤主义者那里变为一句口号"怎么说就怎么写"。"……整个法语都在书本里,而俄语只有部分在书本里。法国人怎么说就怎么写,而俄国人谈论许多事情要按天资聪颖的人写得那样说"[2]。于是,"卡拉姆津以怎么说就怎么写开始,以怎么写就怎么说结束。标准就是法语,'书本上的'法语"[3]。感伤主义者希望笔语与口语完全融合的主张使文学语言失去了修辞的多样性与灵活,其结果"'新文体'为对话和各种文学体裁养成的不是语言的统一(единство),而是同一(одинаковость)"[4]。

感伤主义者根据品味标准为"新文体"挑选语言手段。谁的品味好,谁的品味不好,答案显而易见。在他们看来,上流社会人士的品味好,"可爱女士的言

---

1 转引自:Шкляревский Г.И.История русского литературного языка. Харьков, 1967.С.39.
2 Карамзин Н.М.Избр. соч.М. –Л., 1964. Т.2.С.185.
3 Горшков А.И. Теория и история русского литературного языка. С.243.
4 Там же. С.244.

语"是口语的典范。然而，上流社会的语言也不完全符合感伤主义者的要求。因为根据上流社会的偏好，这些人的口语中会有大量书面语和法语词形式。为寻找文学语言新规范和满意的表达式，感伤主义者创建了被称之为雅语的新型沙龙语言。该语言优美典雅，符合感伤主义者对笔语和口语的要求，符合感伤主义作家的品味与审美标准。如：

Натура и сердце — вот где надобно искать истинных приятностей, истинного возможного благополучия, которое должно быть общим добром человечества, не собственностью некоторых избранных людей: иначе мы имели бы обвинять небо пристрастием... Но для всякого природа величественна и прекрасна в своем разнообразии, в своих ежегодных и ежедневных изменениях; везде с материнской нежностью питает она птенцов и человека; всякий может иметь светлую хижину, доброе имя, покойную совесть; всякий может любить, любить своих родных, семейство, друзей — вот истинное благополучие, которое соединяет всех людей... (Разговор о счастии) 自然与心灵，是寻找真正快乐与幸福的地方。这种幸福是人类共同的财富，而不是某些特权人士的私产，否则我们要指责上天不公……然而，对于每个人而言，大自然的雄伟壮丽就在于其多样性，在于其每年、每天的变化。大自然以母亲的温柔哺育着人类和他的后裔。每个人都可以有明亮的茅舍、好听的名字和平静的心。每个人都可以去爱，爱自己的亲人、家庭和朋友，这就是把所有人联系在一起的真正幸福……

卡拉姆津同时代人认为，卡拉姆津创立的"新文体"开创了俄罗斯文学语言史的新时期："新文体令所有读者惊诧，其影响有如电击"，"新文体的创立应归功于卡拉姆津"[1]。然而，不应把俄罗斯文学语言与卡拉姆津的"新文体"混为一谈。因为，早期俄语发展的整个进程至18世纪末已为俄罗斯文学语言的创立做好了准备：语言体系的各个层级基本显露，语言资源在不同文学体裁中的使用规范业已形成，俄罗斯文学语言已划清与教会斯拉夫语、生动俄语的界限，开始服务于俄语书面语，并渗入口语。

---

1 Греч Н.И. Чтения о русском языке. СПб., 1840. Ч.1.С.138.

然而，此时的俄罗斯文学语言修辞还处于起步阶段。旧的三语体体系已经过时，古典主义美学已被摧毁，古典文学体裁（颂诗、英雄诗）日渐消亡。修辞体系还没有做好为感伤主义新内容（人的情感，人的内心世界及其与外部世界的联系）服务的准备。卡拉姆津新文体之所以需要，不仅因为它是讲话和写作的工具，而且因为它是该时期的社会文化现象。卡拉姆津及其追随者所从事的语文学工作是俄语语言史的重要组成部分。卡拉姆津的新文体为普希金创立现代俄语标准语新修辞体系铺平了道路。

5. 卡拉姆津的选词原则

卡拉姆津的唯美主义表现在其为"新文体"选词及使书面语贴近上层社会口语上。卡拉姆津高度评价俄语的优势与发展潜力，同时担心法语的影响："我们的语言极富表现力，它不仅适用于高雅的演说、优美响亮的诗歌，而且适合于表达温柔、感伤的心声。俄语较之法语更丰富、更和谐、更能表达心灵的呼声。俄语可提供与表达内容更贴切、更契合的词语，这是本土语言的优势。我们的不幸仅在于，我们所有人只想说法语，不考虑加工母语。难怪我们无法用母语解释对话中的微妙之处"[1]。

卡拉姆津及其追随者注重书面语与口语的贴近，但他们无论如何找不到一种符合其品位的体系结构。他们认为书面语不适合他们，因为"阅读大量教会和世俗书籍，收获的只有丰富的语料、词汇……真正的作家在我们这儿还太少，无法向我们提供各种范本，也来不及用自己精妙的构思丰富词汇；更没有告诉我们应如何表达一些不错的、哪怕是普通的想法"[2]。上流社会的口语同样无法满足卡拉姆津之流的需求，因为，"住好房子的人说得更多的是法语！而那些我们应去效仿的可爱女士们，为美化小说或戏剧，常用非俄语句式迷惑我们。作家应该做什么？"卡拉姆津自问自答："杜撰，造句，给出最佳选择，赋予旧词以新意，将旧词用于新语境、新组合，但要非常巧妙，不能让读者感觉怪异！"[3] 为此，卡拉姆津及其追随者在开发俄语新修辞体系时，把建立新文学语言作为自己的首

---

1 Карамзин Н.М.Соч.Л., 1984. Т.2.С.229.
2 Там же. С. 124.
3 Там же.

要任务。他们认为，新文学语言应融合俄语口笔语之优势，去除对话中的法语。

秉承斯拉夫书面语与教会斯拉夫语规范的书面语不符合感伤主义者的品味，所以，卡拉姆津及其追随者否定罗蒙诺索夫把语言手段绑定在体裁上的三语体体系，把语言表达式与作品内容联系起来。感伤主义文学的主人公大多孤独、不幸、忧郁，但内心世界十分丰富。陈旧繁琐、形态复杂的古斯拉夫语和教会斯拉夫语已无法满足感伤主义者的要求，然而完全放弃这两种语言又不可能，因为他们知道，俄语和古斯拉夫语同源，彼此长在一起，割裂它们就意味着伤害俄语。有鉴于此，卡拉姆津及其追随者制定了具体的选词用词策略：

1. 不使用过时的古斯拉夫语词，如：абие（тотчас）立刻，понеже（ибо）因为，убо（поэтому）因此，колико（сколько）多少。

2. 允许使用：（1）高雅、富有情感的古斯拉夫语词：Скажи, мой друг, скажи, чего бы нельзя было ожидать от **Всевышнего**, и тогда, когда б рука его **возжгла** только **единое** солнце на голубом небесном своде?（Филалет к Мелодору）朋友，请告诉我，当上帝之手在蓝色天穹点燃太阳时，还有什么不能指望至高无上的上帝呢？（2）具有艺术表现力色彩的古斯拉夫语词：Кого бранит завистливый человек, тот верно имеет **достоинства**. Никто не **бросит камнем в дерево**, если на **оном** нет плодов（К №92）爱嫉妒的人骂谁，谁就一定有过人之处。没有谁会用石头去砸一棵无果的树。（3）能在新的上下文中改变语义的古斯拉夫语抽象词：Значит, и до него（Бояна）были на Руси великие певцы, чьи **творения** погребены в веках（Несколько слов о русской литературе）可见，在鲍扬前罗斯就有伟大的歌手，其作品尘封了几个世纪。（4）用于历史模拟的古斯拉夫语词：Никон **сложил с себя верховный сан** и в тихом уединении Воскресенского **монастыря, в тесной келье,** осенённой густыми деревами, **провождал дни свои, Богу и душеспасительным трудам посвящённые**（Никон）尼康辞去高级牧师的职位，在孤寂的复活修道院里、在密树掩映的狭小禅室中度过自己献身上帝、撰写劝人为善著作的日日夜夜。

卡拉姆津之流反对在"新文体"中使用俗语，也不建议使用口语词，认为口语、俗语不符合沙龙语言规范和上流社会品味。他们的作品中几乎见不到方言和俗语，日常生活词语也只用作称名，他们认为这些词有损他们的品味：

Одна Лиза, не щадя своей нежной молодости, не щадя редкой красоты своей, трудилась день и ночь — **ткала холсты, вязала чулки**, весною рвала цветы, а летом **брала ягоды** и продавала их в Москве（Бедная Лиза）只有丽莎不惜青春美貌，没日没夜地劳作：纺布，织袜，春天摘花，夏日采果，并到莫斯科叫卖。

在沙龙口语基础上建构的俄罗斯文学语言不可能不借鉴西欧语言文化。尽管"我们不想仿效外国人，但我们像他们一样写字，像他们一样生活；读他们所读之书；与他们有同样的智慧与品味；……这是教育的结果"[1]。卡拉姆津号召作家用简洁优雅的外来语丰富俄语。当时的外来语主要是法语。随着法语使用范围的扩大，斯拉夫书面语与教会斯拉夫语使用范围缩小。卡拉姆津之流这样解释自己的偏好："叶卡捷琳娜统治时期……我们从外国人那里汲取科学、艺术、风俗、娱乐、接人待物的知识；我们开始像其他国家的人民一样（百姓越开明，彼此越相像）思考。罗蒙诺索夫的语言不能满足我们的需要，就像伊丽莎白时代的俄国教育不能满足辉煌的叶卡捷琳娜时代一样……我们与我们的祖先不同，我们按自己的理解组词造句，因为我们像法国人、德国人和所有开明的外国人一样聪明"[2]。

维诺格拉多夫这样描述从法语借词的途径与方法[3]：

（1）借用西欧概念，让俄语词适用于法语词义，即通过词的语义变化，衍生出词的抽象义和转义。如：упиться（喝足，喝醉）借助法语词s'enivrer（沉醉）的语义派生出"很享受"之意；再由此派生出动名词упоение（心醉神迷，陶醉）和形容词упоительный（令人陶醉的）。

（2）仿"欧式"结构建构俄语新词（词素翻译法），如：переворот — revolution变革。通过这种方法借来的词有：развитие发展, развлечение娱乐, наклонность倾向, предрассудок偏见, положение位置, влияние影响,

---

1　Карамзин Н.М.Соч.Т.2.С.173

2　转引自：Виноградов В.В.Очерки по истории русского литературного языка XVII-XIX веков.С.174-175.

3　Там же. С.178-184.

утончённый非常精致的, трогательный令人感动的。

（3）仿法语成语结构建构俄语短语。这类短语中，词与词的关系与联系超出俄语规范，是法语结构的翻版与再现。比较：делать честь — faire honner 使……荣幸, принять решение — prendre resolution决定。通过这种方式增添的短语有：игра не стоит свеч 得不偿失, проглотить пилюлю忍气吞声, принимать участие参加, делать впечатление留下深刻的印象, сломать лёд打破僵局, не в своей тарелке不自在, принять меры采取措施, от всего сердца衷心地, смешать карты打乱计划, медный лоб不开窍的脑袋、死脑筋, с птичьего полёта鸟瞰、走马看花地, быть как на иголках如坐针毡。

卡拉姆津把新词及表达式用于文本时不给译文，他坚信外来词比俄语同义词更优雅。他曾用натура（自然）、феномен（现象）替代俄语本土词природа（自然）、явление（现象）。然而，随着时间的推移卡拉姆津重新审视自己对外来语的看法。再版《俄罗斯旅行者书信集》时，他一反常态，用俄语词替代外来词：путешествие — вояж旅行, нравственный — моральный道德的, естественнее — натуральнее更自然地, отрывок — фрагмент片段, выражение — мина表情, посещение — визит访问。

卡拉姆津及其追随者在选词造句方面做了大量工作，用新的词汇手段丰富俄罗斯文学语言。他们号召作家杜撰话语，给出最佳选择，赋予旧词以新意，在新语境中使用旧词，引入外来词，拓展词义，创造新词，丰富俄语。

（1）为开发表达抽象概念、微妙思想与情感的俄语词，卡拉姆津及其追随者引入科学、政论、艺术领域的外来词：авансцена台口, адепт信徒, афиша海报, будуар小客厅, карикатура漫画, кризис危机, симметрия对称, эгоист利己主义者；按形态语义仿造新词：расположение布置, расстояние距离, подразделение分队, сосредоточить集中, утончённый非常精致的, наклонность倾向, упоение陶醉；自己造词：промышленность工业, будущность未来, общественность公众, усовершенствовать改进, влюблённость迷恋, общеполезный公益的, человечный人道的, трогательный令人感动的, потребность需求。其中有些词不适应新的环境，逐渐消失：настоящность, намосты, младенчественный。

（2）扩大抽象名词、西欧借词、古斯拉夫语词的语义范围。如原本表示"图像"之意的образ在诗歌中用作术语。比较：

Стихотворец наш, описывая с Лафонтеном все **образы** смерти... прибавляет от себя ещё один... （О Богдановиче и его сочинениях） 我们的诗人与拉方丹描绘死亡的全部图像……如今又以个人的名义增添了一个……

...Пятьдесят лет, проведённых в наблюдении строгих правил чести... были счастием Богдановича... которого желают все люди, живущие для славы собственной и пользы других в шуме светском, и которого милым **образом** украшают они в мыслях последние дни свои в мире... （О Богдановиче и его сочинениях）……在严守诚信中度过的50年是博格达诺维奇的幸福……这种幸福是所有在尘世嘈杂中为自己的荣誉、为造福他人而活着的人，以及想以甜蜜幸福的方式美化自己在世的最后时日的人所期待的……

这类抽象词还有：**игра** воображения 幻想；**венец** науки 科学的最高成就；**хитрости** искусства 精巧的艺术品；**объятия** природы 大自然的怀抱；**деятельность** умов 智者的工作；**характер** словесности 文学性；**памятник** заслуг и благодарности 功德碑；**богатство** наук и словесности 多种多样的科学与文学作品。

改变动词、名词搭配也可扩大词的语义范围：**оставить** предприятие (дело) 丢下企业(事业)不管，**влияние на** событие 对事件的影响，**развитие** процесса 开发过程，**чувствовать** важность союза и общего мнения 意识到联盟与公众舆论的重要性。倘若抽象词组中出现具体义子，词的语义范围有可能缩小：**ангел** непорочности 纯净的天使，指具体人；московские **летописи** (записи) злословия 莫斯科丑闻纪事。

（3）用指小表爱后缀营造愉悦情感：рожок 角笛，пастушок 牧童，ручеёк 海湾，пичужечки 小鸟儿，долинка 盆地，матушка 母亲，лесочки 小树林，деревеньки 村庄，рощица 灌木丛，тропинка 小路，бережок 岸。卡拉姆津用这种方式把笔语与口语联系起来：

Но скоро восходящее светило дня пробудило всё творение: рощи, **кусочки** оживились, **птички** вспорхнули и запели, цветы подняли свои головки... （Бедная Лиза）但很快冉冉升起的太阳唤醒了所有生物：小树林和灌木丛热闹起来，小鸟振翅高歌，花儿抬起头来……

（4）引入"美"的词语，营造"愉悦"感受：цветы花, горлица斑鸠, поцелуй接吻, лилии百合花, эфиры碟状体, свирель芦笛, локон一绺卷发, счастие幸福, наслаждение快乐, приятность愉快。如：

Там часто **тихая луна**, сквозь **зелёные ветви, посребряла лучами** светлые Лизины волосы, которыми играли **зефиры** и рука **милого друга**（Бедная Лиза）无声的月光透过绿色枝蔓把丽莎被微风和男友的手抚弄的金发变成银白色。

Эльвира бледнела — и снова уподоблялась розе（Сиерра-Морена）艾尔薇拉脸色苍白，宛如一朵白玫瑰。

Я не умел быть счастливым, но могу быть предметом удивления: **венки миртовые вянут с юностию; венок лавровый зеленеет и на гробе!**（Чувствительный и холодный）我不能成为幸福的人，但我可以成为让人惊讶的物体：蓝色花冠同青春一起枯萎；花环在棺椁上变绿！

卡拉姆津认为，"愉悦"是由定语创造的，定语与不同名词搭配可获得不同语义，如：нежные эфиры柔软的碟状体, нежная свирель娇柔的笛声, нежнейшая склонность сердца最温存的倾慕, нежные щёки柔嫩的脸颊, нежный сонет温柔的十四行诗, нежная Лиза温顺的丽莎; приятная улыбка可爱的笑容, приятные слова好听的话语, приятные взгляды愉快的日光, приятные места惬意的地方, приятный вид怡人的景色; невинная душа无辜的人, невинные ласки纯洁的爱抚; прекрасная Лиза可爱的丽莎, прекрасные ландыши美丽的铃兰, прекрасная архитектура美丽的建筑, прекрасный ответ完美的答案; тонкое различие细微的差别; лилейная рука洁白的手; трогательная прелесть动人的魅力; страстная дружба充满激情的友谊。

（5）使用表古希腊诸神、欧洲艺术家、古希腊文学和西欧文学主人公的专有名词，赋予叙事高雅色彩：

Не одна нация поднесла венец **Ричардсону** как искусному живописцу моральной натуры человека; ...**Руссо, Дидерот, Галлер,**

Геллерт с жаром превозносили достоинство английского творца и наиболее удивлялись ему в **«Клариссе»**（Достопамятная жизнь девицы Клариссы Гарлов）不止一个国家给理查森这个技艺高超的画家奉上道德高尚者的桂冠；……卢梭、狄德罗、哈列尔、盖勒特都曾热情赞扬这位英国创作者的美德，惊羡其在《克拉丽莎》中的创作。

Незнакомец выпил — и нектар из рук Гебы[1] **не мог бы показаться ему вкуснее; Они обнимались — но целомудренная, стыдливая Цинтия** не скрывалась от них за облако: чисты и непорочны были их объятия（Бедная Лиза）陌生人喝了，觉得比赫柏手中的仙酒更美味；他们彼此拥抱，但纯洁、害羞的辛西娅没有躲到云后避开他们，因为，他们的拥抱是纯洁无瑕的。

卡拉姆津仿效"自然"，优先选择符合"新文体"理论及美学观点的词语。在他看来，词语的选择取决于感伤主义文学的叙述主题（人的内心世界、人的个人品质与情感）。卡拉姆津的选词原则有助于俄罗斯文学语言摆脱斯拉夫书面语影响，以新的方式规范俄语笔语与口语。

6. 俄语句法改革

卡拉姆津还为俄语句法指明了新的发展方向。其句法理论基于三原则：易于言说，易于阅读和思维的自然连贯性。

为拉近口语句法与笔语句法，卡拉姆津摈弃了18世纪末笔语中冗长的斯拉夫化、拉丁化句法结构，"引导俄语走上一条真正自然、合乎俄语发展规律的道路。卡拉姆津与社会一起讲大众言语，可以说，他的伟大功绩就在于创造了文学与公众！"[2] 卡氏句法结构：

О сердце, сердце! Кто знает: чего ты хочешь? Сколько лет путешествие было приятнейшою мечтою моего воображения? Не в восторге ли сказал я самому себе: наконец ты поедешь? Не в радости ли просыпался всякое утро? Не с удовольствием ли засыпал, думая: ты поедешь? Сколько

---

[1] Геба 赫柏，希腊和罗马神话中的青春女神。
[2] Белинский В.Г.Собр.соч. Т.3.С.47.

времени не мог ни о чём думать, ни чем заниматься, кроме путешествия? Не считал ли дней и часов？（Письма русского путешественника）哦，心啊心！谁知道你想要什么？已有多少年我最愉快的梦想是旅行？我是否高兴地告诉过自己，你终于要启程了？每天早晨不都是在高兴中醒来？想到要去旅行又高兴地入睡？多长时间什么也不能想，什么也不能做，除了旅行？可曾计算过多少天、多少小时？

简洁的句法结构，感叹句、疑问句的使用，清晰地勾勒出主人公的内心世界。而用俄语连接词что, чтобы, когда, как, который, где, потому что替代古斯拉夫语连接词яко, паки, зане, колико, иже, убо, понеже, дабы, поелику, 主从句法结构让位于无连接词句或带连接词и, а, но, да, или, ли的并列句，更使改革后的句式易于言说，便于阅读，符合卡拉姆津句法三原则中的前两个原则。请看例句：

Прошедшее есть бездна, **в которую** низвергаются все временные вещи; **а** будущее есть другая бездна, для нас непроницаемая; последняя беспрестанно течёт в первую. Мы находимся между оных и чувствуем течение будущего и прошедшее; сие чувство есть то, **что** называется настоящим, **которое** составляет жизнь нашу. 过去如同深渊，所有与时间有关的事物落入其中；而未来对于我们来说是另一个无法探知的深渊；后者源源不断地流入前者。我们位于二者之间，可以感受到未来向过去的流动。这种感觉就是构成我们生命的现在。

卡拉姆津的句法结构基于语调和语气。被切分的句子结构有独立的句调模式，句段开始和末尾音调向上或向下，抑扬顿挫，使句子结构具有轻松、无拘束的口语特点。如：

Ю н о ш а   н е б л а г о д а р е н：｜в о л н у е м ы й   т ё м н ы м и желаниями, ｜беспокойный от самого избытка сил своих, ｜с небрежением ступает он на цветы, ｜которыми природа и судьба украшают стезю его в мире; ｜человек, искушённый опытами, ｜в самых горестях любит благодарить небо со слезами ｜за малейшую отраду. 年轻人不知感恩：愚昧的欲望使其躁动，精力过剩令其不宁，他不在意地践踏大自然和命运点缀在世间

道路上的鲜花；阅历丰富的人在最愁苦的时候会为一点点快乐含泪感谢上天。

这里有多个句段，每个句段起始音调提高，末尾音调下降，如此营造出流畅、悦耳、有节奏的言语。这类言语符合句段间自然连贯原则（卡拉姆津句法的第三个原则）。

此外，无连接词句法结构在"新文体"中占据特殊地位。这类句法结构在卡拉姆津及其追随者的作品中替代有连接词的句法结构，句意不变。无连接词句可表示以下关系：

（1）序列关系：Померкнет слава твоя, град великий, опустеют многолюдные концы твои; широкие улицы зарастут травою и великолепие твоё, исчезнув навеки, будет баснею народов（Марфа Посадница）伟大的城市，你的荣光将淡去，众人的死亡将使你荒芜，宽阔的街道将布满杂草，你的辉煌将永远消失，你将成为民族的寓言。

（2）对比关系：Герой служит своему отечеству, своему веку; творческий дух бывает благодетелем отдалённейшего потомства（К №40）英雄服务于他的国家、他的时代；创新精神恩泽后人。

（3）同时关系：Герой разит неприятелей или хранит порядок внутренний, судья спасает невинность, отец образует детей, учёный распространяет круг сведений, богатый сооружает монументы благотворения, господин печётся о своих подданных, владелец способствует успехам земледельца: все равно полезны государству（Приятные виды, надежды и желания нынешнего времени）英雄打击敌人或维持国内秩序，法官拯救无辜，父亲培育孩子，学者传播知识，富人立功德碑，老爷关心百姓，土地所有者帮助农民丰收：不管怎样都对国家有利。

（4）结果关系：Читай историю времён — и все чрезвычайности для тебя исчезнут（К №40）阅读时代故事，所有极端事件对于你来说将不复存在。

（5）说明关系：Древние говорили: кто в двадцать лет ничего не знает, в тридцать ничего не делает, в сорок ничего не имеет, тот ничего не узнает, не сделает и не приобретёт в жизни своей（К №45）古人云：谁20

岁时什么都不懂，30岁时什么都不做，40岁时什么都没有，谁在生活中就什么也认不清，什么也干不成，什么也得不到。

卡拉姆津还规定了简单句中主谓语的位置。在他看来，正装词序更自然、更符合人的感官运动与思维定式，所以他规定：（1）主语位于谓语和补语前；（2）限定词位于谓语前，副词位于动词前；（3）支配成分位于被支配词前后；（4）依附于谓语的补语要这样安置：第四格置于第三格或第五格后；（5）二格置于支配词后；（6）同位语置于主词后。正装词序若被打破，则视为修辞：

Мы не имеем нужды прибегать к басням и выдумкам, подобно грекам и римлянам, чтобы возвысить наше происхождение: слава была колыбелию народа русского, а победа — вестницею бытия его. 我们没有必要像希腊人和罗马人那样用寓言和虚构提升自己的出身，因为名望是俄罗斯人的摇篮，胜利是他的信使。

在这个复合句中，前一分句词序正装，符合卡拉姆津的词序规范，后一分句背离规范：定语русского位于被限定词народа之后，бытия位于его之前（его本应在вестницею之后）。如此刻意打破规范，为的是建构对偶。

迂喻式句法结构造成"新文体"的"美"与矫饰。这类结构有人工斧凿之痕迹，其形式接近熟语。迂喻法（перифразы），或称描述性结构（описательные конструкции），最适合感伤主义文学推崇的"优雅"体。卡拉姆津使用这类结构的目的只有一个：创造"愉悦"，美化文体，展示其建构迂喻法的能力。如：用светило дня表示солнце太阳，барды пения意指поэты诗人，кроткая подруга жизни нашей → надежда希望，кипарисы супружеской любви → семейный уклад, брак家庭生活、婚姻，проливать слёзы нужной скорби → плакать哭泣，отрада старости своей → утеха快乐，ленивая рука наёмника → лентяй懒汉，переселиться в горние обители → умереть死亡，бледная роза красоты → обаяние魅力。

卡拉姆津还把外来谚语、格言、警句用作现成的句法结构，旨在美化笔语，引入口语元素。如：

Дорат в старости женился на двадцатилетней девушке. Когда один из

его приятелей сказал ему, что в октябре жизни нашей поздно влюбляться, Дорат отвечал, что стихотворцы пользуются всякою вольностию. По крайней мере, возразили ему, тебе надлежало бы выбрать жену постарее. «Друзья! — сказал он. — Я хочу лучше, чтобы **сердце моё прокололи светлою шпагою, нежели ржавым копьём**». 多拉特晚年娶了一位20岁的姑娘为妻。当朋友对他说这把年纪恋爱太晚时，他回答，诗人享有各种自由。可你至少应选择一位年长些的为妻，朋友反驳道。"朋友！"多拉特回应道，"我希望刺穿我心的是幸福的长剑，而不是生锈的长矛"。

卡拉姆津偏爱阿拉伯谚语：Кто льстит тебе, тот презирает тебя 谁奉承你，谁就鄙视你；Кого не исправишь словами, того едва ли исправишь побоями不听劝的人，打也未必能让他变好；希腊谚语：С шумом погибает та страна, в которой не умеют отличить честных людей от бесчестных不知道如何区分诚实与不诚实人的国家在非议声中灭亡；Всего нужнее, всего мудрее забывать зло, которое делают нам люди最需要、最明智的是忘记人们给我们造成的伤害。

援引作家自创的警句格言也是卡拉姆津的最爱：Поп, славный английский стихотворец, будучи в кофейном доме, заспорил с одним учёным о смысле двух Гомеровых стихов, которые казались ему тёмными. Молодой человек, никому не знакомый, подошёл к ним с учтивостию и сказал, что сии стихи будут ясны, если в конце их поставить вопросительный знак. Поэту (который был умён и горбат, как Эзоп) стало досадно, что молодой неизвестный человек осмеливается его учить. «Да знаете ли вы, государь мой! — сказал он с великим сердцем, — знаете ли, что такое есть вопросительный знак?» — «Как не знать! — отвечал незнакомец. — Это маленькая горбатая фигурка, которая спрашивает». 一位牧师，也是英国著名诗人，在咖啡馆与一位学者就荷马的两首含义不清的诗争论起来。一个陌生的年轻人礼貌地走上前来，说如果在这两首诗的末尾打上问号，诗的意思就清楚了。像伊索一样聪明、驼背的诗人很恼火，年轻人竟敢教他。"先生！您是否知道，"他大度地说道，

"是否知道什么是问号?""怎么会不知道?"年轻人回答,"这是一个正在提问的驼背小老头的身形"。

卡拉姆津自己也创造了不少警句格言:Любовь к отечеству есть действие ясного рассудка, а не слепая страсть 热爱祖国是清醒理智的行为,不是盲目的激情; Кто не знает своего природного языка, тот, конечно, дурно воспитан 谁不通晓母语,谁就没受过良好的教育; Движение есть самое лучшее лекарство 运动是最好的药; Поэзия состоит не в надутом описании ужасных сцен натуры, но в живости мыслей и чувств 诗歌不是对大自然可怕场景的夸张描写,而是对思想情感的清晰表达。

总之,卡拉姆津"极大地影响了俄罗斯文学语言。他改革俄语,使其摆脱厚重的拉丁语结构和教会斯拉夫语词,贴近自然生动的俄语口语"[1]。他是俄罗斯当之无愧的公民。他曾骄傲地说:"为可爱祖国服务;做温顺的儿子、丈夫和父亲;努力工作,传承父辈遗产是我神圣的职责,我的荣耀与美德"[2]。

本章小结

1. 罗蒙诺索夫是俄语学的奠基人,新修辞体系(三语体体系)的倡导者,首部《俄语语法》的撰写人。他描绘俄语语言体系,确定语言单位在高、中、低三语体中的使用规范,明确规则、语体、体裁之间的关系,从理论上概括了18世纪中期的俄语,并将其系统化。他用俄语撰写的文章、著作纯洁了俄语文体,方便各种思想的表达。他的语言学和修辞学著作为俄语语言学奠基,提前数十年为俄语语言学的发展指明了方向。

2. 然而,"三语体"体系限制俗语在俄语中的使用,妨碍书面语与俗语的互动。拉季舍夫、杰尔查文、诺维科夫、苏马罗科夫等作家的创作打破了三语体理论的限制,为俄语新语体(政论语体)的创立做了铺垫。

3. 拉季舍夫是俄语新语体的奠基人,创作中他改变已知词汇的语义结构,赋予其新意,并用于政论作品,由此摸索出一条建构全民词汇的途径。杰尔查文打

---

[1] Белинский В.Г. Собр.соч. Т.3. С.195
[2] Карамзин Н.М.Соч. Т.2. С.87.

破高雅体规范,将低俗体词融入创作,创建出具有喜剧效果的语言资源体系。诺维科夫面向"日常口语",在政论文中建构统一的俄语规范。苏马罗科夫把俗语引入文学创作,促进了俄罗斯文学语言的民主化,展现出俄语的潜在美。

4. 卡拉姆津改革俄语,鼓励作家自创话语,给出最佳选择,赋予旧词以新意,用于新语境。他以身作则,吸纳外来语,拓展其词义,构造新词,丰富俄语。他提出的句法三原则为俄语句法改革指明了方向。

5. 俄语与西欧语言的联系使法语一度成为俄国上流社会主要的交际语言。法语词的语义、成语、句法结构对俄罗斯民族形成初期的俄语产生巨大影响,但俄语并未被外来语所淹没,因为,俄罗斯民族只吸收、同化交际中所需的外来语,拒绝冗余外来语,始终保持自己的根——俄语。

第五章

前普希金时代的俄罗斯文学语言（18世纪末—19世纪初）

1. 18世纪末至19世纪初的语言环境

前普希金时代是建立新口笔语规范的时代，是规范语言与俗语相互作用形成新修辞类别的时代。该时代的语言环境受以下语言外因素影响：（1）随着俄罗斯民族与民族语言的形成，文学语言作为俄罗斯民族语言的主导形式开始与生动俄语形成鲜明对比；（2）俄罗斯社会政治经济环境改变，新的资本主义生产关系取代封建主与生产者的关系；（3）1812年卫国战争彰显俄国人为祖国而战的实力、才能与自我牺牲精神，改变了俄国人自我意识与思维方式，促进了俄罗斯文学的发展；（4）在俄国反对法兰西（包括革命的法兰西与拿破仑的法兰西）的斗争中，公众舆论对关注俄语前途命运人士的观点产生极大影响。

18世纪末，卡拉姆津"新文体"繁荣期过后，开始了从卡拉姆津修辞体系向普希金修辞体系的过渡。然而，卡拉姆津及其追随者对19世纪初的语言环境仍有影响。19世纪初的头10年，"新文体"虽不是俄罗斯文学语言的主导流派，但仍是主要流派。"沙龙语言的内在矛盾，其意识形态的狭隘与表现力的匮乏使新文体语言在精雕细琢的外表下失去了活力，阻碍其'社会化'。此外，新文体限制社会方言，缺少人民性与广泛的民主，也是该文体民族化、规范化的巨大障碍。新文体把社会各阶层使用的书面语与口语词排除在文学语言之外"[1]。

新文体过高的"门槛"与新文体无法成为唯一的修辞体系之间的矛盾导致前普希金时代的俄罗斯文学语言使用无序、文体繁杂。造成这种状况的既有语言内因素，也有语言外因素：

---

1 Виноградов В.В. Очерки по истории русского литературного языка XVII-XIX веков. С.210.

（1）19世纪初，事务语体成为封闭的语言体系，只保留17世纪莫斯科罗斯事务语言的古老元素，明显落后于文学语言的发展。事务语言几个世纪培育出的言语套话、成语、教会斯拉夫惯用语排斥新词、新成语、新的句法结构进入严格规范的事务文本。

（2）前普希金时代，科学语体尚未形成，语言学、哲学、自然科学、地理学等学科知识靠斯拉夫书面语词、拉丁语—德语句法结构、事务语体元素传播。传统的学术语言使用古旧词和成语（包括部分古斯拉夫语词），缺少科学术语，句法陈旧，这一切不符合语言的发展趋势。

（3）俄罗斯文学语言源自俄语使用者的言语。这些人年龄不同，品味各异，对口语的需求不同。老一代视斯拉夫书面语和教会斯拉夫语为典范，年轻人以感伤主义作家作品语言为楷模，加上贵族沙龙口语[1]和"可爱女士"品味[2]对文学语言的影响，前普希金时代的文学语言未摆脱上层人士品味的影响。

（4）不同文学流派的并存给俄罗斯文学语言带来多样的语言手段。退出历史舞台的古典主义、占主导地位的感伤主义、自我标榜的浪漫主义和早期现实主义，各流派使用自己的语言规范。然而，作家有时也忽略各流派的美学规范，混用词源、文体、体裁各异的语言手段。多彩的语言资源需要作家根据创作需要进行选择、加工和整合。

（5）诗歌与散文之间存在巨大差异。诗歌喜用贵族口语词，如失去高雅色彩的斯拉夫书面语词：взор视线, брести徘徊, вознести使上升, роптать抱怨, тщета徒劳；西欧借词：лира七弦琴, кипарисы柏树, лазурный天蓝色的, поэт诗人, Парис巴黎；情感词：прекрасный极美的, милый可爱的, чувствовать感觉到, любить爱慕, ощущать觉得。散文则相反，使用陈旧冗长的句法结构和辞格。比较：

Среди долины ровныя,	笔直的山谷间，
На гладкой высоте,	平坦的高山上，
Цветёт, растёт высокий дуб	高大的橡树
В могучей красоте.	美丽而强健。
Высокий дуб развесистый,	大树枝繁叶茂，
Один у всех в глазах;	屹立在众人前；

1　指矫饰、浮夸、多隐喻、多迂喻法的法式俄语。
2　女士们反对在世俗言语中使用公文词和教会斯拉夫语，反对使用俗语。

Один, один, бедняжечка,   可怜它孤零零，
Как рекрут на часах!   如同站岗新兵！

（А.Ф. Мерзляков «Среди долины равныя...»）

Я сам бывал свидетель, что многие молодые люди садились за книги только для того, чтобы убить время, и, пристрастясь к постыдной для благородного человека жадности обогащаться познаниями, зачали скупиться временем, вздумали быть нас умнее: вздумали узнать свою голову короче, нежели сколько знали её их волосочёсы; и потом — жестокая неблагодарность! — сверх того, что сделались отступниками от нашего общества, первые стали на нас вооружаться и соблазнительным своим примером увлекли за собой последователей, которые, вместо того чтобы блистать на балах и в больших собраниях, свели скучное знакомство с мудрецами.

我曾目睹许多年轻人读书只为消遣。他们贪婪地攫取知识，丰富自己。他们开始吝惜时间，想要变得比我们更聪明，比专业人士更拔尖。而后是可怕的忘恩负义！这些人背叛社会，带头反对我们，亲身说法，诱使追随者不去参加集会，而去结交贤达。

（И.А.Крылов «Похвальная речь науке...»）

（6）俗语妨碍文学语言统一规范的建立。前普希金时代，俗语逐渐从全民语言转变为文学语言的修辞变体。

2. 俗语在俄罗斯文学语言中的命运

18世纪末—19世纪初，俗语作为生动的言语形式进入文学作品，使文学语言具有了鲜明的民族性，成为不同文学流派作家语言的基础。民族性被解读为在文学作品中客观再现人民的思想。

俗语就其结构与修辞色彩而言是多相的。它包括俄国社会各阶层日常使用的"百姓语言，农民语言、卡拉姆津'新文体'中限制使用的粗俗语和方言土语"[1]。这一时期的词汇学与修辞学著作明确了粗俗语的内涵。粗俗语

---

[1] Виноградов В.В. Очерки по истории русского литературного языка XVII-XIX веков. С.223.

（простонародный язык）指"无明显地方色彩的农村居民的日常用语，城市手工业者、家仆、小市民、小官吏使用的语言（职业用语除外），即泛指一切未受过教育、不掌握书面语的人民大众的日常用语"[1]。

承认俗语是文学语言的重要元素不意味着传统书面语不重要。书面语为生动言语制定出规则，使其服从书面语规范。在这个过程中，书面语规范逐渐变异，转化为统一的既适用于笔语，又适用于口语的俄罗斯文学语言规范。

如果说18世纪的俗语是体裁的标志，描写特征、制造文学形象与现实反差的手段，则19世纪初（前25年）被绑定在文学体裁上的俗语不再是给文学文本涂上民族色彩的工具：

«**Поди-ка**, брат Андрей!	"来呀，安德烈老弟！
Куда ты там **запал**? **Поди** сюда, скорей,	你跑哪儿去了？快到这儿来，快，
Да **подивуйся** дяде!	对叔叔的做法你感到惊讶！
Торгуй по-моему, так будешь **не в накладе**, —	你照我这样去卖，不会吃亏"，
Так **в лавке** говорил племяннику Купец. —	商人在铺子里对侄儿如是说。
Ты знаешь польского сукна **конец**,	"你知道有一块波兰布头
Который у меня так долго **залежался**,	在我这儿放了很长时间，
Затем, что он и стар, и подмочен, и гнил:Ведь это я сукно за английское **сбыл**!Вот, видишь, сей лишь час взял за него **сотняжку**: Бог **олушка** послал».	而后变旧、受潮、腐烂：可我把它当英国布卖了！瞧，一小时就赚了100卢布：上帝派来个小傻瓜"。
（И.А.Крылов «Купец»)	
Сейчас ... **растолковать** прошу,	此刻……您信不信，
Как будто знал, сюда спешу,	我似乎预感到您在，赶快跑来，
Хвать[2], об порог задел ногою	一下子绊在了门槛上，

---

1 Виноградов В.В. Очерки по истории русского литературного языка XVII-XIX веко. С.227-228.

2 感叹词。这里表示：一下子。

И **растянулся** во весь рост.	跌个前翻滚。
Пожалуй смейся надо мною,	您就讥笑吧，笑我列毕季洛夫说谎，
Что Репетилов **врёт**, что Репетилов прост,	笑我列毕季洛夫愚蠢，
А у меня к тебе влеченье, род недуга[1]...	而我对您忠心耿耿……
（А.С.Грибоедов «Горе от ума»）	
Вот мчится тройка удалая	看，彪悍的三套马车
Вдоль по дороге **столбовой**,	沿着笔直的大道疾驰，
И **колокольчик**, дар Валдая,	瓦尔代的礼物——铃铛
Гудит уныло под дугой.	在拱木下忧郁地鸣响。
（Ф.Н.Глинка «Тройка»）	

俗语作为生动言语的总和此时开始分化，分为纯俗语和粗俗语。纯俗语涵盖语言体系各层级的生动言语，粗俗语保留与社会、地区方言的联系，但已具有超地域性质。从起源看，粗俗语与农民语言、俄罗斯各地移民讲的方言土语有关。粗俗语使俄罗斯文学语言多样化、民主化，为文学语言增添新的俄语本土词。

文学语言选择粗俗语有自己的原则：

（1）粗俗语应是历史上形成、在全民语言中有自己形成、发展和使用历史并与俄国社会发展息息相关的语言要素。"应该看到，被旧社会语言淡忘、但仍保留在农民言语中的许多词语隐含着对俄国历史的诠释"[2]；

（2）文学语言应使用那些被用作称名或难以替代的粗俗语；

（3）粗俗语应是通用的，无方言土语印记，不刺耳；

（4）可以使用在俄语中有功能意义、"有实力、多义"[3]的粗俗语；

（5）粗俗语应促进全民语言的丰富与发展，为文学语言提供所需词汇；

（6）粗俗语词、词形式和表达式应符合俄国受教育阶层的美学品味。"仿用粗俗语，应异常谨慎与克制；滥用粗俗语、方言及表达式不仅无助于生动准确

---

1 一种病态。指其对恰茨基的感情。
2 Вестник Европы. 1811.Ч.59. С.308.
3 Калайдович И.Ф. Опыт правил для составления русского производного словаря//Труды Об-ва любителей российской словесности. 1824.Ч.5.С.334.

地模仿，而且会引起受教育阶层读者的反感"[1]。

如果说粗俗语在文学作品中被用来称谓日常生活中的实物，履行称名功能；则俗语用于区分不同文体、不同修辞色彩的词语。比较用于称名的粗俗语和体现言语特点的俗语：

У **жбан**ов, **фляг**, **сулей, бутылок**, когда же обсохло дно, а из **ковшей, яндов, братинок** всё высуслено вон вино, тогда троянцы протрезвяся... пошли ту землю обзирать（Н.П.Осипов «Виргилиева Енейда, вывернутая наизнанку»）木桶、罐子、瓶子已经见底，舀子、酒杯、酒器中的酒也已喝干，脱罗央群(小行星)酒醒后……开始观察那片土地。

«Ты продаёшь их, девушка?» — спросил он с улыбкою. «Продаю», — отвечала она. «А что тебе **надобно**?» "姑娘，这些东西卖吗？"他笑着问道。"卖"，女孩答道，"你要什么？"

Я верю тебе, Эраст, верю. **Ужели** ты обманешь бедную Лизу? 埃拉斯特，我相信你，相信。难道你会欺骗可怜的丽莎？

Отнеси эти деньги к матушке... скажи ей, что Лиза **против неё виновата**...（Бедная Лиза）你把这些钱拿给母亲……告诉她，丽莎对不起她……

18世纪—19世纪初的俄罗斯科学院词典界定了俗语与粗俗语的界限。以动词навалиться/наваливаться为例，俗语中表"нападать, притеснять кого攻击，迫害"之意：на него всем миром навалился 整个世界都攻击他；粗俗语中表示"во множестве, кучею, толпою входить大量、成群地进入"：В избу навалились мужики. 男人们相继走进小木屋。稍晚的词典、文学作品和分析文章对粗俗语和俗语的解释是：

（1）粗俗语指无地域方言特点的农民用语；俗语指城市居民用语。比较格里鲍耶陀夫（А.С.Грибоедов）《聪明误》（Горе от ума）中女佣丽莎（Лиза）口中的粗俗语和贵族青年恰茨基（Чацкий）口中的俗语：

---

[1] Сомов О.М. Обзор российской словесности// Северные цветы на 1831 г. С.60.

Лиза:	Чацкий:
Сейчас **започивала** 小姐刚睡下；	Да полно **вздор молоть**[1] 行了，打住吧，别再胡扯了；
Тужите, знай[2], со стороны **нет мочи**[3] 你们只顾难舍难分，旁人可吃不消；	Послушай! **Ври**, да знай же меру… 喂！说谎也得有个分寸……；
	Чтоб **взашеи прогнать** и вас, и ваши тайны 当心人家把你撵走，逼你供出秘密。

（2）粗俗语庸俗、粗鲁、无知，俗语使言语生动：

Летит к ним с шумом Царь с небес, и плотно так он **треснулся на царство**, что **ходенем пошло трясинно** государство: со всех Лягушки ног в испуге **пометались**, кто как успел, куда кто мог, и шёпотом Царю по кельям дивовались（И.А.Крылов «Лягушки, просящие Царя»）国王呼啸着从天而降，一头撞向青蛙国，王国剧烈震颤，宛如一滩烂泥：青蛙吓得四散逃跑，能跑多快就跑多快，能跑多远就跑多远，国王的到访令修士们惊叹。	Пускай же свет **вертится** так, как хочет; пускай один из славы век **хлопочет**, другой, **копя с червонцами мешки**, на ордены, на знать **не пяля глаза, одним куском быть хочет сыт два раза**…（И.А.Крылов «Письмо о пользе желания»）让世界想怎么转就怎么转吧；让一些人为荣誉忙碌一生，另一些人囤积金币，聚敛钱财，不要勋章、显贵，而要发财致富(一块面包吃饱两次)……

（3）粗俗语见于市侩、农民言语；俗语是城市不同群体的言语，与上流社会口语联系紧密。俗语给"沙龙"语言带来民主化气息：Слёзы заразительны, мои милые, а **особливо** в таком случае 亲爱的，眼泪是会传染的，特别

---

1 молоть вздор <俚>胡扯。
2 语气词，意同тужите себе.
3 旁人看了受不了。

是在这种情况下:...Маленькой деревеньки, где **ребятишки набросали** множество цветов к нам в коляску (Письма русского путешественника)……小村庄,在这里孩子们把大把的鲜花抛向我们的马车;

(4)粗俗语的使用受体裁限制(只用于寓言和喜剧);而俗语不受限制,可用于各种体裁;

(5)作家对粗俗语态度不一,或有选择地使用,或批判地使用,或根本不用;而对俗语则十分宽容,几乎所有作家的作品中都有俗语。茹科夫斯基(В.А.Жуковский,1783—1852)

В.А.Жуковский, 1783–1852

А.С.Шишков, 1754–1841

和希什科夫(А.С.Шишков,1754—1841)主张保护粗俗语,前者认为粗俗语是"民族精神"的精髓,是表达人民性的最佳手段;后者喜用粗俗语,反对感伤主义语言的"矫揉造作"。卡拉姆津则坚决反对在文学作品中使用粗俗语;

(6)粗俗语在文学作品中履行称名和讽刺功能;俗语履行的功能更广,包括修辞功能;

(7)粗俗语和俗语在语音、词汇、成语、语法等语言体系的各个层级中均有体现。粗俗语与规范词汇对立,俗语却有助于文学词汇在修辞、艺术表现力和语义上的发展。比较:

Ну что? Не видишь ты, что он **с ума сошёл**?	怎么?你瞧不见他不正常?
Скажи **сурьёзно**:	严格说:
Безумный! Что он тут за **чепуху молол**!	神经病!听他在这儿胡说些什么!

Низкопоклонник! Тесть! И про Москву так грозно! А ты меня решилась **уморить**? Моя судьба ещё ли не плачевна? Ах, боже мой! Что станет говорить Княгиня Марья Алексеевна!	阿谀之徒，丈人！把莫斯科也骂得很凶！ 而你呀，存心要我的命！ 我的命运还不够悲惨吗？ 啊！我的上帝！要是被公爵夫人玛莉亚·亚历克赛芙娜知道，叫我如何是好！

（А.С.Грибоедов «Горе от ума»）

这个片段中，粗俗语 сурьёзно 在语音上与规范词 серьёзно 形成对立。前者有修辞标识，被词汇化，语义同 серьёзно，但该词犹如游离在主文本之外，尽管受到规范词的影响，但在语体上未被中和。而俗语 с ума сошёл, чепуху молол, уморить 赋予话语口语特点，履行扩大上下文语义之功能，语体上被中和。

19世纪初，粗俗语渗入城市俗语，造成俗语与粗俗语区分的困难，其困难程度不亚于在现代俄语中区分俗语与口语。这一时期的文学作品中既有俗语，也有粗俗语，且粗俗语"在有教养的社会人士的言语中很抢眼"[1]。

作家对在文学作品中使用生动言语的看法不一，但有一点是相同的，那就是"俄语特有的民族性就体现在口语中，所以，伟大作家建构语言必须考虑口语元素"[2]。

3. 克雷洛夫寓言的语言创新

克雷洛夫（И.А.Крылов，1769—1844）是俄罗斯伟大的寓言作家，他为俄国提供了全新的寓言。这是真正写实的、蕴含深刻民族内涵的寓言。该寓言为俗语（粗俗

И.А.Крылов, 1769–1844

1　Виноградов В.В. Очерки по истории русского литературного языка XVII-XIX веков. C.228.
2　Орлов А. С. Язык русских писателей. C.64.

语、城市俗语、地区方言、社会-职业行话、各类生动言语）和民诗进入文学领域开辟了道路。克雷洛夫的文学创作（首推寓言）动摇了贵族文学书面语的统治地位，满足了俄罗斯文学语言民族化、民主化的需求。寓言中的俗语饱含俄罗斯民族意识与人民精神。克雷洛夫把表现民族意识与民族精神的民间口头言语回炉改造，创造出全新的、贴近俄罗斯民间文学的诗体语言。克雷洛夫以丰富多彩的成语、生动简洁的口语句式和非凡的表现力抵御欧洲单调的沙龙式句法，以巧妙的写作技巧把古老的文学书面语与口语、俗语结合起来，按主题、情节变换叙事语调，再现俄罗斯民族特色。克雷洛夫的寓言有如生动的民族肖像画，折射出俄罗斯人民务实的心态。寓言中的谚语、警句格言饱含哲理、讽刺与诗意。克雷洛夫创造出的具有概括义的深刻文学形象为普希金创作人民文学铺平了道路。别林斯基高度评价克雷洛夫的寓言："克雷洛夫的寓言无论在内容和形式上，还是在语言上都已达到俄罗斯寓言的最高水平"[1]。普希金也认为克雷洛夫寓言语言具有社会意义，是俄罗斯民族语言的精华。

克雷洛夫是首个向俗语"开启"文学之门的俄国诗人和寓言作家。借助俗语他以最生动、最直接、最原始的形式反映俄罗斯国民的生活，其语言集俄语之优势，具有极强的吸引力。"无论俄语如何发展、变化，这种吸引力从未消失"[2]。

克雷洛夫使用的俗语体现在语言体系的各个层级：

（1）词汇：И даже, говорят, на слух молвы крылатой, охотники **таскаться** по пирам...（Синица）据说，甚至有传言，猎人也要去赴宴……；Потом, отказы слыша те же, уж стали женихи **навёртываться** реже（Разборчивая невеста）后来，听说老被拒绝，追求者就越来越少了。

（2）成语：... Вперёд ты мне не попадайся（Волк и Журавль）今后你别让我逮住; ...Кто в лес, кто по дрова（Музыканты）有人伐木，有人捡柴；你东我西，各行其是; Кто посмирней, так тот и виноват（Мор зверей）人善被人欺，马善被人骑; Однако же в семье не без урода（Слон на воеводстве）可家家有丑儿；十个手指还不一般齐; А ларчик просто

---

1 转引自: Русские писатели о языке. С.155.
2 Орлов А.С. Язык русских писателей. С.121.

открывался（Ларчик）其实很简单；本来问题极简单；Как белка в колесе вертеться（Белка）忙得不可开交；徒劳无益。

（3）词法：**Дитями маменька** расчёсывать головку купила частый Гребешок. ... «Какой ты злой, **Гребнишка**!» — кричит мальчишка（Гребень）妈妈买了把篦子给孩子们梳头……"小篦子，你真可恶！"男孩大叫起来。Он курицу имел... **котора** яйца несла（Скупой и Курица）他有过一只……下蛋的母鸡。... Прохожий к стороне скорей от страху жмётся, её（бочку）**заслышавши** издалека（Две Бочки）听到远处有大桶滚动的声音，行人吓得立刻避让。Одобрили Ослы **ослово красно-хитросплетённо** слово（Парнас）叫驴们对驴的言辞优美、巧妙、词语繁复大加赞赏。И — **бух** Осёл, и с Филином, в овраг（Филин и Осёл）扑通一声驴和猫头鹰掉入山谷。Гляди**тко** нас, как мы махнём（Обоз）快来看，看我们怎么(把车)赶过去。А ты... **ахти**, какой позор! **Теперя** все соседи скажут...（Кот и Повар）可你……咳，真丢人！现在所有邻居都会说……。

（4）句法：С натуги лопнула и — околела（Лягушка и Вол）因用力过猛而爆毙。Ну, чтобы всё имел. — Кто ж может всё иметь? （Разборчивая невеста）好吧，为了拥有一切。可谁又能拥有一切呢？...И добиваться ты пустого перестань, молчи и вянь!（Василек）别再说蠢话了，闭嘴，一边待着去(枯萎去吧)! Шалун какой-то Тень свою хотел поймать: он к ней — она вперёд; он шагу прибавлять — она туда ж; он наконец бежать（Тень и человек）有个淘气包想抓住自己的影子：他朝影子走去，影子往前走；他向前跨一步，影子也向前跨一步，最后他只得跑开。

克雷洛夫用寓言讽喻揭露社会弊端与人的恶习。为此，寓言中出现大量饱含民间智慧与百姓生活经验的谚语、俗语和固定言语套话。如：Невежи судят точно так: в чём толку не поймут, то всё у них пустяк（Петух и Жемчужное Зерно）无知者这样判断：所有搞不懂的，都不值一提。Что сходит с рук ворам, за то воришек бьют（Вороненок）大贼逃脱，小贼挨打。Как счастье многие находят лишь тем, что хорошо на задних лапках ходят!（Две Собаки）多少人靠巴结逢迎找到幸福！

克雷洛夫寓言的人民性基于俄语俗语，俗语体现俄罗斯人对多彩世界的看法。克雷洛夫寓言的语言特点还表现在用评价性限定词创造情感表现力色彩：

Пошло у мужика житьё Лисе **привольно**; Мужик **богат**, всего Лисе **довольно**; Лисица стала и **сытей**, Лисица стала и **жирней**, но всё не сделалась **честней** （Крестьянин и Лисица） 狐狸丽莎在农夫家自由自在地生活。农夫很富有，可以满足丽莎的所有需求。狐狸吃得饱，长得肥，可她依旧不诚实。А это ничего, что свой ты **долгий** нос и с **глупой** головой из горла **цел** унёс! （Волк и Журавль） 没关系，你已把自己长长的喙和愚笨的头从我的喉咙里完整地取了出来！А Скворушка завистлив был, к несчастью... И подлинно **запел**; да только лишь совсем особым складом; то он **пищал**, то он **хрипел**, то **верещал** козлёнком, то не путём **мяукал** он котёнком （Скворец） 可椋鸟很嫉妒，不幸的是……它真的唱了起来；以一种特殊的方式：时而尖叫，时而嘶哑，时而像山羊羔唧唧，时而像小猫儿咪咪。

俗语在克雷洛夫的寓言中分为纯俗语：Крестьянин на спине ослиной **убыток выместил дубиной** （Осёл и Мужик） 农夫一棍子打在驴背上发泄不满；粗俗语：Куда я беден, боже мой! Нуждаюсь во всём; к тому ж жена и дети. А там **подушное**, бояршина, **оброк**... （Крестьянин и Смерть） 我太穷了，上帝！什么都需要，况且我还有妻子儿女。还有人头税，劳役，租子要交……；方言词：Ан смотришь, тут же сам запутался в **силок**. И дело! （Чиж и Голубь） 一看，他自己一下子掉入了圈套。事情就是这样！

克雷洛夫寓言的人民性还体现在俗语性词法上。如使用副词：Сапожник мой, схватя мешок, скорей домой не **бегом — лётом** （Откупщик и Сапожник） 鞋匠抓起袋子赶紧回家，不是跑，而是飞奔；语气词：**Ужли** от них совсем лекарства нет? （Вельможа и Философ）难道就无药可医吗？；连接词：...**Коль** вправду ты не лжёшь, я от греха тебя избавлю （Крестьянин и Лисица）如果你真没撒谎，我为你脱罪；带主观评价后缀的词：А ей они на взгляд не женихи, а **женишонки**! 可对她而言他们不是体面的求婚者，而是无权无势的穷小子；Скопил **деньжонок** он... 他攒了点钱……；«Какой ты злой, **Гребнишка**!» — кричит **мальчишка** "小篦

子，你真可恶！"男孩嚷道；Какие бабочки, **букашки, козявки, мушки, таракашки!**（Любопытный）这是怎样的小飞蛾、小昆虫、小甲虫、小苍蝇、小蟑螂呀！；指小表爱形式：Ну что за **шейка**, что за **глазки**!（Ворона и лисица）多美的颈部，多美的眼睛！；**Бедняжка-нищенький** под оконьем таскался...（Фортуна и нищий）可怜的小乞丐在窗下兜来转去……

寓言中，口语句法替代书面语句法结构，如使用不完全句：Но дети, видя, что с нуждою они кормились от сетей, и ремесло отцовско ненавидя, брать дань богатее задумали с морей. **Не рыбой — жемчугами**（Водолазы）但看到父辈靠打鱼为生，生活困苦，孩子们痛恨父辈的职业，想向大海索取更为丰厚的贡赋。不是鱼，而是珍珠；单部句：Бессильному не смейся и слабого обидеть не моги!（Лев и Комар）莫要嘲笑无能的人，更不能欺负弱者；情感句：Кричат Медведи, Тигры, Волки: «Смотри, злодей какой! Чужое сено ест!»（Мор зверей）熊、虎、狼大叫道："看？这个坏蛋！在吃别人的干草！疑问句：Лягушка на лугу увидевши Вола, затеяла сама в дородстве с ним сравняться... «Смотри-ка, квакушка, что, буду ль я с него?» — подруге говорит. «Нет, кумушка, далёко!» — Гляди же, как теперь раздуюсь я широко. Ну, каково? Пополнилась ли я?» — «Почти что ничего». — «Ну, как теперь?»（Лягушка и Вол）青蛙在草地上看到一头牛，它想象牛一样健壮……"小蛤蟆，你看，我像它一样粗壮吧？"它问女伴。"没有啦，干亲家，差得远！""你再看，我马上壮起来。喂，怎么样？是不是壮起来啦？""几乎没有"。"那现在呢？"感叹词作谓语：Тут рыцарь **прыг** в седло и бросил повода（Рыцарь）骑士跳上马，松开缰绳；Как вдруг из лесу **шасть** на них Медведь...（Собака, человек, кошка и сокол）突然一只熊冲出树林，朝他们扑来……

克雷洛夫作品中有不少形象表现力手段，如词语重复：А из гостей домой пришла **свинья свиньёй**（Свинья）做客回来猪还是猪；А я, как сирота, **одним-одна** сижу（Кукушка и горлинка）而我像个孤儿，一个人孤零零坐着；А тут к **беде** ещё **беда**: случись тогда ненастье（Охотник）可祸不单行：又逢连阴雨。

克雷洛夫把高雅词与俗语词搭配使用，用来：（1）讽刺：Проказница-Мартышка, Осёл, Козёл да косолапый Мишка затеяли сыграть Квартет. Достали нот, баса, альта, две скрипки и сели на лужок под липки — **пленять своим искусством свет**（Квартет）调皮的长尾猴、驴、山羊和大笨熊开始四重奏。它们拿出乐谱、低音号、中提琴、两把小提琴，坐在树下的草地上，用艺术征服世界；（2）表述"愚蠢"内容：Вороне где-то Бог послал кусочек сыру; на ель Ворона **взгромоздясь**, позавтракать было совсем уж собралась, да позадумалась...（Ворона и Лисица）上帝赐给乌鸦一块奶酪；乌鸦衔着奶酪费力地落到一棵罗汉松上，本想把它当作早餐吃掉，又犹豫起来……；（3）营造喜剧效果：Однажды Лебедь, Рак да Щука везти с поклажей воз взялись, и вместе трое все в него впряглись; из кожи лезут вон — а возу всё нет ходу! Поклажа бы для них казалась и легка; да Лебедь рвётся в облака, Рак пятится назад, а Щука тянет в воду. **Кто виноват из них, кто прав, — судить не нам,** да только воз и ныне там（Лебедь, Щука и Рак）一天，天鹅、虾和狗鱼运送一车货物，三人套上挽索拼命拉，可大车纹丝不动！货物对它们来说似乎很轻；可天鹅往天上飞，虾往后退，狗鱼往水里钻。谁对谁错，不是我们能评判的，只是大车至今仍停在那里；（4）用作劝谕手段：Когда не хочешь быть **смешон**, держися **звания**, в котором ты **рождён**. Простолюдин со знатью не роднися; и если карлой сотворён, то в великаны не тянися, а помни свой ты чаще рост（Ворона）如果你不想成为笑柄，就要保持自己的身份。平民与贵族不能结亲。如果你生来就是矮子，就不要想长成巨人，要时刻记住自己的身高。

克雷洛夫的寓言是民间言语的典范。克雷洛夫把生动言语用于文学创作，用寓言表达前普希金时代的人民性，在文学中再现人民的思想。他用文学书面语改造俄罗斯民俗语，用质朴、清晰、简洁的语言描述俄罗斯世界图景。其寓言语言表现出的"国民风貌（народная физиономия）"（别林斯基语）体现了俄罗斯文学语言的发展趋势：口语与书面语相互抵近；口语影响书面语；作家为不同风格的文学语言精选生动的言语手段；一部作品综合使用书面语和口语—俗语词。

俗语是克雷洛夫寓言创作的基础。大量生动言语"融入"俄罗斯文学语言，形成口笔语结合、涵盖市侩、商人、官吏、农民、手工业者、工商业者、社会上层人士言语要素的纯正俄语。借助俗语，作家以讽喻或直接表达传递人民的思维方式。俗语既适用于作家叙事，又体现角色言语特点：Большой собрался гурьбой, медведя звери изловили; на чистом поле задавили — и делят меж собой, кто что себе достанет. А Заяц за ушко медвежье тут же тянет. «Ба, ты, косой, — кричат ему, — пожаловал отколе? Тебя никто на ловле не видал» (Заяц на ловле) 野兽们一拥而上抓住熊，并在开阔地将其杀死，而后分食，每人都要分得一杯羹。兔子抓住熊耳。"咦，兔子，"有人朝它喊道，"你打哪儿来？抓捕时怎未见你？" «О боги!— молится Лягушка из норы. — Меня вы, бедную, не погубите, и землю вровень хоть с горою затопите...» «Безумная! — Юпитер говорит... — Как квакать попусту тебе охота! И чем мне для твоих затей перетопить людей, не лучше ль вниз тебе стащиться до болота?» (Лягушка и Юпитер) "哦，上帝"，青蛙跳出洞祈祷。"请不要伤害可怜的我，请淹没土地，让水与山高……" "你疯了吗？"木星说，"何苦白费气力在这儿鼓噪！费点劲儿搬去沼泽不比我为你的想法淹死人更好？"

上下文中，俗语、书面语词保留自己的语义与修辞色彩：Построить вздумал Лев большой **курятный** двор и так его **ухитить** и **уладить**, чтобы воров совсем **отвадить**, а курам было б в неё довольство и простор (Лиса-строитель) 狮子忽然想建一个大鸡舍，坚固舒适，既可戒除盗贼，又可让母鸡在鸡舍中自由自在、心满意足地生活。书面语词довольство和простор并未削弱俗语词курятный, ухитить, уладить的低俗色彩。如此，克雷洛夫完成了这一时期语言学的任务：在文学语言中搭配使用生动言语与书面语词，客观再现人民的思想。

克雷洛夫以自己的作品证明，生动言语可用于俄罗斯现实主义文学的创作。克雷洛夫寓言语言是"俄语词取之不尽的源泉"[1]。

---

1 Белинский В.Г. Собр. соч. Т.2.С.714.

4. 俄国十二月党人对俄语发展的创造性贡献

俄国十二月党人—诗人[1]参与了有关俄罗斯文学语言发展道路的论战。他们反对西欧派的世界主义和斯拉夫派的民族保守主义,指出,民族爱国主义是俄罗斯文学语言的基础。

十二月党人—诗人既不是语言的改革者、革新者,也不是新修辞体系的奠基人,但他们从俄罗斯民族语言中精选词汇、进行创作,为普希金创立俄罗斯文学语言新修辞体系做好了准备。

十二月党人—诗人研究文学理论,在诗歌中用术语表达自己的世界观、思想观点、诗歌信条和政治信仰。雷列耶夫(К.Ф.Рылеев)曾这样写道:

... Ты не увидишь в них искусства;	……你在我的作品中看不到艺术;
Зато найдёшь живые чувства;	但找得到现实的情怀;
Я не Поэт, а Гражданин!	我不是诗人,而是公民!

(Войнаровский)

一句简单的口号解释了十二月党人—诗人对俄罗斯文学语言的看法。在他们看来,无论是俄语的现状,还是历史的发展,俄罗斯文学语言的基础都是俄语。

1812年卫国战争后,俄国社会的先进分子渴望民族自觉,追求民族风格表达。创作中,首选俄语本土词:Как знатный вертопрах, бездушный пустослов, Ивана a rebours с Семёном **гнёт на двойку иль бедных поселян, отнявши у отцов, меняет** на скворца, на пуделя, на сойку — и правом знатности везде уважен он! ... (В.Ф.Раевский) 他是个轻浮、爱吹牛的花花公子,打牌赌博,用农奴做赌注,伊万和谢苗这两个可怜人被他赌掉,换了棕鸟、狮子狗和松鸭。他有贵族特权,处处受到尊敬;古俄语词:И, поклонясь народу, в **гридню** (приемная комната) он с дружиною,

---

[1] 1825年12月(俄历)俄国发生了反对沙皇专制制度的起义。具有民主主义思想的贵族军官成立革命组织,谋划起义,主张建立共和或君主立宪政体。1825年12月14日,乘沙皇亚历山大一世突然死亡,先后在彼得堡和乌克兰发动起义,但失败。五百多人受审,五位首领死刑,一百多人流放。这些人被称作"十二月党人"。诗人雷列耶夫(К.Ф.Рылеев)、拉耶夫斯基(В.Ф.Раевский)、格林卡(Ф.Н.Глинка)、丘赫利别克尔(В.К.Кюхельбекер)、卡捷宁(П.А.Катенин)、别斯图热夫(А.А.Бестужев)等参与了19世纪初的俄国社会革命运动。他们对文学语言的看法得到奥多耶夫斯基(А.И.Одоевский)、屠格涅夫(Н.И.Тургенев)、格里鲍耶陀夫(А.С.Грибоедов)的赞同,也得到普希金(А.С.Пушкин)的部分认可。

при кликах, возвратился (А.И.Одоевский) 他向人们点头致意，欢呼声中率队返回接待室；民间口头创作言语：В сыром бору ветер завывает; на борзом коне молодец несётся... (В.К.Кюхельбекер) 风在潮湿的松林中呼啸；棒小伙儿骑着快马疾驰……；口语—俗语词：И **тройкой тешился детина, и заливался соловьём** (Ф.Н.Глинка) 壮汉赶着马车飞奔，歌声像夜莺一样嘹亮；方言词：Он не **варнак** (в Сибири — «преступник»); смотри: не видно печати роковой на нём (К.Ф.Рылеев) 他不是罪犯；看：他身上没有死刑犯印记。

十二月党人—诗人也在自己的作品中使用古斯拉夫语和教会斯拉夫语词，但只作为古旧词语使用，或将其开发为通用词：Вдруг **ангелы** с лазури **низлетели** с отрадою к страдальцам той **страны** (А.И.Одоевский) 突然天使喜从天降，来到该地受难者身旁。Иди к народу, мой **пророк, вещай,** труби слова **Еговы!** (Ф.Н.Глинка) 我的先知，到人民中去，去传播耶和华的言论！Хвала, **отечества спаситель!** Хвала, хвала, **отчизны** сын! Злодейских замыслов **рушитель,** России первый **Гражданин**... (К.Ф.Рылеев) 赞美，祖国的救星！赞美，祖国的儿子！赞美，罪恶阴谋的粉碎者，俄罗斯最优秀的公民……。而对"陈腐的"古斯拉夫语词则不建议使用。"斯拉夫语对于我们来说就像一座军械库，我们可以从中获取宝剑和盔甲，但我们不会让英雄再在铠甲下穿上牛皮衣，奥哈宾¹也只用于化妆舞会。让我们使用响亮动听的词（вертоград果园, ланиты两颊, десница右手），把陈腐词（семо и овамо<谑>这边和那边, говяда<旧>公牛）留给老夫子们吧"²。

十二月党人—诗人把古斯拉夫语词用于不同目的，或激昂语调：О, как на лире я **потщусь** того прославить, **Отечество** моё кто от тебя избавит! (К.Ф. Рылеев) 啊，我将用诗歌赞美让祖国免遭涂炭的人！；或表达公民热情：**Восстань,** певец, **пророк** свободы! Вспрянь! **Возвести,** что я **вещал!** (В.К.Кюхельбекер) 起来，讴歌者，自由的先知！起来！去建造我预言的世界！Да закипит в его груди **святая ревность гражданина** (К.Ф. Рылеев) 让公民神圣的热忱在胸中沸腾！或抗议卡拉姆津提倡的体面美

1　一种俄国老式上衣，四角形翻领，长袖，袖子往往可以卸下。
2　Сын Отечества. 1822. Ч.77.№20.С.248.

和只有少数人能懂的隐语：Пять жертв встают пред нами; как венец, вкруг **выи** вьётся синий **пламень**（А.И.Одоевский）五名受害者立在我们面前；蓝色火焰像花环般缠绕颈间；Но **се** грехов созрела жатва（Ф.Н.Глинка）但铲除罪恶的时机已经成熟。

十二月党人还用古俄语模拟历史，宣扬罗斯人奋不顾身卫国御敌的时代精神：Но светлый **булатный шелом** блестит на головушке храброй и буйной（А.И.Одоевский）但锃亮的钢盔在勇敢者头上闪光。И зрит: к оленю подбегает с винтовкой длинною в руке, окутанный **дохою**[1] **чёрной и в длинношёрстном чебаке**[2]（К.Ф. Рылеев）只见一个手握长枪、身穿黑色毛皮大衣、头戴长毛护耳帽的人朝雄鹿跑去。

在写给大众的作品中，十二月党人转而使用口语—俗语词。如鼓动性讽刺歌曲：**Трусит** он законов, **трусит** он масонов; А Волконский **баба** начальником штаба; **Ай да** царь, **ай да** царь（К.Ф.Рыллев и А.А.Бестужев）他怕法律，怕泥瓦匠；沃尔孔斯基这个娘娘腔却当上了参谋长；好一个沙皇，好一个沙皇。民歌《伊万·苏萨宁》（Иван Сусанин）用生动言语描绘普通人的生活：«Куда» ты ведёшь нас? **Не видно ни зги!** — Сусанину **с сердцем** вскричали враги. — Мы вязнем и тонем в **сугробинах** снега, нам, **знать**, не добраться с тобой до ночлега»（К.Ф.Рылеев）"你这是带我们去哪儿？伸手不见五指！"敌人气冲冲朝苏萨宁喊道。"我们陷入雪堆，看来，跟着你，我们到不了宿营地。"方言词传递地方色彩：Покрытая **серпяном**[3], казачка юная стоит (К.Ф.Рылеев)哥萨克少女裹着粗麻布站着。Пришлец суровый проворно **жирник**[4] засветил（К.Ф.Рылеев）来人阴沉着脸，快速点燃小夜灯。В углу обители пустынной то дуло озарял ружья, то ратовище **пальмы**[5] **длинной** (К.Ф.Рылеев) 沙漠修道院的角落里，枪管通红，猎刀闪亮。民间口

---

1. шуба из шкуры дикой козы 野山羊皮做的外套。
2. теплая шапка с ушами 带护耳的棉帽。
3. род редкого холста 一种罕见的粗麻布。
4. ночник 小夜灯, 夜里点的光线微弱的小灯。
5. нож для охоты на зверя 猎兽刀，长把猎刀。

头创作词语扩展了具象俄语表达式的范围：Позади сидит **красная девица**（В.К.Кюхельбекер）美丽的少女坐在后面。Вороной скакун мчит их в **лес дремучий**（В.К.Кюхельбекер）黑色快马驮着他们向密林深处急驰。Среди **поля чистого бежит православная рать русская храбрая**（П.А.Катенин）信奉东正教的俄国勇敢军队在旷野中疾驰。

十二月党人—诗人高度评价罗蒙诺索夫为捍卫俄语的民族性、建立俄罗斯文学语言的统一规范所做的努力，反对卡拉姆津之流迷恋西欧借词、讲法式俄语。格林卡（М.И. Глинка）曾呼吁作家"加入到捍卫祖国语言的行列中去，拯救强大而美丽的俄语，使之免遭外来语的侵犯"[1]。乌雷贝舍夫（А.Д.Улыбышев）在《致德国友人的信》中写道："要劝国人不用外来语（表欧洲风俗习惯的词除外），要尽全力保留构成民族性的一切要素……特别是在文学中。盲目模仿令人厌恶，只会阻碍艺术的真正发展。"[2] 雷列耶夫在给普希金的信中写道：茹科夫斯基"给俄语带来很重要的影响……但不幸的是，有些影响极为有害……"[3]，建议"消除盲目模仿的习惯"[4]。别斯图热夫指出："我们已习惯靠巴黎的破衣烂衫和残羹剩饭过活，对新与旧、好与坏不加区别。我们曾不合时宜地用斯特恩方式感伤，用法语献媚，现在用德语走得更远。什么时候我们才能走自己的路？用俄语直接写作？天晓得！"[5]

十二月党人—诗人结成统一战线，反对贵族沙龙迷恋外来语、用不必要的外来词污损俄语，批评卡拉姆津对法语借词的不合理使用。作家们在自己的作品中讨论各种话题（如民间社会组织，公民在社会中的作用，用民主方式改造社会等），用抽象词汇丰富俄语，以各种方式更新词语。如扩展已知词汇的语义：родина 祖国，故乡，народ 人民，民族，百姓，власть 政权，当局，权限，неделимое 分不开的，不可分割的，除不尽的，отвлечённое 抽象的，远离现实

---

1 转引自：Материалы и исследования по истории русского литературного языка. М., 1953. Т.3.С.245.

2 Там же.

3 Там же.

4 Там же: статья «Несколько мыслей о поэзии».

5 Там же: статья «Взгляд на старую и новую словесность в России в течение 1824 и начале 1825 годов».

的，либеральность充满自由思想，姑息纵容，тиран暴君，豪强，折磨人的人，злодей凶犯，恶棍，свободы自由，不受约束，轻松自如，вольность自由，放纵，不合规矩，特权，воля意志，毅力，愿望，权力，自由自在；赋予旧词以新意：единица单位，个体，极少数几个，идеал理想，典范，标准，патриотизм爱国主义，爱国精神，爱国心，временщик宠臣，一时得势的人，причина原因，缘故，理由，根据，побуждение愿望，动机，положительный肯定的，正面的，积极的，良好的，отрицательный否定的，负面的，消极的，不良的；重新解读古斯拉夫语词：гражданин公民，отечество祖国，раб奴隶，хищник强盗，губитель破坏者，грабитель掠夺者；使词义单位术语化：самовластие专制，独裁，самодержавие专制制度，барыш利益，производитель生产者，сырьё原料，ценность价值；短语成语化：заработная плата工资，薪金，прибавочная стоимость剩余价值。

十二月党人在语言学方面所做的工作加速了俄国政论、科学、社会政治、经济术语的产生，为政论语体的形成铺平了道路，为科学语体的建立创造了条件，为完善文学语体作出宝贵的贡献。

5. 格里鲍耶陀夫戏剧作品对文学语体的完善

18世纪末—19世纪初，社会职业行话、地区方言与俄罗斯文学语言格格不入，在文学语言中被限制使用，甚至禁用（沙龙文体）。格里鲍耶陀夫率先把这些在前普希金时代上层社会口语中"具有重要意义、与世俗生活、军人职业、打牌、赌牌有关的方言俚语"[1]用于戏剧创作。

格里鲍耶陀夫（А.С.Грибоедов，1795—1829）是19世纪初的俄国剧作家。他出身贵族，毕业于莫斯科大学，参加过1812年的卫国战争，后在外交部任职。1829年2月，在波斯（伊朗）首都德黑兰发生的反俄暴动中遇害。

А.С.Грибоедов, 1795–1829

---

1 Виноградов В.В. Очерки по истории русского литературного языка XVII-XIX веков. С.247.

格里鲍耶陀夫的文学创作始于1817年，写过诗歌、戏剧。1824年创作的喜剧《智慧的痛苦》，又名《聪明误》（Горе от ума）是俄国文学中最杰出的讽刺喜剧之一。该剧通过一个刚从国外归来、思想进步的青年恰茨基和以莫斯科大贵族法穆索夫为首的反动权贵的矛盾冲突，揭示了十二月党人起义前夕俄国社会激烈的思想斗争。主人公恰茨基是一个具有十二月党人进步思想、酷爱自由、有知识、有理想的青年。他学识丰富，"写作和翻译都很出色"，为完成学业、"寻找智慧"出国游学。少年时代，他与大官僚法穆索夫的女儿索菲娅相爱。三年后，当他从国外归来，回到莫斯科，法穆索夫却要将女儿嫁给斯卡洛茹布上校。法穆索夫的亲友个个保守落后，拼命维护专制的农奴制。目睹俄国贵族社会的黑暗，恰茨基慷慨陈词，痛砭时弊。对社会黑暗的揭露是向往自由的贵族青年的"智慧"所在，但在法穆索夫之流看来，却是非要取缔的洪水猛兽、妄言邪说。就连索菲娅这个恰茨基钟爱的姑娘，也容不得恰茨基的新思想，用背叛回答其对她的一片深情。恰茨基一腔热血，得到的却是"万般苦恼"，最后不得不逃离莫斯科，去寻找抚慰受伤灵魂的地方。

喜剧《聪明误》的角色语言反映了19世纪初俄国社会不同社会阶层各具特色的口头言语。如主人公恰茨基（Чацкий）用军官俚语评价斯卡洛茹勃（Скалозуб）：А тот — **хрипун**[1], **удавленник**[2], **фагот**[3], созвездие манёвров и мазурки! 而这位口气粗，哑嗓子，声音低沉，酷爱马祖卡舞和队列操练。斯卡洛茹勃的言语中不乏军人用词和词形式：Не жалуюсь, **не обходили**[4], однако **за полком** два года поводили[5] 凭良心说，我没错过一次机会，可就是团长候补了两年还没到手呢; А **форменные** есть **отлички**[6]: в мундирах выпушки[7], погончики, петлички[8] 而制服上的镶条、肩

1　хрипун指嗓子嘶哑的人（一般认为，斯卡洛茹勃喊口令喊哑了嗓子）或指好吹牛，说话压低嗓门，嗓音嘶哑的人。19世纪初，俄国首都社交界给具有军人风度、用略带嘶哑声音说话的近卫军军官起的绰号。
2　удавленник被掐死的人。这里用来讽刺当时军官穿的制服，领子高而硬，卡住喉咙。
3　фагот本义是一种木质乐器——巴松管。这里指"说话声音低沉的人"。
4　обходить местом<口语>提职时没有提升某人。
5　поводить<口语>使等候，使久候。
6　<旧>特殊标志。
7　镶在制服缝接处的镶条。现已不用。
8　颜色鲜艳的绣花领章。

章、领章，各有各的标志。女仆莉赞卡（Лизанька）的言语中有大量俗语：Не спи, **покудова**[1] **не скатишься** со стула. 管你困得从椅子上滑下来也不许睡；Сюда ваш батюшка зашел, я **обмерла.** 老爷子刚才来过这儿，我都吓呆了；Хотела я, чтоб этот смех **дурацкий** вас несколько развеселить помог. 我是想用这傻笑给您解解烦恼。城市俗语是莫尔恰林（Молчалин）的最爱：...Надежды много впереди, без свадьбы время **проволочим.** ……我拖延时间不结婚，好另打主意；Пойдём **любовь делить плачевной** нашей **крали**[2]走吧，好叫苦命的女王分享一点爱情。法穆索夫（Фамусов）的言语中不乏方言：... Я должен **у вдове, у докторше**[3] **крестить.** 我要到医生太太家里作洗礼。上层社会老伯爵夫人的言语矫揉造作：Князь, князь! ох, этот князь, по **палам, сам чуть тышит**[4]! 公爷，公爷！嗬，这位公爷，都老糊涂了，还到处赶舞会。Хоть, **мошет,** видели, здесь полицмейстер **пыл**[5]? 或许，您看见一些迹象？警察来过没有？

根据作者意图，喜剧中的所有角色成功使用俄语词，而俗语体现莫斯科方言特点，见于语言体系各个层级：

（1）语音与词形：Дочь, София Павловна! **страмница**[6]! 女儿，索菲亚·巴甫洛夫娜！真丢脸！Лечился, говорят, на кислых он **водах**[7]... 据说，在矿泉区养病……Вы с барышней скромны́[8], а с горнишной повесы. 您在小姐面前唯唯诺诺，女婢面前却动手动脚。Старик заохал, голос **хрипкой.** 老人家啊哟一声，连喉咙都嘶哑了。

（2）词汇：На нас **не подиви.** 请不要怪我们！**Ослы! сто раз** вам повторять?蠢驴！得给你说100次！Ты, Филька, ты **прямой чурбан.** 菲尔

---

1 <副，连，俗> =пока.
2 <阴，俗> 女王，转指美人。
3 у вдове, у докторше是第二格形式，是当时莫斯科人口语中常用的形式；此形式受中部南俄方言的影响。
4 по有各处奔走的意思，即по балам сам чуть дышит.
5 мошет 即может; пыл即был。
6 即срамница.т是插入音，带方言色彩。意为：不要脸的女人。
7 кислые воды一种含有二氧化碳的矿泉水。在这个意义上воды用复数。
8 скромны́ 规规矩矩。重音在词尾，是口语读法。

卡，你就是个笨蛋。Брат, **не финти**¹, не дамся я в обман. 老兄，别唬我了，我不会上当的。

（3）成语：Служить бы рад, — прислуживаться тошно² 干差事倒行，阿谀奉承我觉得恶心。...Ври, да знай же меру. 你说谎也得有个分寸。 Упал он больно, встал здорóво³ 他摔倒痛，爬起来就精神了。Ну как не порадеть родному человечку!... 干嘛不帮帮自己人！…… Грех не беда, молва не хороша⁴ 犯错误不要紧，人言最可畏。Нужен глаз да глаз! 需要时时照管。

（4）词法：Да не в **мадаме**⁵ сила. 实在不怪这位夫人。Ах! От господ **подалей**⁶ 唉！离老爷们远点为妙。...Бледны как смерть, и дыбом **волоса**! ……面无人色，毛发直立! Ночь целую с кем можно так **провесть**! 整个夜晚可以和这样的人一起度过！ **Нейдите** далее, наслушалась я много... 别上去了，我听够了…… Ну, между ними я, конечно, **зауряд**⁷... 在他们中间我当然逊色，不长进…… Я помню, ты **дитёй** с ним часто танцовала... 我记得，你小时候常和他跳舞…… Как можно, в эти **леты**⁸! 不得了，年纪轻轻！ Брат, женишься, тогда меня **вспомянь**! 老兄，结了婚你就会理解我！

（5）句法：Там упражняются⁹ в расколах¹⁰ и в безверьи¹¹ профессоры¹²!!

---

1 <口语>欺骗，愚弄。
2 这句诗现已成为俗语。
3 здорóво 的这种用法当时仅见于口语。
4 这句诗成了俗语：犯罪不要紧，只怕人议论。
5 当时мадам 与 мадама并用，前者不变格，用在姓名前，表示"……夫人"，"……女士"（对家庭女教师不论结婚与否，均以此相称）；后者照阴性名词变格，表"夫人、女士、小姐"之意。сила 作问题的本质、主要问题讲。
6 比较级形式用-ей代替-ее是口语及诗歌中常见的。现作подальше。
7 <旧，口语>庸才。
8 当时口语中某些阳性名词及中性名词的复数第一格词尾-а和-ы并用。现在用в эти годы。
9 这里作训练、教育讲。
10 教会分裂派是17世纪俄国发生的反对官方教会的运动。当时的分裂派运动，一方面，具有群众性，反映人民群众对加强封建剥削的抗议；另一方面，教会分裂使人民放弃对压迫者进行积极斗争。沙皇政府对分裂派曾加以迫害。
11 18和19世纪中，俄国出现不少无神论思想家，如拉季舍夫、别林斯基、赫尔岑等。青年中间无神论也相当普遍。十二月党人克留科夫（Н.А.Крюков）在供词中写道："我感到奴役和愚昧的悲惨处境时，我越加相信只有普及教育能挽救俄国，因而我憎恶宗教偏见……我认为宗教是害多益少的。"
12 当时профессор的复数第一格形式，词尾可用-á，也可用-ы。

— **у них учился наш родня**. 那里的先生竟宣扬分裂派和无神论！我有个亲戚在那儿读书。Пойду **любезничать сквозь слёз**[1] 我就含着眼泪去卖弄风情。Что, сударь, плачете? Живите-ка смеясь[2]... 哭什么，先生，高高兴兴地去吧…… Нет, сударь, я... лишь невзначай... 不敢，老爷，我……只是无意中…… Сергей Сергеич, к нам сюда-с. 谢尔盖·谢尔盖伊奇，请到我们这边来。Любезный человек, и посмотреть — так хват[3]... 可爱的人，一看就知道是个机灵能干的人……。

格里鲍耶陀夫与克雷洛夫对在文学作品中使用生动言语似乎有同样的立场与原则。但若仔细分析俗语在《聪明误》中的功能，则喜剧与寓言在语言上的貌似就不存在了。在格里鲍耶陀夫的喜剧中，可以看到口语与文学语言的关系及二者互为丰富的过程。

俗语有"极高的艺术性"（别林斯基语），其美学意义在于：影响读者和受众的情感，并通过情感"意识"进入文学语言，充当形象表现力手段，履行艺术功能。喜剧中的俗语经过俄罗斯文学语言载体（莫斯科贵族口语）的加工（根据喜欢/不喜欢原则）。奥拓耶夫斯基（В.Ф.Одоевский）十分准确地评价《聪明误》的语言："在格里鲍耶陀夫以前，俄国喜剧是法国喜剧的翻版；那些在六音步诗中经加工润色、贴上米罗诺夫和米勒名字的句子，让人觉得即使读的是原作也像译作，从容自在、无拘束被赶下喜剧舞台。俄国社会特有的悠闲、轻松、准确的语言只有在格里鲍耶陀夫的喜剧中才能找到，也只有在格里鲍耶陀夫的文体中才能体会到俄罗斯情调"[4]。而该情调的创造有赖于具有美学意义和情感色彩的口语词：

Тьфу! оплошал[5]. — Ах, мой создатель!	呸！失脚了。——"唉，我的造物主！
Дай протереть глаза; откудова? приятель! ...	让我擦擦眼睛，您从哪儿来？朋友！

1　含着眼泪。当时口语中сквозь要求第二格。
2　смеяться 当时有веселиться之意。此地смеясь用作副词。
3　不定式посмотреть在这里已转化为具有鲜明情感色彩的虚词。хват<口语>机灵能干的人。
4　转引自：Грибоедов А.С.Полн. собр. соч. СПб, 1913.Т.2.С.310.
5　跌跤，据俄罗斯以往的迷信说法，是遇见好朋友的预兆。

Сердечный друг! Любезный друг!	知心好友！可爱的友人！
Mon cher[1]! …	我亲爱的！
Вот фарсы мне так часто были петы,	别人常拿我当笑话，
Что пустомеля я, что глуп, что суевер,	说我废话多，愚蠢，迷信，
Что у меня на всё предчувствия, приметы;	说我尽谈些预感、兆头；
Сейчас... растолковать прошу,	此刻……您信不信？
Как будто знал, сюда спешу,	我似乎预感到您在，赶快跑来，
Хвать, об порог задел ногою,	门槛上绊了一下，
И растянулся во весь рост.	跌个前翻滚"。

这段话的整体结构是口语性的，书面语词（создатель, сердечный друг, любезный друг，предчувствия）和外来词（mon cher, фарсы）也受其影响。而作为文本构成要素的俗语词（тьфу, оплошал, протереть глаза, откудава, пустомеля, хвать, об порог задел ногою, растянулся во весь рост）在文学文本中变得美观、感性（有很多感叹词），成为刻画角色的手段。诗性词语的修辞色彩在喜剧语言中被中和。如在...откудова? приятель!一句中，平行使用俗语词和带古斯拉夫语后缀的书面语词，二者的修辞色彩在语境中相互抵消、中和，成为口语词。这一方面模糊了书面语与口语的界限，另一方面也在修辞上划定了俗语与粗俗语的使用范围；使粗俗语在书面语的语境中不再低俗，向俗语过渡：Засудят **об делах**, что слово — приговор, — ведь столбовые[2] всё, **в ус никого не дуют**[3]（我们这辈儿老人）兴头上议论纷纷，每说一句话就像金科玉律；因为都是世袭贵族，什么人都不放在眼里。Дочь, София Павловна! **страмница**!! 女儿，索菲亚·巴甫洛夫娜！真丢脸！**Сденьте** шпагу. 请把佩剑解下。... В книгах **прок-от** не велик. 读书没什么用。在这种情况下，俗语与粗俗语在语义和修辞上形成对立。比较：

1　法语：我亲爱的。
2　столбовые用作名词，表示столбовое дворянство（世袭贵族）之意，与личное дворянство（及身贵族，非世袭贵族）对立。后者多因有军功或其他功劳取得贵族称号，但不能传给子孙。
3　<口语>不放在眼里。

Благодарю покорно,	对不起,
Я скоро к ним вбежал!	怪我来得突然！
Я помешал! я **испужал**!	我打扰了！我惊扰了！
Я, Софья Павловна, расстроен сам, день целый	索菲亚·巴甫洛夫娜，我自己也混混沌沌，
Нет отдыха, **мечусь как словно угорелый**...	整天没个休息，忙忙碌碌……

粗俗语испужал与俗语词组мечусь как словно угорелый在修辞上形成对立。

格里鲍耶陀夫用俗语勾画喜剧人物的言语特征，从语言和修辞的角度区分角色言语。从语言角度看，每个角色的言语均由角色的出身、兴趣、受教育程度和文化水平决定。如：刚从国外归来、思想进步、酷爱自由的青年恰茨基的言语充满政论性，言语中不乏抽象词：отечество祖国, творчество创作, предание传说, покорность服从, страх恐惧, усердие勤奋, древность古代, суждение见解；复合词：низкопоклонство卑躬屈膝, раболепство奴性, слабодушие懦弱, чужевластие外来者的统治；描述性结构：певец зимней погоды летней冬天里讴歌夏季天气的歌手；прошедшего житья подлейшие черты 往日生活中最糟糕的事；судьба любви爱的缘分；形象化手段：Числом побольее, ценою подешевле 人越多，束修越低；量越大，价格越便宜。Ещё ли не сломил безмолвия печати?[1] 他还那么缄口不言？Чины людьми даются, а люди могут обмануться. 官爵凭人铨叙，人是有可能看错的。上校斯卡洛茹勃使用军人专用词语：...Мы с нею вместе не служили[2] ……我和她没在一起服务过。Чин следовал ему. 正好轮到他晋升。...У нас в пятнадцатой дивизии ……在我们第十五师里。...За полком два года поводили. ……团长候补了两年还没到手。А форменные есть отлички; в мундирах выпушки, погончики, петлички. 各有各的标志：制服上的镶条、肩章、领章。Он в три шеренги вас построит. 他把你们排成三列。索菲亚侍女丽莎（Лиза）的言语中常有暴

---

1 <诗歌用语>默不作声的习惯。
2 вместе служить是军人常用语：在一块儿服役。

露其出身的词语，如语气词-c、-ка[1]：послушайте-с请听一听，извольте-ка请吧，да полноте-с！得——了吧！живите-ка住着吧；具体义词汇：часы钟表，дом房子，ставни护窗板，сени门厅，ребёнок婴儿，девушка姑娘，буфетчик小卖部服务员；日常生活词汇：започивала就寝，метут洒扫，убирают收拾；волосы чернить染发；в комнате вода стоит房间里有水；не нужно перевязки不需要包扎；который кормит и поит给吃给喝的人；通用表达式：нужен глаз да глаз需要时时照管；к лицу ль вам эти лица这些人对您是否合适；Ну вот у праздника! Ну вот вам и потеха! 要过节啦！真开心！прибавит сто прикрас言过其词；зашла беседа ваша за ночь 你们曾彻夜长谈。老伯爵夫人发音不准，说起话来带外语腔：Поетем, матушка, мне прафо, не под силу, когда-нибуть я с пала та в могилу. 母亲，我们走吧，我真的没劲了，总有一天我会从舞会直接进入坟墓。伯爵小姐的言语中有法语闪现：Il vous dira toute l'histoire... 让他来向你报告……

　　从修辞角度看，喜剧角色使用带修辞色彩的俄语词。对比正面和负面角色的言语不难发现，正面角色的言语大都文绉绉，用陶冶思想情感的书面语遣词造句[2]。如恰茨基讲话带有明显的书卷气：Где, укажите нам, отечества отцы[3], которых мы должны принять за образцы? 您说说，哪里有祖国之父，我们的榜样？赫利奥斯托娃（Хлёстова）使用俗语和粗俗语：Я помню, ты **дитёй** с ним часто танц**о**вала. 我记得，你小时候常和他跳舞。Легко ли в шестьдесят пять лет **тащиться** мне к тебе, племянница? 侄女儿呀，我65岁跑来赶你的舞会，容易吗？纳塔莉亚·德米特里耶夫娜（Наталья Дмитриевна）的言语体现上流社会沙龙常客特有的交际习惯：Мой ангел, жизнь моя, бесценный, душечка, Попошь[4], что так уныло? 我的安琪儿，我的命根子，宝贝，我的灵魂，好普拉顿，怎么不高兴了？索菲亚的言语修辞呈中性：Была у батюшки, там нету никого. Сегодня я больна и не пойду обедать, скажи Молчалину

1　这类语气词接在命令式或其他表示祈使的词后，可使语气变得缓和、委婉，以示礼貌和恭维。
2　Винокур Г.О. История русского литературного языка. М.:Книжный дом «ЛИБРОКОМ». 2010. С. 86.
3　古罗马时，有功于国家的人被称为祖国之父。
4　对丈夫Платон的爱称。

и позови его, чтоб он пришёл меня проведать. 我到父亲那儿去过了，一个人也没有。今天我不舒服，午饭就不去吃了。你告诉莫尔恰林，叫他来看我。列毕季洛夫（Репетилов）的言语具有口语色彩：Пускай лишусь жены, детей, оставлен буду целым светом, пускай умру на месте этом, и разразит меня Господь... 让我妻离子散，成为众人不齿的人，让我立地死去，上帝勾去我的魂……。法穆索夫（Фамусов）的言语修辞色彩多样：Вкус, батюшка, отменная манера[1]; на всё свои законы есть; вот, например, у нас уж исстари ведётся, что по отцу и сыну честь; будь плохонький, да если наберётся душ тысячки две родовых[2], — тот и жених. 时尚不同，老兄[3]，格调出众；一切都有自己的规矩；举例说，我们这儿保留着父贵子荣的古老传统；不管你人品怎么低，只要有两千名祖传农奴，就是个吃香的求婚人。对不同的人法穆索夫用不同方式、不同语气讲话。对仆人粗鲁：Ты, Филька, ты прямой чурбан. 菲尔卡，你就是个笨蛋。对恰茨基毫不客气：Ну выкинул ты штуку! Три года не писал двух слов![4] И грянул вдруг как с облаков. 嘿，你开了个大玩笑！三年来不寄一个字来！突然间从天而降。对斯卡洛茹勃巴结献媚：Сергей Сергеич, к нам сюда-с. Прошу покорно, здесь теплее; Прозябли вы, согреем вас; Отдушничек отвернем поскорее. 谢尔盖·谢尔盖耶维奇，请到这边来，恭候恭候，这儿热一点；您受冻了，给您暖和暖和；赶快打开壁炉门。对莫尔恰林十分随便：Нельзя ли для прогулок подальше[5] выбрать закоулок? 散步怎么不选个远点儿的地方？对丽莎关怀备至：Ведь экая шалунья ты, девчонка. 你这丫头真调皮。对索菲亚倍加温柔：Ну, Сонюшка, тебе покой я дам... Поди-ка ляг, усни опять. 好吧，索妞什卡，我让你安静……你再去睡一觉。

格里鲍耶陀夫不仅把通用的成语，而且把自创的形象短语与固定表达式用作形象表现力手段。如谚语：упал он больно, встал здорово 他摔倒痛，爬起

---

1 非常的风尚。
2 指祖先遗留下来的农奴。这类农奴与因功获得的农奴对立。
3 这里指斯卡洛茹勃（Скалозуб）上校。
4 指很短的信也没有写来。
5 这里的单一式比较级用作закоулок的定语。

来就精神了；свежо предание, а верится с трудом 故事很新鲜，却令人难以置信；俗语：с чувством, с толком, с расстановкой 要带情感、有节奏、加停顿；говорит, как пишет 说话像写文章一样，滔滔不绝；завязать на память узелок 用手帕打结作为提醒某事的记号，牢牢记住；расшибиться в пух 被彻底粉碎；成语：голову сломя 拼命地，飞快地；сон в руку<谑>梦应验了；мочи нет 没劲儿了；дать маху 搞错，失误。

形象化言语是喜剧所有角色的最爱。恰茨基：Служить бы рад, — прислуживаться тошно. 干差事倒行，阿谀奉承令人恶心。索菲亚（София）：Счастливые часов не наблюдают. 幸福的人儿不看钟。列毕季洛夫：Шумим, братец, шумим. 喧嚷，老兄，就是喧嚷。赫列斯托娃：Всё врут календари. 日历总在说谎。丽莎：Минуй[1] нас пуще[2] всех печалей и барский гнев, и барская любовь. 上帝保佑，别碰上老爷的怒和老爷的爱。法姆索夫：Что за комиссия, создатель, быть взрослой дочери отцом[3]! 主呀！成年女儿的父亲，肩上担子真不轻！斯卡洛茹勃：Мы с нею вместе не служили. 我和她没有一起服务过。莫尔恰林：В мои лета не должно сметь своё суждение иметь. 在我这个年纪不应有自己的见解。普拉东·米哈伊洛维奇（Платон Михайлович）：От скуки будешь ты свистеть одно и то же. 无聊时你会反反复复地唱老调。娜塔莉雅·德米特里耶芙娜：... За что в глуши он дни свои погубит! 干嘛要到穷乡僻壤去虚度年华！可以讲，正是"剧中角色（主要、次要、正面、中性和负面）的对白创造了《聪明误》中的俗语，而俗语是喜剧语言的重要元素"[4]。

喜剧表达式有固定的文体：书面体：ещё ли не сломил безмолвия печати? 他还那么缄口不言？рассудку вопреки, наперекор стихиям 违反常理，违背自然；口语体：Нельзя ли для прогулок подальше[5] выбрать

1　第二人称单数命令式用以指第三人称复数（主语是гнев和любовь），表示愿望。
2　同больше，这是19世纪初口语中常用的词，现具有俚俗色彩。
3　这句诗成了俗语，表示：女儿成年了，父亲的操心事不少！комиссия—麻烦事，此处指女儿婚嫁之累。
4　Винокур Г.О. Избр. работы по русскому языку. С.294.
5　单一式比较级подальше用作закоулок的定语。

закоулок？散步怎么不选个远点儿的地方？Ну как не порадеть родному человечку!... 哪能不优先照顾亲亲眷眷呢！俗语体：Отпрыгал ли свой век他是不是死了；Ужли с ума сошёл? 他发神经了吗？；粗俗体：да не в мадаме сила 实在不怪这位夫人；сгибался в перегиб 他点头哈腰，卑躬屈膝。

表达式的艺术魅力还体现在答话中：Шутить! и век шутить!（София）开玩笑！总是开玩笑！对话里：— Ой! зелье, баловница. — Вы баловник, к лицу ль вам эти лица!（Фамусов – Лиза）"哦！迷人的，淘气精"。"您淘气，这副好色的尊容与您身份相称吗？"一个角色对另一角色的评价中：Профессоры[1]!! — у них учился наш родня, и вышел! хоть сейчас в аптеку, в подмастерьи[2]. От женщин бегает[3], и даже от меня! Чинов не хочет знать! Он химик, он ботаник, князь Фёдор, мой племянник.（Княгия Тутоуховская）"那里的先生啊！！我有个亲戚在那地方（师范学堂）读书，毕了业，药房里当个帮手满可以；他不接触女人，见了我老娘也回避！不愿当官！他化学和植物学是行家里手，费多尔我的侄子。"角色言语的语音上：Что? к **фар**ма**зо**нам[4] в кло**б**[5]? Пошёл он в **п**усурманы[6]?（Графиня бабушка）"什么？加入了共济会？成了异教徒？"独白里：Ах! как скоро ночь минула!（Лиза）"唉！夜过得这么快！"评价人本身：Увидишь человек нас сорок, фу! сколько, братец, там ума! Всю ночь толкуют, не наскучат, во-первых, напоят шампанским на убой, а во-вторых, таким вещам научат, каких, конечно, нам не выдумать с тобой. 你会见到我们40位弟兄！嘿，老兄，多少聪明人物啊！通宵高谈阔论，从不消沉片刻。主要是香槟酒可以喝个饱；其次，可以学到许多东西，这些学问是你我想不出来的；人的行为：...На весь квартал симфонию гремишь. "满屋子叮叮咚咚，像交响

1　当时的профессор复数第一格词尾既可用-а，也可用-ы。
2　系подмастерье（帮手）的第四格，与第一格相同。
3　作избегать讲，该词义现已陈旧。
4　是франк-масон之讹。共济会（масонство）是18世纪在欧洲各国产生的宗教神秘运动，参加者多为上层阶级。俄国共济会出现于18世纪30年代。1922年被官方查禁。
5　<旧>=клуб。
6　即бусурманы异教徒，对非东正教人士的不友好的称谓。这里指一切非正教教徒。带蔑视语气。

乐似的"; 人的动作: Легко ли в шестьдесят пять лет тащиться мне к тебе, племянница? "侄女儿呀，我65岁跑来赶你的舞会，可是不容易呀！"主人公的处境: Сюда ваш батюшка зашёл, я обмерла; вертелась перед ним, не помню, что врала. "老爷子刚才来过这儿，我都吓呆了；支吾他一阵子，扯些什么自己也记不清了。"一句话，体现在对周围现实世界准确而简洁的描写中。

诗性的口语词、从容轻松的音调、简洁的句法、丰富的名言警句和对话形式，所有这一切让《聪明误》的语言变得独特而典雅（尽管喜剧中的俗语词、词形式和表达式不比克雷洛夫寓言中的少）。这表明，格里鲍耶陀夫在把俗语引入文学文本时，不仅让生动言语进入文学作品，而且赋予其特定功能。生动言语的美使《聪明误》成为了"语言的演绎场（театр слова）"[1]，也使格里鲍耶陀夫喜剧语言的民族性具有了文艺学的性质。因为语言也是一种艺术手段。

综上，前普希金时代，俄罗斯文学语言继续发展，笔语与口语相互靠近、书面语与口语、俗语在文学作品中有机结合、语言资源得到规范、新文体类别出现等趋势显露无遗。正如维诺格拉多夫所言："19世纪初的进步作家（格里鲍耶陀夫、克雷洛夫、雷列耶夫等）不仅把这一时期文学语言中的规范表达式用作艺术表现力手段，而且把民间口语中广泛使用、但还未加工规范的言语也用作艺术表现力手段。这种巧妙利用、积极甄选使生动口语中典型的表达式与结构在全民文学语言体系中站稳脚跟，促进了文学语言的进一步发展与完善"[2]。

本章小结

1. 18世纪末—19世纪初，俗语作为生动言语形式进入文学文本，使文学语言具有了鲜明的民族性，成为不同文学流派作家写作的语言基础。尽管不同作家对在文学作品中使用生动言语的看法不一，但有一点是共同的，那就是俄罗斯的民族性体现在俄语口头言语中。作家建构言语必须考虑口语元素。

2. 俄罗斯伟大的寓言作家克雷洛夫率先把俄语口语、俗语用于文学创作。他用俗语描写国民生活中最生动、最直接、最原始的状态，讽刺揭露社会弊端与人

1　Винокур Г.О. Избр. работы по русскому языку. С.300.
2　Виноградов В.В. Избр. труды: История русского литературного языка. С.199.

的恶习。寓言中的谚语、俗语、固定表达式饱含民间智慧与百姓经验。克雷洛夫的创作促进了俄罗斯文学语言的民族化与民主化，其语言集俄语之优势，有很强的吸引力。简言之，克雷洛夫提升了俗语的地位，将其带入文学殿堂。

3. 十二月党人—诗人不是语言的改革者、革新者、新修辞体系的奠基人，但他们的作品语言提供了从俄罗斯民族语言中精选词汇的原则。他们用术语词表达自己的政治信仰、思想观念和世界观，他们追求民族风格的表达形式与大众化描写手段，以各种方式更新词汇，为普希金最终创立俄语标准语新修辞体系铺平了道路。

4. 格里鲍耶陀夫是19世纪初的俄罗斯剧作家，他创作的喜剧《聪明误》是俄罗斯文学最杰出的讽刺喜剧。喜剧语言反映了19世纪初俄国社会不同社会阶层使用的口语、俗语与粗俗语，角色语言各具特色。俗语作为形象表现力手段在喜剧中履行审美功能，影响受众的情感与意识。

5. 克雷洛夫将俗语用于文学作品，促进文学语言民主化；格里鲍耶陀夫选用俗语，开发其在描写、表述上的潜能，但二者均无法使文学语言成为反映俄罗斯现实生活的完美工具。这个任务留给了普希金。是普希金改变了俄罗斯文学语言的表现形式，并将其推向顶峰。普希金的作品语言直接或间接地反映了17世纪至19世纪头30年俄罗斯文学语言的历史，为俄罗斯文学语言提供了最佳范例。他集俄罗斯民族语言之活力，从"历史"与"人民性"的高度对不同言语要素[1]进行创造性全新整合，使其成为通俗易懂的理想语言[2]。该语言将文学书面语与生动口语、民间文学语言有机结合，形成俄罗斯民族民主化语言，即俄语标准语。

1　教会斯拉夫语词；欧洲外来词，首先是法语外来词；俄语中的生动言语。
2　参阅Виноградов В. В. «Язык Пушкина» М.-Л. 1935.

下篇
现代俄语标准语

第六章

从普希金到十月革命前的俄语标准语
（19世纪30年代—20世纪初）

1. 现代俄语标准语的奠基人 —— 普希金

亚历山大·谢尔盖耶维奇·普希金（А.С.Пушкин，1799—1837）在俄国文学史上是继往开来的人物，他既是俄国浪漫主义文学的杰出代表，又是现实主义文学的开山鼻祖，被称为"俄国文学之父""俄国诗歌的太阳"。与此同时，普希金在俄语标准语发展史上也做出了无与伦比的贡献，被公认为是现代俄语标准语的奠基人。正如俄国著名作家屠格涅夫（И.С. Тургенев，1818—1883）所指出的那样，普希金"一个人完成了其他国家需整整百年或者更长时间来完成的两份工作，那就是：创建语言和文学。……我们及我们的后代只需沿着天才开辟的道路前进即可[1]。"

А.С.Пушкин, 1799–1837

19世纪30年代，俄语标准语的主导地位由文学语言占据，普希金以其体裁多样的文学创作全面规范了文学语言，奠定了俄语标准语的基础，这些语言规范不仅是普希金时代所特有的，而且至今依然存在。因此，传统上把从普希金时代起的俄语称作是现代俄语。革命领袖列宁指出，有必要编写一部从"普希金到高尔

1　Тургенев И.С. Собр. соч.. В 12 т. М.: Художественная литература. 1976—1979. Т. 12 . С. 229-230.

基[1]"的现代俄语词典。

普希金所处的时代是外来语时髦的年代。正如诗人作品中所说,"贵妇的爱情不用俄语表白",上流社会的谈话大多使用的是法语。普希金的父亲为世袭贵族,爱好文学,崇尚法国文化,拥有众多法语图书;文化名人卡拉姆津、茹科夫斯基等都是普希金童年时家中的常客,这一切无疑都影响到了诗人早期的文学趣味。

普希金在创作早期(1811—1817)是"文学语言欧洲化的支持者[2]",主张书面标准语应该与受过教育的贵族阶层的口语接近。普希金在不断实践和探索的过程中,经历了彼得堡时期(1817—1820)、南方流放时期(1820—1824)、幽居世袭领地米哈伊洛夫斯克耶村落时期(1824—1826),在重返莫斯科和彼得堡时期(1826—1837)收获了创作上的"波尔金诺的秋天",最终形成了自己独特的语言立场,完成了对标准语语言体系和修辞体系的改革。

为把俄罗斯民族语言文化中富有生命力的元素吸收到标准语中,普希金在自己的创作大熔炉里对不同来源的语言进行了崭新而独特的融合,并在此基础上形成了俄语标准语体系。这些不同来源的语言分别是:(1)教会斯拉夫语;(2)西欧语言(主要是法语);(3)大众口语。

在普希金看来,教会斯拉夫语蕴含若干世纪以来的俄罗斯民族语言文化,具有民族和历史的延续性。教会斯拉夫语接近俄语,具有与俄语吻合的粗犷、简洁与质朴,因此,不应置这一极为丰富的语言遗产于不顾。教会斯拉夫语中一切有活力的元素,都可以用于文学创作。在使用教会斯拉夫语时,普希金以其特有的分寸感仔细地挑选教会斯拉夫语词汇,尽力将其从宗教色彩中、从高雅体的专属中解放出来,拓宽其使用界限,使这一"带有鲜明民族风情的古老表达方式复活,并在教会斯拉夫语与鲜活口语融合的基础上创建了令人惊异的文学修辞和多样的体裁[3]"。

在"合理性和合适性"原则(принцип «соразмерность и

---

[1] Ленин В.И. Полн. собр. соч. 5-е изд. М.: Изд. Политической литературы. 1967. Т. 51. С. 122.

[2] Виноградов В.В. Очерки по истории русского литературного языка. М.: Высшая школа. 1982. С. 252.

[3] Виноградов В.В. Очерки по истории русского литературного языка. М.: Высшая школа. 1982. С. 259.

сообразность»）的统领下，普希金赋予斯拉夫词语一定的修辞功能[1]：第一、使叙述具有崇高庄重的色彩；第二、使行文具有历史感；第三、使作品人物具有一种滑稽可笑的色彩，起到讽刺作用；第四、把教会斯拉夫词语作为一种同义手段使用；第五、把教会斯拉夫词语用作学术著作、政论文中的"元语言"，即抽象词语。

例如：Красуйся, град Петров, и стой / Неколебимо как Россия, / Да умирится же с тобой / И побежденная стихия; / Вражду и плен старинный свой / Пусть волны финские забудут / И тщетной злобою не будут / Тревожить вечный сон Петра! 巍然矗立吧，彼得的城！/ 像俄罗斯一样的屹立不动；/ 总有一天，连自然的威力 / 也将要对你俯首屈膝。/ 让芬兰的海波永远忘记 / 它古代的屈服和敌意，/ 再不要挑动枉然的刀兵 / 惊扰彼得的永恒的梦[2]。

Я памятник себе воздвиг нерукотворный, / К нему не зарастет народная тропа, / Вознесся выше он главою непокорной / Александрийского столпа. 我为自己建起非人工的纪念碑，/ 人民走向它的路径不会荒芜，/ 它高高地昂起那不屈的头颅，/ 高过亚历山大石柱[3]。

普希金在谈及俄国的命运、彼得大帝的伟业、诗人创作的不朽时，用斯拉夫语非全元音词град城，глава头颅（俄语全元音词为город, голова）表达崇高庄重的色彩。

大众口语是另一种体现民族基础的源语言，普希金称之为"鲜活而沸腾的源泉"。在此类语言中诗人看到了人民对事物准确而直接的描述，对人类思想感情形象而生动的表达。在民谣、谚语和童话中普希金发现了大量"天然的语言矿石"。在对人民口头语言进行加工与提炼方面，继克雷洛夫寓言、格里鲍耶陀夫喜剧之后，由普希金实现了将人民口语元素和谐地融合在几乎所有体裁的文学文本中。普希金大胆地将斯拉夫语和大众口语融合在自己的文学创作中，两者都

1　Ефимов А.И. История рус. лит. языка М.: Учпедгиз. 1961.С.169-171; Виноградов В.В. Очерки по истории рус. лит. языка. М.: Высшая школа. 1982. С. 259-262; Он же. Язык Пушкина. М.–Л.1935. С.119-212.

2　青铜骑士—彼得堡的故事—穆旦译文集，第5卷，北京：人民文学出版社，2005年，第521页。

3　我为自己建起非人工的纪念碑—普希金全集，第3卷，石家庄：河北教育出版社，1999年，第354页。

成为俄语标准语中不可分割的一部分。"与大众口语的融合促进了斯拉夫语俄语化，而与斯拉夫语的融合使口语跻身于全民标准语的行列[1]"。

普希金从大众口语中遴选语言材料，将"通俗易懂、获得全民认可的词语引入文学[2]"，用人民语言中的日常词汇来描述俄国乡村和城市的典型生活特点，例如：щи 白菜汤, печка 炉子, блины 薄煎饼, квас 克瓦斯, изба 木屋, кафтан（旧式）男外衣, 长袍。在模仿口头民间创作的作品中，普希金使用口头民间创作的词汇及形象表达手段，例如：золовка 大（小）姑子，丈夫的姐妹，кум 干亲家（小孩的父母及教母对小孩教父的称呼），сват 亲家（翁），невестушка 达到婚龄的姑娘；красно-солнце 火红的太阳，красная девка 美丽的姑娘，пьют да гуляют 狂饮作乐。为了塑造主人公的言语形象，如士兵、农民、驿站车夫等，普希金在其对话中广泛使用百姓口语表达手段，如《叶甫盖尼·奥涅金》中奶妈的言语：А ныне все мне темно, Таня: / Что знала, то забыла. Да, / Пришла худая череда! / Зашибло... 可现在我糊涂了，达尼娅：/ 从前知道的，现在忘掉了。/ 那倒霉的时辰快要到了！/ 我老糊涂啦[3]……

在对待外来语问题上，普希金肯定每种语言的民族独特性，极力限制无正当理由地使用外来语，与此同时，在"合理性和合适性"原则的统领下，普希金不反对使用那些不会影响到母语发展自由的外来语，不反对使用那些丰富俄语并为俄语带来崭新的、极为需要的言语手段的外来语。正如《叶甫盖尼·奥涅金》中所描写的那样：Но панталоны, фрак, жилет, / Всех этих слов на русском нет, / А вижу я, винюсь пред вами, / Что уж и так мой бедный слог / Пестреть гораздо меньше б мог / Иноплеменными словами, / Хоть и заглядывал я встарь / В Академический Словарь. 但是长裤、燕尾服和坎肩/全都不是俄语里的字眼；/而对不起诸位，我很知道，/即使如此，我这可怜的诗/已夹杂不少外国的词语，/它们本来应该比这更少，/虽然我早先曾不止一

1　Камчатнов А.М. История русского лит. языка XI-первая половина XIX века. М.: Академия. 2008. С.533.

2　转引自：Ковалевская Е.Г. История русского литературного языка. М.: Просвещение. 1978. С. 298.

3　《叶甫盖尼·奥涅金》，智量译，武汉：长江文艺出版社，2010年，第96页。

遍，/ 翻查过那部科学院辞典[1]。在该诗体小说的第一章中，还可以找到若干描述首都贵族生活的外来语词，如：бал舞会，мода时尚，бульвар林荫道，франт衣着讲究的人；在《别尔金小说集》中：шампанское香槟，манеж跑马场，пистолет手枪，дуэль决斗；在《黑桃皇后》中：этикет礼节，интрига阴谋、倾轧，等等。

据统计[2]，普希金作品中所使用的西欧外来语词（按词量降序排列依次为法语、德语、英语）共计1380个（约占《普希金语言词典》收录词条的6.5%），其中约93%至今仍然在积极使用（如：авторитет权威，адрес地址，вальс华尔兹舞），约7%被标注为"古旧""历史"词（如：фрейлина宫女，фижмы箍骨裙）。

总之，普希金的语言首次实现了俄语语言主要来源词的动态平衡与完美融合，在此基础上，瓦解了旧修辞体系，消除了18世纪盛行的语体三分法的界限，打破了文学作品语言修辞单一性的限制，为在同一作品中融合不同修辞色彩的词语和表达式开创了广阔的空间，为以现实主义方式描述各种生活场景、揭示作者对现实的态度提供了更大的自由。普希金的创作活动最终解决了大众口语和标准语的关系问题：两种语言类型从互为隔绝转变到相互联系、相互影响，使标准语，一方面，获得了口语的自然性，另一方面，使口语跻身为标准语的一员。二者之间已不存在实质性的差异，最终形成标准语的两种变体——口语和书面语，两者各有特点，但没有根本区别。

普希金时代至今已过去近两个世纪，其间俄语伴随着社会的变迁发生了诸多变化。这些变化多出现在词义的扩大、缩小或转移，某些词汇消失，新词出现，语音、词法和句法方面有所变化，修辞色彩也有些许改变。

2. 莱蒙托夫和果戈理对标准语发展的贡献

普希金开启了俄国文学与语言发展的新时期，在接下来的19世纪中期—20世纪初，俄国接连涌现出了灿若群星的世界级语言大师：莱蒙托夫、果戈理、屠格

1　同上书，第22页。
2　Вячеславовна Е.М. Заимствованная лексика западноевропейского происхождения в языке А.С.Пушкина. Автореф. Нижний Новгород, 2009.С. 11

涅夫、陀思妥耶夫斯基、托尔斯泰、契诃夫等，他们沿着天才普希金开创的道路继续前进，即"发扬普希金从标准语和鲜活口语中遴选语言手段的传统[1]"，为俄语标准语规范的完善创作了更多艺术典范。本节着重对紧随普希金之后的莱蒙托夫和果戈理对标准语发展的意义和作用加以介绍。

莱蒙托夫（М. Ю. Лермонтов 1814—1841）

一位诗坛巨匠的陨殁，造就了另一位诗坛巨匠的诞生：普希金在决斗中负伤身亡之后，莱蒙托夫为了表达对诗人之死的震惊与哀悼，控诉导致此悲剧的上流社会，创作了《诗人之死》，该诗作使其一举成名，被公认为是普希金的后继者。莱蒙托夫深受普希金的影响，但又试图在文学创作中找寻新途。别林斯基曾指出："莱蒙托夫完全是另一时代的诗人，他的诗歌也完全是我们社会历史发展锁链上的崭新的一环[2]。"

М. Ю. Лермонтов, 1814–1841

"莱蒙托夫的语言较之普希金更自由……莱蒙托夫继普希金之后，在将俄语从旧教会书面语残余中解放出来的道路上向前更迈进了一步[3]"。莱蒙托夫较少使用传统诗歌的语言手段，斯拉夫语在其作品中只是作为创作诗歌语体的手段来使用。莱蒙托夫诗歌语言的基础是"现代俄语标准语中的中性词汇、全民通用语言手段，在此背景下还使用了书面语和口语[4]"。为了丰富俄语标准语，莱蒙托夫在诗歌创作中使用了西欧诗界提炼和沉淀下来的外来语词和概念，其中很多已经获得了国际性，例如：лирика抒情诗，поэма长诗，строфа诗节，сорт品种，бриллианты钻石，мадам女士。莱蒙托夫沿着普希金开辟的道路，继续着标准语的民主化进程，从鲜活口语中遴选语言手段，将俚俗语元素广泛引入标准语，使用民间口头创作的诸多表达方式，实现了标准语

1　Ковалевская Е.Г. История русского литературного языка. М.: Просвещение. 1978. С.319.
2　Белинский В. Г. Полн. собр. соч.: В 13 т. М.: Издательство Академии наук СССР, 1953–1959. Т. 4. С. 521.
3　Виноградов В.В. Язык Лермонтова – Русский язык в школе, 1938, №3,С. 46.
4　Ковалевская Е.Г. История русского литературного языка. М.: Просвещение. С.325-326.

与鲜活口语的有机融合，创作了现代俄语标准语诗歌语体的典范。

在俄国散文体语言形成方面莱蒙托夫更发挥了重大作用，继续着普希金将散文体语言从公文语言、古旧语言、斯拉夫语言中解放出来的创作活动。莱蒙托夫的散文体语言简练朴素，生动形象，严密清晰，对该语言风格的追求直接体现在其创作的诗歌中：Когда же на Руси бесплодной, / Расставшись с ложной мишурой, / Мысль обретет язык простой / И страсти голос благородный? 思想在这荒漠的俄罗斯/何时才能抛弃浮华虚文,/而找得简练纯朴的语言/和那崇高的热情的声音[1]？长篇小说《当代英雄》更是对该语言风格的最鲜明体现。莱蒙托夫在这部小说中使用了"包含所有形式和丰富语体的现代俄语标准语[2]"。其中既有含抽象词语、科学术语的书面语（如：ненависть痛恨, искренность真诚, излечить医治），又有含日常通用词汇的口语（如：насилу很勉强地, чудно奇怪地, прыг一跳, цап-цап一下抓到）；以及受到社会、民族、职业、心理特点影响的语言表达。可以说，莱蒙托夫在《当代英雄》中将一切可能的表达手段融为一体，实现了书面语和口语的融合。

在俄语标准语的历史上，莱蒙托夫的语言具有十分重要的意义：其语言"最终彻底打破了18世纪文学语体的传统[3]"，这不仅对文学语体产生了重要影响，而且影响到"从40年代起在俄语标准语体系中占据中心位置的报刊政论语体[4]"。

果戈理（Н. В. Гоголь 1809—1852）

尼古拉·瓦西里耶维奇·果戈理，出生于乌克兰地主家庭，是俄国文学史中"自然派"（натуральная школа）和批判现实主义文学的典型代表。"从果戈理起在俄国确立了全新的语言：我们无限喜欢它的简洁有力、精准生动，接

Н. В. Гоголь, 1809—1852

---

1 余振译，莱蒙托夫诗歌精选，太原：北岳文艺出版社，2010年，第188页。
2 Ковалевская Е.Г. История русского литературного языка. М.: Просвещение. 1978. С.327.
3 Виноградов В.В. Очерки по истории русского литературного языка. М.: Высшая школа. 1982. С. 327.
4 Там же. С. 328.

近自然。所有果戈理的词语表达很快进入全民通用领域……所有年轻人开始用果戈理式的语言说话[1]"。

在标准语发展脉络上，果戈理沿着普希金开创的道路继续拓宽标准语的界限，丰富和完善标准语体系。果戈理指出了俄语标准语的两种来源："教会圣经语言"和"散落各省的方言"，这样可以使语言达到"任何其他语言无法企及的高度和最迟钝的人也能明白的简洁[2]"。与此同时，与俄语同源的乌克兰语也成为俄语标准语的源语言之一。但在果戈理的创作实践中，对教会圣经语言使用非常有限，作家浸入百姓语言，汲取营养，吸收鲜活口语手段，拓展文学语言界限，精心遴选使用各省各地、各行各业的语言。果戈理深刻理解人民大众口语的作用，对其进行加工提炼，赋予其文学艺术价值。此外，果戈理最大限度地让口语句法与书面语句法接近，用新的叙述形式丰富俄语。最终，在鲜活语言的基础上，创作出具有喜剧效果的言语手段体系。果戈理的文学创作活动决定了果戈理在俄语标准语史上的意义和作用。

果戈理作品语言的特点是：广泛使用社会职业行话，对其精雕细琢后，将其巧妙地融入文学语篇。如商人行话：барыш利润，магарыч酬谢宴，酬金，продать с барышом盈利出售，вылететь в трубу破产，ударить по рукам成交；公文行话：прошение呈文，постановление命令，жалоба申诉书，завещание遗嘱，казенная бумага公文；职务及官衔名称：столоначальник领导人，секретарь秘书，курьер通信员，писарь文书；办公地点名称：департамент局，канцелярия办公室，поветовый суд县法院。广泛呈现了人民词汇的所有层面，特别是用来表达农业生产过程、农产品的农民常用词汇，如：пересушка晾晒，покосы割草，жатва收割期，молотьба打谷期，запашка耕地，метать стога堆干草垛，рожь黑麦，ячмень大麦，пшеница小麦，овес燕麦，скотный двор牲畜棚，амбар粮仓，гумно打谷场。引入更多俗语词汇，如：вспрыснуть喝酒庆祝，

---

1 Цит. по: Виноградов В.В. Язык Гоголя и его значение в истории русского литературного языка. – Материалы и исследования по истории русского литературного языка. т. 3. М.-Л. 1953. С. 5.

2 转引自：Ефимов А.И. История русского литературного языка. М.: Учпедгиз. 1961. С.195.

хлебнуть大口吃喝，налимониться喝醉，куликнуть酗酒，издохнуть（人）断气，похвалиться夸口，задираться找茬打架，отодрать鞭打，用力揪（头发、耳朵等），тузить用拳头打，турнуть轰，撵。引入更多谚语、俗语、熟语，如：«для друга семь вёрст не околица» 为了朋友千里迢迢不嫌远；«мёртвым телом хоть забор подпирай» 死人连支撑篱笆也用不上；«кто любит попа, а кто любит попадью» 有人喜欢神甫，有人喜欢神甫的老婆（萝卜白菜各有所爱）；«задать баню» 暴打一顿；«плясать под чужую дудку» 受人摆布；«писать крендели» 字写得东倒西歪。为表达乌克兰族人历史和生活中的典型现象，果戈理引入乌克兰语词汇，名词占多数，如：бричка 轻便四轮马车，люлька 烟斗，черевики 尖头高跟女皮靴，рушник 毛巾，паляница 白面包，хата 农舍，гопак 戈巴克舞，бандура 班杜拉琴。果戈理主张在人民大众语言的基础上完善标准语，反对阻碍俄语发展的法语影响，在作品中嘲讽上流社会语言受法语影响的矫揉造作，如：《死魂灵》第八章中NN市太太们，说话用词寻求高雅，俄语中差不多一半字眼都废弃不用，频繁使用法语词。

总之，果戈理更为深入和宽广地浸入人民大众语言，将其作为丰富标准语表达的不竭源泉。19世纪下半叶的杰出作家屠格涅夫、涅克拉索夫、萨德科夫·谢德林、托尔斯泰等沿着作家果戈理发展标准语的道路继续前进。

3. 别林斯基对俄语标准语发展的意义和作用

19世纪30年代，俄语标准语的主导地位由文学语言占据，文学语言影响到了政论语体的发展。"你的智慧在沸腾，不断地工作以铺设新途！"——作家涅克拉索夫（Н.А. Некрасов，1821—1877）在评价别林斯基（В.Г. Белинский 1811—1848）在政论和评论文体形成中的巨大贡献时如是说。

在19世纪30—40年代，俄国文学批评还没有形成概念体系。别林斯基首先提出了选取适宜表达抽象概念和范畴的语言手段的原则。这项工作是在亲西方派与亲斯拉夫派斗争的背景下进行的，因此，使用外来词的问题非常尖锐。

---

1 转引自：Войловна К.А.и др. История русского литературного языка. М.: Дрофа. 2009. С. 402.

В.Г.Белинский, 1811–1848

别林斯基称使用词汇的标准为"人民精神（дух народа）"。他不惧承认，"创造自己的术语用来表达别人的概念非常困难。"因此，不应站在纯语主义者的立场上，因为"两个类似的词，外来词和母语词，那个更为准确地表达概念的词是更好的"，"而不需要的词永远不会停留在语言中[1]。"别林斯基强调指出，俄语早已经吸收了科学所需的外来词，如：философия哲学，логика逻辑，комедия喜剧，метафора隐喻，поэт诗人，ода颂诗，эпос史诗，история历史，математика数学，беллетристика小说，пресса报刊，прогресс进步。别林斯基在弄清同义词的语义、文学和文学批评中重要术语在意义上的细微差别的基础上，规范了术语的搭配。如：словесность, письменность, литература均表示"文学"之意，但搭配不同：литературный журнал文学杂志，словесный журнал文艺杂志，литературная газета文学报，словесная газета文艺报。"一些人赋予словесность, письменность, литература完全相同的语义，无差别地使用它们；另一些人，根据纯语主义的原则，完全不想使用外来词литература，认为它的意义完全可以用俄语词словесность和письменность来表达……但是，从另一方面来说，它们常常在细微之处存在意义上的差别，不对它们进行区别，不利用这些差别作为更大程度上界定和明确概念的手段就显得很奇怪了[2]"。

19世纪30—40年代是俄国社会政治、哲学、文学词汇迅猛发展的时期。这些词汇进入标准语，成为建构政论语体的主要词汇。其核心是表达社会政治意义的抽象词汇，如：демократия民主，идеал理想，несправедливость不公平，осуществление实现，реакция反动；很多词还含有感情评价色彩：гражданин公民，космополит世界主义者，либерализм自由主义，патриот爱国者；或带有鲜明表现力：мракобесие 黑暗势力，самохвальство自吹

---

1 Белинский В. Г. Полн. собр. соч.: В 13 т. М.: Издательство Академии наук СССР, 1953–1959. Т.9. С.61.
2 Там же. С. Т.5. 620- 621.

自播。在别林斯基的作品语言中，政论词汇可用来表达：（1）革命事件：революция革命，бунт暴动，мятеж叛乱，переворот变革；（2）自由、平等、仁爱：воля意志，гуманизм人道，равенство平等；（3）人民受到的压迫：барщина劳役，гнет压迫，рабство奴役；（4）民族爱国主义：отечество祖国，нация民族。这些词汇作为政论语体主要的专题词汇板块与进入政论语体的其他专题词汇板块区分开来，如：哲学专题词汇：действительность现实，объект客体，сущность实质，направление流派；科学专题词汇：эпитет修饰语，синоним同义词，масса物质。由于社会政治词汇饱含丰富的思想内容和情感表现力，常被用来评论社会政治事件，因此，很快成为通用词汇。政论词汇进入标准语，大大丰富了抽象词汇的构成，促进了各种词汇语义间的互动。

为了让自己的政治观点被社会广大读者理解和接受，别林斯基仔细地从大众词汇中遴选词语，准确、生动、简洁地表述复杂内容。他将具有表现力的俚俗语、成语引入文本，经常使用具有异常表现力的口语性质的动词，活跃自己的语言，如：состряпать粗制滥造，реветь嚎啕大哭，усахарить溜须拍马；使用具有表现力的成语，如：без ума от него欣喜若狂，свернуть себе шею死掉。在别林斯基的文章中很少碰到古旧书面语词，只是在与文学、政治对手唇枪舌战时，作为论战的工具有时使用，如代词：оный那个，сей这个；连接词：ибо因为，нежели较之；动词：ратовать为……而斗争；副词：доселе迄今。

别林斯基追求政论语体语言的大众化，思想表达的准确与简洁。他在书面政论语体中加工、提炼出简明扼要、生气勃勃、感情充沛的句式，其中，可以找到鲜活的口语结构。如感叹句：Боже мой!天啊！Какая образность!多么生动啊！插入语：сказать правду说实话，в самом деле事实上。当然，别林斯基的句法在总体上说是书面语的，其中有很多口语中少用的生动表达，如：使句子结构复杂化的比喻句、比拟句、渐进句、圆周句。

别林斯基不仅对政论语体的发展具有重要意义，而且在对文学作品进行分析的同时对俄语标准语的发展进行了粗线条的描绘。他深刻理解俄语标准语发展的大众化进程，努力将此趋势在语言发展史中稳固下来。在语法理论和实践语法方面，别林斯基明确指出："我们至今还没有作为指导的语法著作……[1]" 1802

1　Белинский В.Г. Собр. соч.: в 9 т. М.: Художественная литература. 1976—1982. Т.2. С. 34-37.

Н.И.Греч, 1787–1867

年出版的俄国科学院语法没能解决俄语理论研究和俄语实践问题。该语法定位于过去的俄语，其规范不符合当时的俄语。1827年出版的格列齐（Н.И.Греч, 1787—1867）编纂的《俄语语法》（Пространная русская грамматика），定位于书面语，并援引卡拉姆津的语言作为范本。大众语言没有涉及。对30年代出版的瓦斯塔科夫（А.Х. Востаков, 1781—1864）编纂的两部《俄语语法》（详细版和简明版：«полнее изложенная» и «сокращённая» русские грамматики, 1931）别林斯基给予了高度评价。很快别林斯基本人也成为语法著作《俄语语法基础，第一编：分析语法、词源学》（Основы русской грамматики, ч.1 – Грамматика аналитическая. Этимология, 1837）的作者。在这部著作中，别林斯基对语法理论进行了阐述，描写了与之相符的俄语语料——大众语言。可以说，别林斯基的语法学说在俄语学科发展中起到了积极作用。别林斯基虽然不是语言学家，但认为对语言进行语法分析具有重要意义。在他看来，"语言理论知识不仅重要、有益，甚至必须……"，因为"语法教会我们准确地讲话、阅读和书写"，"不熟悉语法就会危害到人民语言，使其表达不清，使其受到个人臆断的影响[1]"。可是仅掌握语法，还不能说是掌握了语言。语法"教会我们正确地书写和阅读，但仅仅是正确，没有别的什么了；教会我们说得恰当、写得得体，已经完全不是语法的任务了[2]"。别林斯基厘定了语法的对象，将其中的一部分划归另一学科——修辞学——来研究，认为

А.Х. Востаков, 1781–1864

1　Белинский В. Г. Полн. собр. соч.: В 13 т. М.: Изд. Академии наук СССР, 1953–1959. Т.9. С. 156, 476.

2　Там же. Т.8 С. 510.

其"应该成为语法附加的最后一部分[1]"。这样看来，别林斯基为俄语学科中的实践修辞学打下了基础。

综上，别林斯基为标准语新政论语体奠定了基础，对俄语标准语的发展进行了粗线条的描绘，直接参与了规范俄语语法的工作，促进了俄语标准语的发展。

4. 俄语标准语语体的丰富和发展

普希金的语言改革也影响了俄语标准语各语体，各语体从大众言语宝库中找寻新的语言手段及其使用手法，推进语言改革。各语体在标准语框架内拓宽语言手段范围，这在文学语言和新批评政论语体中都可看到。

科学语体在标准语中的发展迫在眉睫。19世纪30—40年代是尼古拉一世的反动统治时期，警察机关对人们思想的监控无处不在，很难进行创造性探索，已取得的科学成就、科学知识很难普及。当然，俄国科学即使在如此黑暗的时期也没有停滞不前，反而迅速发展。19世纪上半叶俄国学者在数学、物理及其他学科领域做出了巨大的贡献，在世界科学领域占据领先地位。对此只需提及几位享有世界盛誉的俄国学者的名字就可证明：19世纪上半叶最为著名的数学家——年仅29岁的院士奥斯特罗格拉茨基（М.В. Остроградский），20年代创建新几何学的天才学者罗巴切夫斯基（Н.И. Лобачевский，1792—1856），采用电磁铁做转子，制造第一台实用电动机的物理学家雅克比（Б.С. Якоби，1801—

Н.И. Лобачевский, 1792–1856

Б.С. Якоби, 1801–1874

1　Белинский В. Г. Полн. собр. соч.: В 13 т. М.: Изд. Академии наук СССР, 1953–1959. Т.8 С. 510.

1874），航海家、地理学家利特克（Ф.П. Литке）等。他们中很少有人用俄语撰写科学著作，对知识的普及更未给予应有的关注，沙皇政府对此也不感兴趣。俄国学者的杰作不仅没有得到承认，甚至还受到了政府官方的亵渎。从1804年到19世纪30年代，俄国中学暂停俄语教学，更多地学习拉丁语、古希腊语、教会斯拉夫语及其他外语。学者的科学成就亟需普及。19世纪下半叶俄国科学领域取得巨大成就，科学语体，特别是科普语体在俄语标准语体系中获得重要地位，影响到了文学语体和政论语体的发展。

19世纪下半叶俄国科学领域取得巨大成就，唯物主义哲学、心理学、自然、医学、物理、化学等诸多研究成果涌现，科技术语得以迅速扩展和丰富。这些新科学术语的产生大多是通过积极使用各种构词方式和大量引入国际术语完成的。在术语产生过程中首先考虑两个因素：1）学术思想的需求；2）读者对术语理解和掌握的可能性。对后者的考虑避免了使用尤为抽象的表述，简化了术语，使其通俗易懂。

革命民主阵营的活动家主要是通过在进步杂志上创建科普专栏来进行唯物主义科学宣传，并出版了很多面向大众的科普小册子和书籍。由于大量新科技术语的出现，有必要出版相应的词典和工具书。因此，在19世纪中期，出版了大量专业教材和辞书。如：1845年出版的卡里其（А.Галич）的《哲学词典》（Лексикон философских предметов），编者宣称，该书面向普通读者，而非专家学者，因此尽量用"最通俗易懂"的语言表述，避免"使用哲学的专业表述"。同时还出版了若干植物学、生物学、医学词典，化学、数学等学科的工具书。

与此同时，科技术语的使用跨出了专业领域和科技语体，开始应用于不同类型的书面语和口语体，术语使用中出现了"去术语化"进

М.Е. Салтыков-Щедрин, 1826–1889

程[1]，如：萨德科夫—谢德林（М.Е. Салтыков-Щедрин，1826—1889）使用：духовное малокровие 精神贫血，операционный нож критики 批评的手术刀，эмбриональное состояние мысли 思想的胚胎（萌芽）状态；乌斯宾斯基（Н.В.Успенский）使用：государство – живой организм 国家即是鲜活的机体，в организме болезнь: у крестьянина – атрофия, у помещика – гипертрофия 机体患有疾病：农民患的是萎缩症，地主患的是肥厚症。由此可见，这一时期的科学语体，特别是科普语体在俄语标准语体系中获得重要地位，影响到了文学语体和政论语体的发展。

而公文事务语体受到普希金语言改革的影响较少，发展较为落后。机关衙门的公文中继续保留着旧官僚式的语言形式，烦琐冗长，混乱枯燥，充斥着远离鲜活大众语言和新标准语的古旧书面用语，如：буде 如果，непреложный 必然的，поименованный 列举的，явствует 可得出。这些词被称作是公文用语。除此之外，广泛使用令人费解的外来语，如：авизо 报单，вексель 借据，контрагент 契约当事方，меморандум 备忘录，нетто 净重。俄国官僚阻碍公文语言的简化，令人厌恶的公文语言与官僚不止一次成为果戈理、冈察洛夫、奥斯特洛夫斯基、萨德科夫·谢德林、契诃夫等作品中辛辣嘲讽的对象。

俄语公文语体不只在俄国机关衙门的公文中使用，也用于外交文本。这就要求使用更为鲜活的语言。外交公文语言与其他语体的互动由此产生。外交公文遴选文学和政论语体中的语言手段。其范本是19世纪中期俄国外交领导人戈尔恰科夫大公（А.М.Горчаков，1798—1883）撰写的外交公文。这些文本"就其语言和修辞特征而言接近于文学作品[2]"。这样看来，公文语体在功能和语言手段上并不是单一的。

А.М.Горчаков, 1798–1883

1　Ефимов А.И. История русского литературного языка. М.: Учпедгиз. 1961. С.241-242.
2　Ковалев А.Н. Азбука дипломатии. 2-е изд. М.: Международные отношения.1968. С. 153.

公文语体在19世纪不再是主导语体，但与其他语体的互动从未停止。如此一来，俄语标准语在19世纪中期形成了较为全面的语体系统。文学和科学领域的世界级成就，标准语体系的发展与完善，将俄语推向世界。从19世纪中期起，俄语成为了国际通用词语的来源之一，诸多与革命解放运动相关的社会政治词汇、科学词汇为欧洲语言所接受，获得了国际知名度，如：декабрист十二月党人，нигилист虚无主义者，интеллигент知识分子；изобутилен异丁烯，нафтен环烷，фагоцит（吞）噬细胞，солончак盐碱地。

5. 俄语标准语语言的变化[1]

俄语标准语语音规范的变化：这一时期，在语音方面出现了两大趋势：外来语的俄语化趋势和彼得堡音的影响增大。从19世纪中期起已经确立了外来语的读音规范，即发音同书写一致。如：министр（不读министер），паспорт（不读пашпорт），шампанское（不读шанпанское）。从19世纪中期起，彼得堡作为首都的影响力渐增，彼得堡发音的影响相应加强，如：（1）取消了р在唇音和后舌音之前的发软音，如：верх, первый, сперва, Пермь；（2）音组-чн-不读作-шн-，如：гречневая, ячневая, подсвечник；（3）彼得堡发音更具书面语色彩，受民族环境影响较少，它不允许：а）下述软辅音之前辅音软化，如：гво[зд']и, ла[фк']и, 当时莫斯科音为гво[з'д']и, ла[ф'к']и；б）后舌音硬化，如：вели[ки]й, ти[хи]й, 当时莫斯科音为велик[ы]й, тих[ы]й。如此一来，两种语音趋势都定位于与书写一致。对彼得堡发音的定位在苏联时期的语音规范中固定下来。

重音向变体减少的方向发展。产生变化的原因是多样的。主要原因是语法因素，特别是在名词的变化方面。名词单复数变格中移动的重音很能产，如：单数грядá, грядьí, грядé；复数гря́ды, гряд, гря́дам；单数козá, козы́, козé, 复数ко́зы, коз, ко́зам。但很多变体极少保留下来，如：古旧形式：зóрю встреча́ть，新形式：зарю́ встреча́ть；修辞差别较少，如：сéмью корми́ть具有俗语色彩；语义差别则更少，如：попа́сть в средý（环境），в срéду（周

---

1 本节参考Судавичене Л.В. и др. История русского лит. языка. Ленинград: Просвещение. 1990. C.261-276.

三）。除了语法、修辞、语义等影响重音的因素之外，还有形式因素，如：单词的音节数量，词尾的辅音特征，后缀等。因此，语法因素作为主要原因与其他因素一起影响到了重音的变化。

俄语标准语词汇的变化：词汇的充实主要通过以下途径实现：（1）引入外来词；（2）吸收非标准语元素—俚俗语、行话、方言；（3）构词手段。

外来词的引入是必须的，特别是引入抽象词汇和术语。外来语首先进入书面语，如：抽象词汇：гуманизм 人道主义，идеал 理想，догмат 教条，ассоциация 联想；科技、政论语体涌入大量外来术语，如：哲学术语：абстрактный 抽象的，конкретный 具体的，мировоззрение 世界观，прогресс 进步；政治术语：шовинизм 沙文主义，демократия 民主，эксплуатация 剥削，буржуазия 资产阶级，пролетарий 无产者。除了通过直接音译引入外来语，还出现了从德语和法语引入的仿造词，如：взаимодействие 相互作用，водоснабжение 供水，здравоохранение 卫生，снегопад 降雪；仿造短语，如：железная дорога 铁路，медовый месяц 蜜月，сестра милосердия 女护士，синий чулок 蓝袜子，задняя мысль 别有用心。外来语的来源仍是西欧语和古典语。在法语中获得术语意义的源自拉丁语和希腊语的词汇更容易融入俄语，如：агитация 宣传，доктрина 学说，интуиция 直觉，индустрия 工业，конкуренция 竞争，концепция 范畴，процесс 进程，субъект 主体。伴随英语影响的加强，一些英语词汇进入俄语，如：интервью 采访，керосин 煤油，клоун 小丑，пиджак 皮夹克，спорт 运动，чемпион 冠军，бокс 拳击，тоннель 隧道。此外，进入俄语的还有源于德语的词汇，如：бутерброд 面包片，гастроль 巡演，крах 倒闭，штамп 印章，шулер 打牌作弊的人，лейтмотив 主旋律，主题。

与此同时，标准语从俚俗语、行话和方言中引入词汇，如：зубрить 死记硬背，самодур 任性的人，голодовка 挨饿，детвора 孩子们，задира 好惹事的人，заядлый 积习很深的，отпетый 不可救药的。

通过构词产生新词是词汇丰富最常见的方式。为了适应各语体发展的需要，在俄语基础上，通过积极构词手段产生了大量俄语新词。政论语体和科技语体的社会作用日益增强，迅猛发展，使得报刊和科学作品中出现许多具有抽象意义的社会政治、哲学等专业新词。如：

（1）带有后缀-ость, -ние, -ство, -ка的名词：активность积极性，пассивность消极性，революционность革命性；заболевание 发病，формирование形成，западничество西欧派，славянофильство斯拉夫派，гримировка化装，недогрузка装载不足；

（2）带有后缀-щина, -овщина的名词，引入评价意义，如：маниловщина马尼洛夫习气（源于果戈理《死魂灵》的人物之名，具有痴心妄想的特征），обломовщина奥勃洛莫夫习气（源出冈察洛夫《奥勃洛莫夫》的主人公之名，懒散、无为、委靡不振），хлестаковщина赫列斯塔科夫习气（源于果戈理《钦差大臣》的人物之名，爱撒谎、吹牛、恬不知耻）；

（3）带有后缀-щик（-чик）, -ник（-ик）, -тель, -ец的名词，表示由于工业生产发展和政治斗争加剧而产生的人，如：подносчик搬运工，прядильщик精纺工，сортировщик分类工，биржевик经纪人，естественник自然学家，железнодорожник铁路员工，передовик先进工作者，стрелочник扳道工，пенкосниматель不劳而获者，соглашатель妥协派，беженец逃亡者，народоволец民意党人。

用来表达特征的语言手段越来越多样化，如：

（1）形容词和形动词：а）借助后缀-н-及其派生的-тельн-, -ичн-, -льн-, -озн-：банальный平庸的，влиятельный有影响的，доверительный受委托的，интеллектуальный智力发达的，доморощенный蹩脚的，маршрутный直达的，популярный通俗的，грациозный姿态优美的；б）借助后缀-ск及其派生的-ическ-：политехнический综合技术的，реалистический切合实际的，собственнический私有的，специфический特别的，типический典型的，фактический事实的，философский哲学的，юморический幽默的；в）借助后缀-ионн-, 从以-ация结尾的名词派生的：апелляционный上诉的，коммуникационный交通的，эволюционный进化的；г）借助前后缀：беспринципный无原则的，бесхарактерный无性格的，доисторический史前的，дореформенный改革前的，досрочный提前的，заокеанский大洋彼岸的，послеобеденный午饭后的，подспудный潜在的，закулисный幕后的，

допотопный过时的，беспросветный极黑暗的，беспардонный无耻的。

（2）由形容词派生的副词：a）加前缀 по- 和后缀 -ому 的副词：по-восточному东方式地，по-праздничному节日式地；б）以 -и, -ически, -о, -енно, -тельно 结尾的副词：гармонически和谐地，политически政治地，удрученно精疲力竭地；в）以 -аще（-яще）, -уще（-юще）结尾的副词：уничтожающе毁灭性地，просяще请求性地。

动词构成的主要方式：

（1）借助后缀 -ова-（-ствова-），-нича-：адвокатствовать当律师，учительствовать当教师，аристократничать表现得像贵族一样，жульничать欺骗，лизоблюдничать溜须拍马；

（2）借助前缀 из-, по-, при-, раз-，表达动作的完全性：исколесить走遍，примолкнуть沉默，раздразнить惹恼；

（3）借助前缀 по-, под-, при-，表达动作的不完全性：помешкаться耽误一会儿，приободрить振奋一些；

（4）由名词加前后缀派生：озаглавить加标题，обабиться（男人）变得婆婆妈妈，（女人）变得邋邋遢遢，обеззаразить消毒。

合成词明显增多：

（1）表示抽象概念、进程、状态的名词：землепользование土地使用制，землеустройство土地规划，лесонасаждение造林，теплоемкость热容；具有感情评价色彩的词：головотяп糊涂蛋，злопыхательство成心刁难；само- 构成的词汇很多：самодурство任性，самообман自欺，самообразование自学，самосознание自觉，самоуправление自治。

（2）复合形容词：болеутоляющий止痛的，общечеловеческий全人类的，сатирико-полицейский（~литература）讽刺警察（文学）；

应该指出，某些外来词构词手段能产性很强，如：构成抽象词汇的书面语后缀 **-изм, -ист**：героизм英雄主义，дарвинизм达尔文学说，идеализм理想主义，либерализм自由主义，марксизм马克思学说，пацифизм反战主义，драматист剧作家，новеллист短篇小说家，славист斯拉夫学家，телеграфист报务员。某些外来前缀也参与了书面语的构词，如：**анти**научный 反科学的，**анти**славянский 反斯拉夫的；**квази**философия 伪哲学，**квази**народный 伪人民的；**псевдо**народный 伪人民的，**псевдо**филантропический 伪慈善的；**ультра**русский 超俄罗斯的；**экстра**ординарный 非同寻常的；外来后缀，如：индо**лог** 印度学家，лексико**лог** 词汇学家；методо**логия** 方法论，техно**логия** 工艺学；библио**ман** 藏书狂，журало**мания** 酷爱杂志；русо**фил** 亲俄者，славяно**фил** 亲斯拉夫者；англо**фоб** 反英者；动词后缀 **-иров-**，**-изиров-**：агит**иров**ать 宣传，идеал**изиров**ать 理想化，революцион**изиров**ать 革命。外来语元素和某些俄语语言手段一起构词，如：**-к-，-ость，-ство**：расшифров**ка** 解译，фильтров**ка** 过滤，штампов**ка** 盖章；безапелляцион**ность** 不容反驳的，коллектив**ность** 集体性，жонглер**ство** 变戏法。

标准语词汇丰富的进程体现了诸多来源不同词汇的专业化、术语化趋势。这是由科学和政论语体发展的需求及其对标准语的影响决定的。另一趋势是外来语的国际化走向。

伴随不同来源标准语词汇的增多，不可避免地出现了诸多同义（синонимия）、重叠（параллелизм）、变异（вариантность）现象。19世纪上半叶诸多未加细分的同义词出现，如：логичный – логический, славянист – славяновед, фильтрование – фильтровка。19世纪下半叶开始对其进行严格辨义，仔细区分。划分原则既考虑了语义结构，又考虑了语体及其使用范围。如：后缀 -ствовать 开始在书面语中稳定下来：резонерствовать 长篇大论，эпигонствовать 因袭；而后缀 -ничать 获得了更多的低俗色彩，在口语中稳定下来：либеральничать 纵容，мародерничать 抢夺。通过细分使用范围确定的口语/书面语词汇还有：упорность/упорство 顽强，фильтровка/фильтрование 过滤；而与口语中使用的бумаженция 纸张，пошлятина 卑鄙，юмористика 幽默相对应的中性词汇是：бумага, пошлость, юмор。此外，还会依据修辞和表现力色彩细分词汇。如：ерунда – ерундистика 胡诌，надувательство – надуванния – надувастика 欺骗，都是含有不同表现力色彩的口语词汇。

随着时间的推移，一些词成为古旧词，较少使用，使原本难以区分的同义词不必再分。例如下面几个例子中多使用破折号之后的词：зноб—озноб 发冷，интересован—заинтересован 感兴趣的，有关的，занадобиться—понадобиться 需要；或因词义发生变化而不再是同义词，如：поверить 相信，信任—проверить 检查。需要指出的是，词形变体是语言发展中必然遇到的现象。只是表现程度在不同时期有所差异。为了便于选择、使用合适的词汇，这一时期编纂出一些同义词辨析手册、词典，这些工具书对同根变体词的使用给出了有益的建议。

19世纪下半叶，词汇语义的变化、语义—修辞的细化非常显著。在词汇的专业化的过程中，还可发现语义的缩小，如：промышленность 失去了原来的 "精明强干" 之义，只用作术语 "工业"；或词义的扩大，如：нуль 由 "零" 转义为 "渺小的人"。原因是多种多样的。科技语体中的书面语和固定表达式在进入其他语体时会带来语义的扩大，词汇的去术语化，从而产生了转义。特别是在标准语中广泛使用的数学词语，如：минус 减，缺点，плюс 加，优点，величина 数值，杰出人物；天文、地理、物理领域：атмосфера 大气层，气氛，зенит 天顶，全盛，инертный 惯性的，惰性的，懒惰的，кругозор 视野，见识，точка кипения 沸点，центр тяжести 重心。俄语已有词汇的转义还受到外来词的影响，如受到源于拉丁语的позитивный，негативный的影响，положительный，отрицательный 获得了 "正（负）的、阳（阴）的" 科学术语意义；以及受到源于法语术语的影响许多俄语词汇获得了政治色彩，如：левый 左的，激进的，правый 右的，保守的。

最后，还应指出，19世纪下半叶由于社会历史的发展某些古旧词汇淡出标准语，如：вотще 枉然，надобно 应该，отселе 从这里，рыбарь 渔夫；барщина（农奴的）劳役，подать（沙皇俄国时农民、小市民交纳的）赋税，перекладные 驿站马车。

综上，19世纪下半叶俄语词汇的发展呈现出：（1）构词类型趋于稳定，能产性能提高；（2）加速吸收外来术语；（3）严格遴选词汇，不再使用未经细化的同义词和变体词；（4）意识到必须进行标准语词汇的规范与统一的工作。

俄语标准语语法的变化：在语法结构的发展方面出现了以下趋势：确立书面语与鲜活口语的联系；细化功能语体的语法形式；将缺少生命力的结构形式归入

消极用语，新的形式和结构涌现。这些趋势表明，语法的继续发展、语法标准化的追求在这一时期以普希金时代开启的语法规范化结束。有关语法变化的内容可以用以下语言事实来揭示。我们从词法和句法两个方面分开来介绍。

词法方面的变化包括名词、形容词、动词、副词、前置词等词形变化。

名词：

（1）阳性名词复数主格以-a结尾的形式活跃起来。如果在罗蒙诺索夫的《俄语语法》（1755年）中只指出10个此类词汇，在瓦斯塔科夫的《俄语语法》（1831年）中，列举了70个此类词汇，那么在19世纪下半叶的语法著作中，此类词汇已达200之多。以-ы（-и）结尾的形式越来越经常地被以-a结尾的形式替代，如：адресы – адреса地址，возы – воза负载的车辆，директоры – директора经理，домы – дома房子，инспекторы – инспектора检查员，паспорты – паспорта护照。以-ы（-и）结尾的形式只出现在词尾无重音的词汇中，如：куполы圆顶, консулы领事, порты港口, факторы因素。以-a结尾的形式总是重读音节。在某些情况下，以-a还是以-ы（-и）结尾受到词义的影响，如：меха（毛皮）– мехи（风箱），хлеба（庄稼）– хлебы（面包）。还有些情况是受到修辞色彩的影响：以-ы（-и）结尾是中性词，以-a结尾具有口语色彩，如：офицеры – офицера 军官, лекторы – лектора 讲课人。

（2）继续对阳性名词单数所属格以-y 和以-a结尾的形式进行语义和修辞的细分。以-a结尾的形式在现代俄语中已占多数，以-y结尾的形式保留在表示数量、程度的物质名词中，如：купил мало бархату, винограду, воску, изюму, лимонаду, чаю买了一些天鹅绒，葡萄，蜡，葡萄干，柠檬水，茶；много воздуху, дыму, мусору, снегу, народу很多空气，烟，垃圾，雪，人。但当这些词汇没有数量意义时，采用以-a结尾的二格形式，如：вкус чая茶的味道，после чая饮茶之后，стакан чая 一杯茶，белизна снега雪之白，вред табака烟草的害处，воля народа人民的意志。可以看出，此时以-y结尾的二格形式正在减少。多数情况下取消了以-a（-я）结尾的阴性名词的复数二格形式在秃尾和-ей之间的摇摆，如：афиша 海报– афиш/ей，пустыня沙漠– пустынь/ей。秃尾情况居多，例外只有一词：свеча蜡烛 – свеч/ей，两种形式都用。

（3）开始减少使用名词复数工具格的变体，如：вещи东西– вещами

（ьми），страсти激情 – страстями（ьми），победители胜利者 – победителями（ьми）。括号外的形式具有中性色彩，括号内的形式获得口语性质。

（4）以-у、-е结尾的阳性名词单数前置格形式开始在语义和修辞方面加以细分：以-у结尾的形式多表示地点，在句子中用作状语，而以-е结尾的形式用作补语，如：живут в лесу生活在森林中，знает толк в лесе了解森林里的议论；был в отпуску在度假，в отпуске ему отказали拒绝了他度假的请求。以-у结尾的形式更接近鲜活的口语，以-е结尾的形式接近书面用语，如：рубашка в поту有汗渍的衬衫，трудиться в поте лица辛勤地劳动。

形容词：

1）短尾形容词逐渐不再用作定语，如：стары годы旧年, темны ночи黑夜，被старые годы，темные ночи替代。

2）以-ин结尾的物主形容词单数所属格和给予格词尾为-a，-у（如：из царевнина запаса从公主的储备中，к дедину столу 到祖父的桌子那儿）被以-ого（-его），-ому（-ему）结尾的形容词替代（如：из царевниного запаса，к дединому столу），这与以-ин结尾的短尾形容词消极化和以后缀-н-构成的长尾形容词的积极化有关。

动词：

1）摇摆于-ти/-ть结尾的动词原型开始稳定下来，后者逐渐淡出标准语。如：везти/ть运送，мести/ть扫除，цвести/ть开花。

2）借助于前缀和后缀-ыва-（-ива-）构成动词体的进程积极化，如：за + интересовать – заинтересовывать引起兴趣，рас + критиковать – раскритиковывать严厉批评。

3）以-ыва-（-ива-）结尾的带有前缀的动词开始在词源中是**o**的位置上变为**a**，如： заработать - зарабатывать 赚钱，устроить - устраивать安排，успокоить - успокаивать安慰，окончить - оканчивать结束。

4）消除以-нул结尾的动词过去式，变为：воскрес复活，креп强壮起来，повис悬挂。消除古旧形式，如：найтиться, обойтиться, пройтиться变为найтись, обойтись, пройтись。

5）减少以-вши结尾的副动词，将以-в结尾的副动词形式稳定下来，如：вымыв/ши, отдав/ши, избрав/ши, прочитав/ши。

副词：增加了由形动词加后缀-ще构成的副词，如：вызывающе挑战地, умоляюще恳求地。

前置词：

起先只在公文语体中使用的书面语前置词"относительно关于, касательно关于, в частности特别是"开始广泛应用于政论语体中, 并进入科技语体。在这些语体中还出现了复合前置词, 如政论语体中：в деле在……事宜方面, в области在……方面, в направлении在……方面；科技语体中：в отношении在……方面, в продолжение在……过程中, в силу由于, в течение在……期间, исключая除……之外；古旧连接词淡出, 如：буде如果, да和, дабы为了；新产生的连接词进入语言实践, 如：благодаря тому что由于, вследствие того что由于, в то время как与此同时, в силу того что由于, несмотря на то что尽管。

上述内容表明, 在19世纪下半叶的言语实践中, 古旧言语形式淡出或转为消极使用, 遴选有活力和有前景的形式, 并使之稳固化。这些变化促进了标准语词法手段的稳定和规范。

句法方面的变化包括短语和句子的变化。

短语：

（1）不再使用前置词по与给予格构成的动词词组, 如：возвратился по выполнению完成之后回来, 取而代之的是：по выполнении 完成之后, по окончании结束之后。

（2）减少使用表原因的前置词по加名词构成的短语, 如：по долгому молчанию由于长久的沉默, по неимению времени由于没有时间。取而代之的是表时间的前置词после, 如：после долгого молчания长久沉默之后, 表原因的前置词за, 如：за неимением времени因为没有时间。减少使用无前置词词组, 取而代之的是有前置词词组, 如：мысль собрания – мысль о собрании有关会议的想法, отчет деятельности – отчет о деятельности活动总结, человек доброго сердца – человек с добрым сердцем好心肠的人,

потребность образования – потребность в образовании教育需求。这或许是因为带有前置词的短语能够更为准确地表达思想。

（3）一些结构被取而代之，如：стол о трех ножках – стол на трех ножках三条腿的桌子，вещи под сохранение – вещи на сохранение 保存中的东西，запастись про домашний обиход – запастись для домашнего обихода为日常家用而储存。一些古旧词组稳定下来，如：иметь что про запас 贮备什么（以防万一），есть, да не про вашу честь有，但不是给您的（暗含拒绝意味）。

（4）大大减少使用带有物主形容词的词组，取而代之的是由名词所属格构成的短语，如：отцов дом – дом отца父亲的房子。

（5）在公文语体中广泛使用带有前置词的短语：во время在……时候，ввиду由于，из-за由于，после在……之后，ради由于，с целью为了……。

在**简单句**方面的变化：

（1）减少使用带有系词есть的句子，只在公文和科技语体中可用：Это письмо есть циркуляр министерства这封信是部里的通告。积极使用谓语工具格代替主格和宾格，如：Он сам едва целым убрался他好不容易全身而退（替代：едва сам цел убрался），Она несла книгу открытой她拿着打开的书（替代：книгу открытую）。

（2）系动词的使用增多，如：вести себя молодцом表现得很棒，становиться учителем渐成为教师。

（3）不再将以-ем结尾的形动词作为谓语，如：он был приглашаем всюду。取而代之的是反身动词，如：он всюду приглашается他到处受到邀请。

（4）副动词的使用规范稳定下来，副动词前使用主语或前后主语不一致被认为是错误的用法，如：На ель ворона взгромоздясь, позавтракать было совсем уж собралась（И.А. Крылов «Ворона и лисица».乌鸦飞上云杉树梢，准备好好享用一顿早餐。Имея право выбирать оружие, жизнь его была в моих руках（А.С. Пушкин «Выстрел»).我有权选择武器，他的命就捏在我的手心里。

在**复合句**方面的变化：

（1）带有连接词 в то время как, тогда как, между тем как 对比关系从句和让位关系从句增多，如：Вы говорите о теоретических предположениях, в то время как я вам говорю о фактах, о простых фактах （А.И. Герцен «Было и думы»）. 您说得净是理论设想，而与此同时我给您说的都是事实，简单的事实。Между тем как она со слезами готовила все, что нужно к завтраку, Бульба раздавал свои приказания （Н.В. Гоголь «Тарас Бульба»）. 当她流着眼泪预备早餐所需要的一切的时候，布尔巴下达了命令。

（2）在科技和政论语体中广泛使用带有 ввиду того что, в силу того что, благодаря тому что, в связи с тем что, вследствие того что 的表示原因—结果的复合句式，如：Дарвин перед смертью не без основания высказывал Уоллесу весьма безнадежный взгляд на будущее человечества, ввиду того что в современной цивилизации нет места естественному отбору и переживанию наиболее способных （В.В. Вересаев «Записки врача»）. 由于现代文明中优胜劣汰法则与最有能力之人的感受无处搁放，达尔文在死亡前不无理由地向沃尔斯说出了对人类未来的毫无希望的看法。

（3）复合从句的一些连接词消失，如：покамест, покуда；一些稳定下来，如：пока；表示时间的连接词 как 被 когда 取代，прежде нежели 被 прежде чем（在……之前）取代，коль скоро 被 как только（一……就）取代，如 ...коль скоро придет, то Вас уведомлю （Ф.В. Ростопчин «Документы 1812 г.»）……他一来，我就通知您。Председатель подождал, пока подсудимые заняли свои места, и, как только Маслова уселась, обратился к секретарю （Л.Н.Толстой «Воскресение»）. 庭长一直等着直到被告们都坐好，玛丝洛娃也刚坐下来，他便转过脸去和秘书说。

综上，在句法方面，短语的变化多向分析语结构发展，而句子的变化则向句子关系清晰化方向发展。句子结构的不断完善、古旧形式被取消、有活力和有前景的结构逐步稳定是这一时期语言发展的特点之一。

6. 语言学家对俄语标准语发展的影响[1]

俄语标准语词汇、语法、语音等方面的变化和发展在诸多语言学著作中得以体现。语言学家与语言大师一起成为标准语发展脉络中的关键节点。随着语言学作为独立学科的发展，越来越鲜明地感受到语言学家在标准语发展和规范方面的积极参与，特别是19世纪下半叶俄国语言学家布斯拉耶夫（Ф.И. Буслаев）、斯列兹涅夫斯基（И.И.Срезневский）、波捷布尼亚（А.А.Потебня）、福尔图纳托夫（Ф.Ф.Фортунатов）、葛罗特（Я.К.Грот）、沙赫马托夫（А.А. Шахматов）等对标准语规范的各种问题给予了很多关注。

19世纪下半叶语言学家对标准语发展问题、文学语言问题、修辞问题的兴趣大增。语言学家的威望及其活动的社会意义提高。这表明，在对全民语言进行加工和提炼的过程中，不仅作为语言大师的作家们参与其中，而且语言科学领域的优秀代表也参与其中。语言学家在俄语标准语发展中的作用是由其在制定标准语规范方面的贡献和创建标准语及其历史研究的基础决定的。

19世纪下半叶语言学家提出和解决的一系列问题对俄语标准语的继续发展和完善具有重大意义。最具有现实性的问题包括：（1）丰富标准语语言手段的来源问题；（2）词汇、语法、正字法方面标准语的规范化问题；（3）俄语修辞学及其研究的方法问题；（4）文学语言及作家在标准语史中的作用问题[2]。布斯拉耶夫、波捷布尼亚、沙赫马托夫[3]等诸多语言学家明确指出民间口头文学、大众口语是语言发展的巨大动力、不竭源泉。在布斯拉耶夫、波捷布尼亚、沙赫马托夫、斯列兹涅夫斯基等语言学家看来，语法、词汇、修辞的规范、词典和语法的编著应该遵循两个主要的权威：（1）大众典型鲜活口语的使用；（2）杰出作家的创作。布斯拉耶夫赞同别林斯基的主张：修辞学根植于语法，是语法的发展和补充，是语言研究的更高层次；修辞学有助于语言的发展和言语素养的提升。从19世纪中期起，出现了许多有关研究作家在标准语史上的作用的论著，如：阿

---

1 本节参考Ефимов А.И. История русского литературного языка. М.: Учпедгиз. 1961. С.250-255.

2 Ефимов А.И. История русского литературного языка - С.251.

3 См: Ф.И.Буслаев О преподавании отечественного языка. изд. 2. 1868. С.329. А.А.Потебня Из записок по теории словесности. Харьков. 1905. Словарь русского языка. т. 2. 1907. Предисловие. С.6

Ф.И. Буслаев, 1818—1897

克萨科夫（К.С.Аксаков）的《俄国文学史和俄语史中的罗蒙诺索夫》（Ломоносов в истории русской литературы и русского языка）（1846），葛罗特（Я.К. Грот）的《俄语标准语史上的卡拉姆津》（Карамзин в истории русского литературного языка）（1867）。

词汇、语法、修辞规范是变化和发展的，语言的规范化进程通常是围绕允许哪些言语手段进入标准语行列展开，需要对言语手段进行评价和遴选，将最有活力和典型的表达式保留在语言中，从而确定语言的使用规范。在这个过程中，语法功不可没。布斯拉耶夫（1818—1897）的《俄语历史语法》（Историческая грамматика русского языка）（1858，1863）延续了罗蒙诺索夫的语法传统，为19世纪下半叶俄语标准语的整理、规范做出了巨大贡献。该著作从词汇、词法、句法等角度分析和评价了诸多标准语和非标准语的言语手段，如指出，俄语中存在的形容词比较级的三种变体形式：больше, более, боле（类似的还有дальше, далее, дале），前两种用于标准语，后一种虽然在古俄语和地方语言中仍在使用，但不是现代俄语标准语的言语手段。在确认前两种形式的标准语地位后，布斯拉耶夫进一步对其在书面语和口语中的使用差异进行论述："书面语中习惯将以-ше结尾的形式作为形容词比较级使用"，"而以-ее结尾的形式作为副词比较级使用"，"口语中此种差异不复存在，两种情况下都只使用以-ше结尾的比较级[1]"。作为例证，布斯拉耶夫援引了谚语：Чем дальше в лес, тем больше дров往森林里走得越远，打到的木柴就越多；冯维新（Д.И. Фонвизин）作品《旅长》（Бригадир）中的话：Он уже стал больше француз, нежели русский.他已经更多的是法国人，而不是俄国人。布斯拉耶夫也注意到了19世纪中期教会斯拉夫语词从通用词汇中淡出的现象，指出："教会斯拉夫语词用于书面语和极为文雅的语言中，如：брег

---

1 Буслаев Ф.И. Историческая грамматика русского языка. 5-е, изд. 1881. Ч.1. С.156.

岸, чело额头, глагол话语, усопший亡人，口语中使用俄语本土词，如：берег, лоб, слово, умерший[1]"。在该部语法著作中，布斯拉耶夫致力于展示言语手段的历史发展规律，描述标准语规范。该著作在19世纪下半叶俄语标准语的规范化进程中发挥了巨大作用，对延续传统的语言学理论产生深刻的影响。

院士斯列兹涅夫斯基这样定义19世纪中期词典在发展文学和言语素养方面所起的作用："哪里更需要语言知识，那里的词典编纂得就更好；哪里作家更为经常地使用词典，那里的文学艺术形式站得就越高。[2]"由此可见，优秀词典的问世与语言知识、语言科学水平有直接的关系。只有当作家愿意使用词典，只有当词典在科学的基础上编纂，才会有词典学的成就。

19世纪下半叶是词典编纂活动的繁盛期，词典编纂的理论水平得到提升，拓宽和增加了对语文学词典的需求，出现了真正热心于词典事业的学者，如：弗拉基米尔·达里（В.И. Даль，1801—1872），其编纂的《大俄罗斯民间口语详解词典》（Толковый словарь живого великорусского языка）在1863—1866年间出版，该词典的出版具有重大历史文化意义。1868年获得科学院颁发的罗蒙诺索夫奖。词典首次收录了大量珍贵而鲜活的言语珍宝，包括逾二十万个词汇及三万多条谚语、俗语。该词典不仅语料丰富，而且编排独特，所

В.И. Даль, 1801–1872

收录的内容不是按照字母顺序排列，而是按照字母—词族的顺序排列，便于读者从中找到同一事物的多样称名。此外，通过近义词及与之相关的谚语、俗语阐释词义，也显示了俄语词汇的丰富与富于表现力。比如，对"глаз眼睛"一词的解释，达里列举了око, буркала, шары, талы, зенки等意义相近的词，还补充了100多条与之相关的谚语、俗语、成语，如：Жену выбирай не глазами, а

---

1 Буслаев Ф.И. Историческая грамматика русского языка. 5-е, изд.1881.Ч.2. С.51.
2 转引自：Ефимов А.И. История русского литературного языка. М.: Учпедгиз. 1961. С. 259.

ушами挑选妻子不是用眼睛，而是用耳朵；Где больно, там рука, где мило, тут глаза哪里疼，手在那里，哪里美，眼睛在那里；Выше лба не живут глаза眼睛不能高过额头；Два глаза, да и те за носом, не видят两只眼睛也不能看到鼻子下面的东西；За глаза и про Царя говорят在背后即使是沙皇也受人议论；В глаза не льсти, а за глаза не брани当面莫奉承，背后莫责骂；В глаза, и Бога боится, и людей боится, а за глаза никого не боится当面啥都怕，背后啥都不怕；Глазами плачет, а сердцем смеется眼睛哭，心里笑；Видел своими глазами亲眼看见；Береги как глаз像爱护眼睛一样；Царский глаз далеко видит沙皇的眼睛看得远；Он своим глазам не верит他不相信自己的眼睛。

达里向人们呈现出俄罗斯民间语言的丰富、独特及不同寻常的表现力，展示了俄国人民的精神世界、思维模式与文化底蕴。借助这部词典可以深入研究俄国人民，认识鲜活民间语言的多层次面貌。纵观达里论述词典和语言的所有言论，可以发现一条贯穿始终的红线，即民间鲜活的语言是丰富和完善标准语的源泉。在达里看来，当时的标准语还不够完善，还存在毫无必要地引入外来词、使用矫揉造作书面语词的现象。为了让书面语接近鲜活的大众语言，必须从中遴选并展示大众语言的价值。基于此，达里编写了这部词典，它不仅深刻影响了标准语语言手段的丰富与发展，而且影响了语言大师加工和提炼大众言语的原则。

谈及19世纪的词典编纂，不能不提1847和1895年出版的俄国科学院词典对俄语标准语规范化的意义和作用。与具有丰富修辞标注的《俄国科学院词典》（Словарь Академии Российской）（1789—1794）不同，《教会斯拉夫语和俄语词典》（Словарь церковно-славянского и русского языка）（1847）缩减了对词汇的修辞标注。对非标准语的言语手段，标注为："просторечное俗语"（如：баклуши木头块，огорошить使惊慌，ляпать胡诌）和"простонародное百姓语言"（如：бахвал吹牛的人，мямлить说话又慢又不清楚，простофиля笨蛋）。19世纪上半叶标准语规范的变化也体现在了1847版词典中，如：取消了若干词汇在1789—1794版词典中的"俗语"标注，如：вздор胡说八道，ковылять一瘸一拐地走，тупица迟钝的人，вышколить（严格）训练。1847版词典对标准语发展的价值和意义，用词典编纂者的话说：此词典是"跨越诸多世纪的俄语宝库,从最古老的文献到文学的最新作品[1]"。就其所收录词条的丰富性可以通过一组对比数据呈现:1789—1794版的词典收录词条43357个,1847版词典收录词条达114749个,后者的数量接近前者收录词条的三倍之多,且在很大程度上完善了对词条的释义,表明俄国词典学取得重大成就。

  1847版词典反映了19世纪30—40年代俄语标准语的规范和状况。19世纪中期,俄国科学院开始着手编纂更为现代的新词典。该项工作首先由葛罗特领导,后(1895年)在沙赫马托夫的领导下展开。1891年出版了阶段性成果:收录А-Д词条的第一卷本。由于各种原因全书的编纂工作直到20世纪初也没有完成。但从已出版的第一卷本中可以看出,该书收录了"最近几十年丰富的俄语新词[2]";编者非常关注语言的规范化进程,关注言语手段的修辞特点,科学地描述了19世纪中期的标准语规范,更加详细地进行了修辞标注,如вылупить глаза瞪眼睛、взбучка揍、волдырь水泡,标注为"простонародное百姓语言";белки眼睛、выпивала嗜酒的人,标注为"просторечное俗语";бяшка破东西、бяка破玩意儿,标注为"детское儿语";вызубрить、выдолбить死记硬背,标注为"школьное学生用语";此外还有поэтическое诗语、областное方言、ироническое讽语、шуточное谑语、канцелярское办公用语、деловое公文用语、купеческое商人用语、заводское工厂用语,等等。

  除上述词典外,语言学家还编纂了一系列不同类型的新词典,为进一步规范俄语标准语发挥了积极作用。如:葛罗特主编了俄语史上第一部《俄语正字法》(Русское правописание)词典,收录词条3000多。在其基础上,19世纪末—20世纪初,出版了一系列正字法词典,如:基闵达里(В. Кименталь)主编的《学生袖珍正字法词典》(Ученический карманный словарь для правописания)(1900),阿尔达巴耶夫(М. Алтабаев)主编的《正字法词典伴侣》(Орфографический словарик -спутник)(1913),泽林斯基(В.А. Зслинский)主编的《详细正字法词典》(Подробный орфографический словарь)(1914)等。俄语疑难词典的编纂历史可追溯到

---

  1 Словарь церковно-славянского и русского языка. СПБ: Имп. Академия Наук. 1847. Т.1. Предисловие. С.4.

  2 Словарь русского языка. СПБ: Императорская Академия Наук. 1895. Т.1. Предисловие. С.6.

19世纪中期，格列齐出版了《俄语疑难参考》（Справочное место русского слова）（1839），该书不仅对词语的使用问题、词形的构成问题给予了建议，而且对违背相应规范提出了警告。契尔内舍夫（В.И.Чернышев）出版了《俄语的正确性和纯洁性：俄语修辞语法初探》（Правильность и чистота русской речи. Опыт русской стилистической грамматики）（1914—1915），书中编者严肃思考了语言使用的"正确性标准"问题，不仅提出语言的普遍使用规范，而且考虑到规范的变动性。在历史词典编纂方面，必须提及的是斯拉夫学者斯列兹涅夫斯基历经四十多个春秋的耕耘，从已出版的11—14世纪的俄语文献中收集了120000条引文，编纂成三卷本的《古俄语词典材料》（Материалы для словаря древнерусского языка）（1893—1912）。丰富的词汇，恰当的实例说明，希腊文和拉丁文的对应注解，成为这部杰出古俄语词典的鲜明特征。第一部词源学词典是士姆科维奇（Ф.С. Шмкевич）主编的《俄语词源学词典：对比所有最主要的斯拉夫方言与二十四种外语》（Корнеслов русского языка, сравненного со всеми главнейшими славянскими наречиями и с двадцатью четырьмя иностранными языками），书中分析了俄语中常用的1378个词根，尽管诸多地方的阐释有一定的随意性及错误，但仍具有一定的参考价值。十月革命前广为人知的词源学词典当属普列奥布拉热斯基（А.Г.Преображенский）主编的《俄语词源学词典》（Этимологический словарь русского языка）（1910—1916），虽然该词典有诸多不足，但仍不失为词源学方面的重要著作。1912年出版了阿布拉莫夫（Н. Абрамов）的《俄语同义近义词词典》（Словарь русских синонимов и сходных по смыслу выражений），1999年再版时语言学家阿普列相（Ю.Д. Апресян）在前言中高度评价了该词典的历史意义[1]。

本章小结

1.普希金开启了现代俄语标准语发展的新纪元。普希金通过文学创作首次实

---

[1] Абрамов Н. Словарь русских синонимов и сходных по смыслу выр.7-е изд. М.: Русские словари, 1999.

现了俄语语言主要来源词的动态平衡与完美融合，打破了文学语言修辞单一性的限制，引领了俄语标准语大众化的进程。

2. 继普希金之后，莱蒙托夫、果戈理、别林斯基不断发展和完善俄语标准语，创作了文学和政论语体的不朽典范。

3. 19世纪30—40年代，俄语标准语的主导地位由文学语言占据。普希金的语言改革影响了俄语标准语的其他语体：政论语体、科技语体、公文语体、口语体，各语体不断发展、完善，之后又反哺了文学语言。

4. 从普希金到十月革命前，伴随着俄国社会的变迁俄语发生了诸多变化。这些变化多出现在词义的扩大、缩小或转移，某些词汇淡出，新词出现，语音、词法、句法、修辞等方面也有些许变化。

5. 俄语标准语语音、词汇、语法、修辞等方面的变化和发展在诸多语言学著作中得以体现。语言学家与语言大师们一起成为标准语发展脉络中的关键节点。

第七章

苏联时期的俄语标准语
（1917—20世纪中后期）

1. 十月革命对俄语标准语发展的意义

伟大的十月社会主义革命开启了人类历史上的新时代，从根本上改变了俄国社会的各个领域：政治体制、经济、社会关系、科学、文学、艺术、生活习惯等。也必然影响到语言的发展。较之语言的其他方面，社会变化尤为迅速和直观地体现在词汇领域。在十月革命后的最初几年，俄语中已经丰富了诸多新词，如：комсомол共青团，красноармеец红军，советский苏维埃的，пионер少先队员，СССР苏联，всесоюзный全苏的，НЭП新经济政策，комбед贫困委员会。一些词汇获得了新意，如：ударник突击手，октябрь十月。随之，在构词、语法和语音方面也发生了些许变化[1]。但根本性的变化在语言领域并没有发生。苏联时期的俄语标准语继承了19—20世纪初的语言财富，苏联文学语言在19—20世纪初的经典文学语言基础上继续发展。

众所周知，语言发展不仅受外部的社会因素，而且受到内部的语言因素的制约。十月革命后俄语标准语使用者的社会结构发生了根本变化。往昔的工人、农民、士兵掌握了标准语规范，标准语成为人民大众的财富。因此，标准语也受到

---

1 有关苏联时期俄语变化最为全面的论述在由班诺夫（М.В.Панов）主编的集体著作《俄语与苏联社会》中，本章节使用语料部分出自该书。

鲜活大众语言的影响：方言、俗语、黑话涌入标准语，在口语的影响下俄语标准语各语体间的互动加强。标准语与鲜活大众语言的互动大致可分为三个阶段[1]：第一阶段（20年代）是鲜活大众语言对标准语产生积极影响的时期。出现了介于标准语和非标准语之间的某种过渡性的口头言语形式。当时，苏联大部分人口还没有完全掌握标准语，但已抛弃诸多方言特征，较少使用黑话和俗语元素。这一进程体现在20年代的报刊和文学语言中。第二阶段（30—50年代上半期）是"作家和社会活动家积极提高大众言语素养、争取语言纯洁性和准确性[2]"的时期，是标准语规范稳定化阶段。第三阶段（50年代后半期—70年代）中，口语和文学语言中对标准语规范的个人偏离不断增长，报刊语言和口语互动加强，书面语元素涌入鲜活口语。两种互为矛盾的现象并存：一方面，鲜活口语影响到标准语各个语体；另一方面，广大群众在积极掌握标准语规范。

由于大众传媒（广播、报纸、电影、电视）的发展及教育水平的提高，苏联全国各阶层人口开始接触到俄语标准语。与此同时，俄语成为世界上最为发达的语言之一，具有最为丰富的词汇，匀称的词法和句法体系，多种多样的构词手段和健全的功能语体体系。普希金、莱蒙托夫、果戈理、别林斯基、涅克拉索夫、屠格涅夫、萨德科夫·谢德林、托尔斯泰、陀思妥耶夫斯基、契诃夫等作家的作品为俄国文学和俄语赢得了很高的国际声誉。19—20世纪的俄国革命运动在全世界引起了巨大反响，特别是十月革命后，俄语标准语作为外交语言登上宽广的世界舞台。爱好自由的世界人民极大地增长了对俄语的兴趣，俄语被看作是进步、友谊、国际性的语言。诸多俄语词汇，如：совет苏维埃，большевик布尔什维克，спутник卫星，及其构词方式，都被不同国家的人民广为熟知。俄语当之无愧地成为苏联各民族之间进行交往的语言，成为联合国的工作语言之一。

2. 1917—1918年的俄语正字法改革

正字法改革一度被认为是苏联的诸多创举之一。事实并非如此，正字法改革早已酝酿良久。1904年沙皇俄国科学院下设了正字法委员会，致力于解决简化

1　Ковалевская Е.Г. История русского литературного языка. М.: Просвещение. 1978. С. 378.
2　Бельчиков Ю.А. О развитии русской лексики в советскую эпоху//Русский язык в школе. 1965. № 6. С. 6.

书写的问题，时任主席为杰出的语言学家福尔图纳托夫（Ф.Ф.Фортунатов），领导沙赫马托夫（А.А. Шахматов）、博·德·库尔特内（И.И.Бодуэн де Куртенэ）、萨库林（П.Н.Сакулин）等委员就每个俄语字母的去留问题进行研讨。新正字法方案于1912年拟定，其中包括：彻底取消字母«ять[1]»、«фита»及«ер»，取消«ерь»在ч, ш, щ等字母后的使用（如：ночь夜晚—ноч, мышь老鼠—мыш）等改革内容，但未通过审议，要求继续对方案进行修补。十月革命前的临时政府组织专家学者对1912年版的改革方案的过激之处进行缓和处理，如，委员会成员同意了沙赫马托夫关于在ч, ш, щ等字母后保留«ерь»的提议。最终，科学院通过了简化俄语书写的决议，仅在六天之后，1917年5月30日教育部就发布了要求学校从新学期开始改革正字法的通告。

十月革命后，为了提高广大人民群众的文化知识水平，降低学习和掌握俄语的难度，在布尔什维克掌权不到两个月的时间里在《消息报》（1918年1月5日）上刊登了正字法改革的法令。要求在各级学校及出版机构实行新的正字法。主要改革内容包括：（1）取消字母ѣ «ять», 代之为e, 如：колѣсо轮子 – колесо, вѣра信仰 – вера；（2）取消字母θ «фита», 代之为ф, 如：θома法玛（男人名）– Фома；（3）取消ъ «ер»出现在词尾，但保留在单词中间继续使用，如：Совѣтъ – Совет苏维埃, Изъ – Из从；（4）取消字母i «и десятеричное», 代之为и, 如：Россія – Россия俄罗斯, Собранія – Собрания会议；（5）形容词、形动词、序数词、代词的所属格阳性形式，由-ого, -его替代-аго, -яго, 如：добраго – доброго善良的, пятаго – пятого第五, синяго – синего蓝色的；（6）形容词、形动词、序数词阴性、中性的复数主格形式，由-ые, -ие替代-ыя, -ия, 如：твердыя – твердые坚强的, главныя – главные主要的, синия – синие蓝色的；（7）前缀（из, воз, раз, роз, низ, без, чрез, через）用在元音和浊辅音之前写作«з»，用在清辅音之前写作«с»，如：расстаться分离, бесполезно毫无益处地, извинить抱歉, безвольный优柔寡断的, чрезвычайно特别, воспитание教育。苏联政权以雷霆之势大力推广正字法改革，在印刷设备中取消了带有«ять»、«фита»、«i»和«ер»的活版铅字，而

---

[1] 字母ѣ, θ被读作ять, фита, 字母ъ, ь被读作ер, ерь.

实际上，改革并没有取消«ер»本身，只是在词尾不再书写该符号，词内还保留该字母符号。因此，在一段时间内的印刷品中，俄语单词中需要使用ъ的时候，不得不使用隔音符´来代替，如：подъем – под´ем高涨，съезд – с´езд大会，объявление – об´явление通知，подъезд – под´езд通道。

综上，可以说布尔什维克直接使用了现成的改革方案，并运用了革命的手段进行推广。在当时大多数人口文化水平偏低的情况下，对实行新正字法的确发挥了积极而正面的作用，在非常短的时间内提高了全民的文化水平。

3. 列宁和高尔基对俄语标准语发展的贡献

苏联成立初期俄语标准语和非标准语之间互动频繁，结果破坏了诸多传统的标准语规范。在公开演讲、报刊、文学作品中常可发现一些俗语、黑话、方言元素与标准语元素共用。对黑话、方言、俗语等言语手段的滥用，不当的个人造词，引起了很多文化、文学、语言学工作者的反对。20年代出版了一系列坚持纯洁俄语标准语、捍卫传统规范的文章和书籍。谢尔巴（Л.В. Щерба）、波利万诺夫（Е.Е. Поливанов）、亚库宾斯基（Л.П. Якубинский）、维诺库尔（Г.О. Винокур）、别什科夫斯基（А.М. Пешковский）等语言学家曾就此撰文进行论述。

列宁（В.И. Ленин，1870—1924）密切地关注俄语标准语的发展。在革命后的紧张年代，他指出语言学家的迫切任务是编纂俄语词典。1920年元月，列宁写信给人民教育委员卢那察尔斯基（А.В.Луначарский），指出编纂现代俄语词典的时机已经到了，需要一部收录"现如今和经典作家（从普希金到高尔基）通用词的辞书[1]"。稍晚于1921年5月，列宁又写信给力特肯斯（Е.А.Литкенс），指出

В.И. Ленин, 1870–1924

1　Ленин В.И.Полн. собр. соч. 5-е изд. М.: Изд. Политической литературы. 1967—1975. Т. 51. С. 122.

需要编纂"一部简明俄语词典,一部依据新正字法编排的现代规范词典[1]"。这一任务终由语言学家乌沙科夫(Д.Н.Ушаков)带领众学者:维纳格拉多夫(В.В.Виноградов)、维诺库尔(Г.О. Винокур)、拉林(Б.А. Ларин)、奥热果夫(С.И.Ожегов)、托马舍夫斯基(Б.В.Томашевский)在1935—1940年间完成,出版了四卷本的《俄语详解词典》(Толковый словарь русского языка)。该词典是1917—1918年正字法改革后出版的第一部词典,也是苏联成立后出版的第一部详解规范词典,共计收录词条近九万个,面向广大读者,有助于读者掌握俄语词汇、语法、语音、修辞规范,在很大程度上促进了俄语标准语规范的稳定化,填补了对20世纪俄语发展进行描写的空白,获得科学界的一致好评。

列宁不能容忍草率地对待俄语标准语。1920年,他写了《论净化俄语》的简论,号召大家保护俄语免受破坏,"我们正在破坏俄语:毫无必要地使用外来词。可以用俄语词недочеты,недостатки,пробелы时,为什么要用外来词дефекты?[2]"在此简论中,列宁明确地指出:向毫无必要的使用外来词、向破坏俄语的行为进行宣战的时刻到了。但列宁并没有完全否定外来词,如有必要他本人也会使用外来词,如科学术语、社会政治词汇等。卢那察尔斯基写道:"他不喜欢用俄语术语替换掉大家都能理解的外来术语。读者应该知道,什么是публицистика(政论文),什么是социализм(社会主义),这些词可以不必过渡到俄语而直接使用。每次当有人在本可以更为简洁地进行表述的地方使用外来词时,列宁总会取笑道:不必在此展示学问,您不是写给院士们看的;考虑一下,如果十位优秀工人聚在一起阅读我们的报纸,而没有一位能看懂,您该多么沮丧啊![3]"

十月革命后大量缩略语涌入俄语口语和书面语,特别是涌入了很多广大读者无法理解的缩略语。列宁不止一次地反对使用不必要的、难懂的、随意缩略的词语,如:уновис(утвердитель нового искусства)肯定新艺术的人,шкраб(школьный работник)学校工作人员。列宁认为准确使用科技和政治术语具

1　Там же. Т. 52. С. 199.
2　Там же. Т. 40. С. 49.
3　转引自:Ленин – журналист и редактор. М.: Гослитиздт..1960. С. 334-335.

有重大意义，多次批评不当地使用术语和定义阻碍了对实质问题的揭示和认识。列宁对十月革命前俄国的公文语体不能容忍，反对使用呆板晦涩、空洞无物的言语表达。列宁把语言及言语素养问题不仅看作是语言问题，而且是政治问题。列宁对报刊语言提出特殊要求：通俗易懂，但拒绝庸俗化。简洁朴素、准确明晰是列宁对语言提出的总的要求。列宁个人的语言风格完全符合上述要求。高尔基在听到列宁的一次发言后，有感而发："我第一次听到最为复杂的政治问题能够说得如此简洁[1]。"

列宁非常热爱人民语言，高度评价其所蕴含的简洁性与生动性。在列宁的案头摆放着《大俄罗斯民间口语详解词典》，其中收录了大量鲜活的口语表达。列宁也经常使用谚语、俗语及成语，如：дать по шапке 揍，解雇（与之对应的是：получить по шапке 挨揍，被解雇），водить за нос 牵着鼻子走（含欺骗、愚弄之意），семь раз отмерь, один раз отрежь 量七次，剪一次。列宁的诸多精辟表述成为名言，广为人知，如：лучше меньше, да лучше 宁可少些，也要好些，Великий почин 伟大的创举，шаг вперед, два шага назад 前进一步，后退两步。列宁的著作成为不可逾越的优秀言语素养的典范之作，在俄语标准语语体体系的发展中发挥了重大作用，特别是在完善现代俄语的政论、科技和公文语体方面意义非凡。列宁的著作丰富了现代政治、哲学、经济术语，对苏联时期的政论文体产生了深远影响。列宁的著作中还含有对俄语标准语主要进程的深刻而准确的论述，这些论述也成为研究俄语标准语史的方法论基础。

发展和丰富文学语言的整个时期与高尔基（М. Горький, 1868—1936）的名字紧密相联系。高尔基的创作实践既包括文学小说，也包括政论文，在语言文化的发展方面，他是与时代同步的大胆而又清醒的创新者，得到了苏共

М. Горький, 1868–1936

1　Воспоминания о В.И.Ленине: в 10 т .М.: Политиздат.1989—1990. Т.2. С.244.

和全体苏联人民的认可和支持。高尔基作为苏联社会思想的代表人物和独一无二的语言大师,不知疲倦地为标准语的纯洁和丰富而奋斗,用实际行动提高了俄国人民的言语文化。

高尔基准确而又明晰地阐释了标准语和全民语言互动的复杂进程,并对其进行了创造性地加工和提炼。标准语是最高级的语言形式,植根于全民语言,两者既有相同之处,又存在差异。全民语言是复杂、多彩的自然语言,一方面,具有大量"最具活力、最为清晰质朴的词汇[1]",可将其选入标准语;另一方面,拥有若干偶然的、短暂的甚至歪曲的言语手段,可将其排斥在标准语行列之外。高尔基,一方面,强调语言发展的延续性,号召仔细地对待语言遗产,学习经典作家的创作艺术;另一方面,全力支持和鼓励将崭新的,富有活力的元素引入标准语。高尔基进一步论述了作家严格而谨慎地从全民语言中遴选词语的必要性。首先,有成千上万的读者在阅读作家的作品,作家有责任发展和完善民族语言;其次,作家创作活动的成功在很大程度上取决于他们从语言中遴选什么样的言语材料,以及所选语料从文艺美学角度在多大程度上能适合创作文学作品典范。

高尔基指出,语言是文化的有力工具。"争取语言纯洁、精准、锋利的斗争正是争取文化工具的斗争。这一工具越锐利,指向目标越精准,越能战无不胜[2]"。高尔基揭示了产生语言污染和贫瘠的原因是某些初登文坛的作家甚至某些有经验的作家没有批评性地对待引入文学的很多方言词汇,如:скукожиться 蜷缩。还有一些不成功的,有时是无意义的新词。在这些莠草的传播中,高尔基看到了莫大的危险:由于沉迷于此类词汇,"创新者"为标准语提供了很不好的服务。为了避免此类创新,迈进广阔的真正言语创作的康庄大路,高尔基建议文学家向人民学习语言,仔细研究民间创作,以及饱含历经多个世纪打磨的词语。"要进行语言创作,就必须了解我们最为丰富的民间创作,特别是我们异常精辟的谚语和俗语[3]。"

高尔基就标准语中教会斯拉夫语、方言、外来语等问题发表自己的看法。

1　М.Горький О литературе. М.: Советский писатель. 1953. С. 48.
2　Там же. С. 663.
3　Там же. С. 395.

他认为不必要刻意去消除斯拉夫语，只要把可耻的事实从生活中消除，描述这些事实的词汇就自然从语言中消失了。况且，"古斯拉夫语中还有一些优质的词汇，但必须把教条式的说教语言同诗歌语言区分开来。大司祭阿瓦库姆使徒传的语言风格依旧是不可逾越的语言典范，俄国的古代文学中总有可学之处[1]。"高尔基反对把方言词汇中的"杂草"引入俄语，同时号召学习俄国经典作家的经验：他们从人民语言中遴选有表现力的语言手段时并没有沉迷于方言。高尔基同意列宁对外来语的看法，即标准语的破坏受到毫无必要地、不恰当地使用外来词的影响，"我们有很好的词сгущение（凝聚，浓缩），没有必要使用конденсация[2]"。

总之，列宁和高尔基对俄语标准语发展及提高人民言语素养的论述影响深远。

4. 俄语标准语语体的丰富和完善

十月革命后，俄语标准语使用者社会结构的丰富化，语言功能的复杂化，运用领域的广泛化，语言进程的大众化，这一切都使得现代俄语功能语体的发展迈入崭新的阶段：一方面，各语体之间频繁互动，特别是口语对其他语体的影响日益加强；另一方面，各语体的界限日渐分明，最终形成了涵盖政论、科学、公文、文学、口语五大领域的俄语标准语语体系统。由于文学语言在论述高尔基对俄语标准语发展的贡献时已有所涉及，此节不再进行赘述。

政论语言主要用于报刊、社会政治出版物、具有宣传鼓动性的发言和报告中。20年代，可见到政论语言的传统表达手段与口语、俗语混用的现象。口语还为政论语言带来大量表达感情评价色彩的词汇，如：лежебока懒汉，белоручка不爱做粗活的人，стиляга爱赶时髦的人，пижон花花公子；заорать开始喊叫，приключаться发生，зажиреть发胖。同时，出现了政论语言与文学语言的接近：一方面，社会政治词语用于文学语言，不管是散文还是诗歌，都变得非常自然和得体；另一方面，由于教育的普及，大众文化水平和文学趣味的提高，政论语体的文学性得到显著提升。政论文具有重要的社会功能，能

1　Там же. С. 666.
2　М.Горький О литературе. М.: Советский писатель. 1953.С. 558.

被广大人民群众理解和接受，因此它在很大程度上影响了现代俄语规范的形成。历史表明，俄语政论文出现于6—7世纪，主要特征形成于18—19世纪，在列宁的著作中得到发展，达到最高水平。但需要指出的是，苏联在勃列日涅夫的"停滞"时期，报刊语言出现一定程度的僵化，产生了可称之为"洋八股"等问题，与日益更新的日常语言拉开了距离[1]。

公文事务语体是用在国家条例、法律、国际文件、章程、公务信函等领域的语言。具有准确性、简洁性、具体性特征，特定的标准和程式，其语体规范具有高稳定性和保守性。很多传统的表述保留至今。苏联时期的公文语言发生了少许变化，主要体现在语言的简化和大众化，将其从革命前官僚语言的繁琐冗长中解放出来，不再使用旧公文词汇，如：连词дабы（чтобы）为了，нежели（чем）较之，таковой这样的，сей这个，оный那个。苏联时期产生的新词语也不可避免地进入公文语体，如：партком党委会，исполнительный комитет执行委员会，очаг культуры文化的发源地，смычка结合处。

科学语体服务于科学领域，为了使叙述清晰，逻辑分明，使用的语言总是具有精确严密的特点。科学语言的主要特征形成于16—19世纪，苏联时期仍在不断发展，呈现出以下几个明显趋势[2]：（1）去感情化趋势，即避免使用情感表现力丰富的言语手段，如：ни на йоту一点也不，очень жаль很遗憾；（2）从第一人称叙述转入无人称叙述，如：少用Я заметил на опыте...我在试验中发现......，多用В основе этой работы положены материалы, собранные на практике实践中收集的材料是这项工作的基础；（3）称名化趋势，即名词的使用多于动词，如：常用由动词派生出的动名词：рассмотрение研究，сжатие压缩，закрытие关闭，обеспечение保障，常用"оказать помощь提供帮助""вести сев进行播种"代替"помочь帮助""сеять播种"，常用锁链式名词所属格：обеспечение возможности использования методов расчета提供了可以使用的计算方法；（4）拒绝使用具有明显其他语体色彩的词语，这与对科学语言的要求日益严格有关。

1　李英男 苏联解体后的俄语新变化，俄罗斯研究，2005. No 3. 第77页。

2　参考：Судавичене Л.В. и др. История русского лит. языка. Ленинград: Просвещение. 1990. C.292-294.

口语体在自然的日常交往中使用，具有即时性和无准备性。20世纪60年代后，口语体摆脱了"难登大雅之堂"的尴尬身份，开始跻身为俄语标准语的一员，与报刊-政论语体、科学语体、公务事务语体、文学语体一起，共同组成了完整的俄语标准语语体体系。苏联时期，由于俄语标准语的大众化趋势，口语对其他语体产生了诸多影响。口语研究也被语言学家提上日程。由施为达娃主编、苏联科学院1980年出版的《俄语语法》（Русская грамматика）将口语研究纳入其中，改变了传统语法只研究书面语、轻视口语的现象。

5. 俄语标准语语言的变化[1]

词汇：众所周知，词汇是任何语言中最灵敏的部分，社会的变迁最迅速地反映在词汇的变化中，这也与词汇的主要功能——称名功能——密切相关。"十月"社会主义革命胜利后，苏联政治、经济生活发生根本变化，科学技术迅猛发展，城乡生活方式改变，由此出现了一系列新词，如：Октябрь十月革命，партбюро党委会，СССР苏联，совет苏维埃，ленинизм列宁主义，коммунизм共产主义，социализм社会主义，марксизм马克思主义，оппортунизм机会主义，объективизм客观主义，ревизионизм修正主义，КПСС苏共，ЦК中央委员会，красногвардеец红色近卫军，красноармеец红军，комсомол共青团，пионер少先队员，профсоюз工会，агитатор宣传员，субботник星期六义务劳动，пятилетка五年计划，Госплан国家计委，коллективизация集体化，трактор拖拉机，комбайн康拜因，колхоз集体农庄，автобус公共汽车，троллейбус无轨电车，метро地铁，метрополитен地铁，электролампа电灯，электродвигатель电发动机，электродоилка电挤奶器，совхоз国营农场，радио广播，кино电影，космодром航天站，прилунение登月，лунник月球火箭，спутник卫星，клуб俱乐部，путевка疗养证，дом отдыха疗养院。这些词用在标准语各语体中，成为俄语通用词汇。

苏联时期俄语标准语词汇的扩充大致通过以下方式实现：（1）在俄语已有词汇和构词手段的基础上产生新词；（2）通过词义的扩大、缩小或转

---

1 本节参考：Ковалевская Е.Г. История русского литературного языка. М.: Просвещение. 1978. С. 358-375.

移；（3）引入外来词；（4）在俄语标准语大众化进程中引入非标准语元素：俗语、方言、行话等。

俄语作为分析语，**词缀构词法**是产生新词的常用办法。苏联时期，依据出生地、居住地、职业、归属党派或团体来表示人的称名多借助于能产型后缀 -ец, -ник, -ик, -тель, -ист, -щик, -льщик, -чик构成，如：ленинградец 列宁格勒人，ленинец 列宁主义者，партиец 党员，комсомолец 共青团员；производственник 生产者，передовик 先进工作者，фронтовик 前线战士，хозяйственник 负责人，физкультурник 体育工作者，общественник 社会活动家，выпускник 毕业生，вечерник 夜校学员，заочник 函授学员，дипломник 做毕业论文的大学生，целинник 拓荒者，дружинник 志愿者；активист 积极分子，моторист 马达工，очеркист 特写作家（记者），программист 程序员，бульдозерист 推土机手；автоматчик 管理自动机械的工人，наладчик（机械）调整工，трубопрокатчик 轧管工，ракетчик 火箭专家（兵）；регулировщик 调度员，подборщик 选料工。研究表明[1]，用来构成按职业活动来表示人的称名的最为能产的后缀是 -щик, -льщик，这类词在动词基础上派生，如：спускальщик 撬顶工，закальщик 淬火工，отмывщик 冲洗工。

20世纪上半叶还出现了一些借助后缀 -ик, -ник, -щик, -льщик, -чик, -тель, -тор, -к 构成的表示具体事物的新词，如：броневик 装甲车，грузовик 卡车，лунник 月球火箭，бомбардировщик 轰炸机，тральщик 扫雷舰，передатчик 发射机，счетчик 计量器，инкубатор 孵化器，коммутатор 转换器，предохранитель 安全阀，копнитель 堆垛机，путевка 疗养证，курсовка 疗养证，спецовка 工作服，зажигалка 点火机；由动词构成的含后缀 -ени-, -ани-, -к- 或零后缀的新词，如：вождение 操控，доение 挤奶，обводнение 灌溉，заземление 接地，завихрение 漩涡，прилунение 登月，приводнение 水上降落，намагничивание 磁化，обеспыливание 除尘，дойка 挤奶，чистка 清洁，зачистка 修光，заточка 磨锐，заливка 注入，задувка 开炉，отбивка 锤击，брошюровка 装订，штамповка 模塑；промыв 冲刷，вызов 召唤，вылет

1　Словообразование современного русского литературного языка. - Русский язык и советское общество. Под ред.: М.В. Панов. М.: Наука. 1968. С. 127.

起飞，запуск启动，облет环绕飞行。

　　构成形容词的能产后缀有-ск-, -н-，如：советский苏联的，ленинский列宁主义的，большевистский布尔什维克的，комсомольский共青团的，пионерский少先队的，вузовский高校的，атомный原子能的，витаминный维生素的，диалектный方言的，контекстный语境的。动词通过后缀-ирова-获得扩充，如：акклиматизировать使适应新环境，военизировать使军事化，конкурировать竞赛，газифицировать使煤气化，кинофицировать把电影普及到，пилотировать驾驶（飞机）。研究者还指出了60年代出现的一些前缀积极化的现象，如анти-, сверх- 获得搭配自由：антирелигиозный反宗教的，антимилитаристский反军国主义的，антивещество反物质，антимиры反物质世界，антиматериалистический反唯物论的，антивоенный反战的，антироман别裁小说。

　　苏联时期，**新复合词**的出现同样借助于传统的构词方式：由两个词加连接元音о, е（如：самолет飞机, домоуправление房产管理局, взрывостойкость抗爆性, миноискатель探雷器, саморазгрузчик自卸装置, луноход月球车）或者不加连接元音（如：пятилетка五年计划，Ленинград列宁格勒，вездеход越野车，всесоюзный全苏的）。复合词还可由两个词加连字符构成，如：изба-читальня农村图书阅览室，платье-костюм套裙，плащ-палатка雨衣，вагон-аптека医药车厢，вагон-изолятор隔离车厢。

　　这一时期，俄语标准语中还出现了相当独特的一类新词：**复合式缩略词**，如：СССР（Союз Советских Социалистических Республик）苏联，военкор（военный корреспондент）军事记者，исполком（исполнительный комитет）执行委员会，КПСС（Коммунистическая Партия Советского Союза）苏共，ЦК（Центральный комитет）中央委员会，партбюро（партийное бюро）党委会。

　　这些词汇的构成大致有以下几种方式：

　　1）首字母结合，如：СССР苏联，ГУМ（Государственный Универсальный Магазин）国营百货商店，НЭП（Новая Экономическая Политика）新经济政策，БТ-7（Броневой Танк－7）装甲坦克7号，ООН

（Организация Объединенных Наций）联合国；

2）首音节结合：колхоз（коллективное хозяйство）集体农庄，совхоз（советское хозяйство）国营农场，Совдеп（Совет депутатов）代表苏维埃，Совнарком（Совет народных комиссаров）人民委员苏维埃，медсанбат（медико-санитарный батальон）医疗卫生营；

3）首部分或首音节+单词，如：парторганизация（партийная организация）党组织，партактив（партийный актив）党内积极分子，политуправление（политическое управление）政治部，профсоюз（профессиональный союз）工会，стенгазета（стеновая газета）墙报，зарплата（заработная плата）工资；

4）首音节+首字母，如：главк（главный комитет）总部，гороно（городской отдел народного образования）市教育局，сельпо（сельское потребительное общество）农村消费合作社。

借助第2，4类缩略方式构词时，不是缩略词中的所有元素都参与其中，如：Госплан（Государственная плановая комиссия）国家计委，Госналог（Управление государственными налогами）国家税务局，Главуголь（Главное управление угольной промышленности）煤炭管理总局。

渐渐地很多复合式缩略词的首部分不再被看作是词根，而成为能产型构词前缀，如：сов-（советский苏维埃的），гос-（государственный国家的），парт-（партийный党的），воен-（военный军事的），рай-（районый区级的），сан-（санитарный卫生的，医疗的），这里就包括：сандружинник医疗志愿队员，санбат卫生营，санпоезд医疗车，санпропускник卫生防疫站，санобработка医疗处理。

此外，俄语标准语中还出现了截音词，如：спец（специалист）专家，пом（помощник）助手，зам（заместитель）副手。

尽管缩略词具有节省说话人和听话人的时间和精力、节约文本空间的优势，但一些缩略词只局限在小范围内使用。随着社会的变迁，大浪淘沙，只有那些广为人知、通俗易懂的缩略词在俄语标准语中保留了下来。

苏联时期新词语的出现不仅借助构词手段，而且借助词的语义重建，即通过词义的**拓宽**、**缩窄或转移**构成全新的言语单位。如通过词义拓宽，构成下列新词：ударник突击手，ударная бригада突击队。ударник有"生产领域的优秀员工，进步的苏联人"之意，然而该词的原意是"步枪栓上的零件"。词汇октябрь（十月）原来仅指月份，苏联时期获得了更为宽广的社会政治意义。首字母大写的Октябрь是伟大十月社会主义革命的代称，是劳动人民为纪念这一伟大事件而庆祝的年度节日。

同音异义也是新词产生的方式之一，表示国家权力机构的совет苏维埃，原意为：建议；全世界熟知的спутник卫星，原意为：伴侣。苏联时期俄语词汇发展中出现了生产术语和军事术语去术语化的进程。如：звено环节（звено в пионерской организации少先队组织中的一环），нагрузка负荷（общественная нагрузка社会工作量），авангард前卫（авангард революции革命的开路先锋）。

苏联时期，俄语词汇发展的典型规律之一是改变过去通用词语的情感色彩。如开始讽刺地使用以下词汇：чиновник官员，бюрократ官僚，господин先生，барин地主，барыня女地主，мадам太太。

苏联时期的俄语标准语还从不同语言中引入**外来语**。如：源于英语的：автокар自动搬运车，акваланг潜水呼吸器，диспетчер调度员，джинсы牛仔裤，комбайн康拜因，миксер搅拌机，трактор拖拉机，троллейбус无轨电车，фильм影片，фокстрот狐步舞；源于法语的：диспансер疾病防治所，диспропорция比例失调，конферансье报幕员，метро地铁，метрополитен地铁，репортаж报道，такси出租车，торшер落地灯；源于德语的：автобус公共汽车，агрессор侵略者，кино电影院，影片，оккупант侵占者。随着工业、科学、技术的迅猛发展，涌入俄语的外来词有：кибернетика控制论，космодром航天站，аэродром飞机场，электроника电子学，табулятор制表键，экскаватор挖掘机，блюминг初轧机，телевизор电视机。

苏联时期，俄语标准语的民主化、大众化进程继续，使接触标准语的人员构成发生变化：农民、工人、手工业者中出现了报刊通讯员，各界人士在大会上发言，这一切必然对报刊语言、口头言语、文学语言产生影响，使标准语与**非标准语**相互接触、碰撞、变化、丰富。鲜活的口语词涌入标准语：авоська网兜，

баловной调皮的，бахча瓜园，баянист手风琴手，безотцовщина没有父亲，бомбежка轰炸，бурки毡靴，ватник棉袄，времянка临时设施，электричка电气火车；卫国战争时期的一些口语词被用作军事术语，如：клещи钳子，夹攻，钳形攻势（взять враг в клещи夹攻敌人，попасть в клещи腹背受敌），котел锅，包围（попасть в котел陷入包围），мешок袋子，全包围（прорваться из мешка突破包围圈）。作为口语词或日常技术词汇（如：столярные клещи木工钳，кузнечные клещи锻工钳，парвой котел蒸锅，котел кипит锅开了）被收录在乌沙科夫主编的《俄语详解词典》（1935—1940）中；这些词在苏联科学院出版的《俄语词典》（1957—1961）中，除上述释义外，还增加了军事术语的意义。还有一些口语词增加了专业技术词的词义，如：горлышко喉咙，瓶颈，ножка脚丫，支脚，стакан杯子，杯形件，палец手指头，连接轴，стрелка指针，道岔，рама框架，车架，дворник打扫院子的人，（汽车前窗的）雨刷。

语法：

语言学家早已指出，**词法**结构较之语言的其他领域较少受到外部社会因素的影响，因此，苏联时期俄语标准语的词法体系没有发生根本性变化，些许变化出现在词汇语法的交叉领域。如：用来表达职业的共性名词开始在句子中根据职业者的实际性别来决定谓语动词的性，如：врач пришел医生来了，секретарь сказал秘书说（使用动词过去时阳性形式，说明医生和秘书均为男性），врач пришла, секретарь сказала（使用动词过去时阴性形式，说明医生和秘书均为女性）。这种用法率先出现在日常口语中，而后进入标准语。这一方面与女性开始进入原来只允许男性工作的领域有关；另一方面，此类用法与俄语的大众化趋势有关[1]。

俄语中还出现了统一化趋势[2]，即表达同一内容的各种手段逐渐统一为一种形式。如，表示数量意义的阳性单数名词的所属格词尾-у被-а排挤：过去常用много народу很多人，现在则常说много народа。虽然两种形式现在还都在使用。此外，此种情况也常见于表部分意义的阳性单数名词的宾格，如：выпить

---

1 张会森：《现代俄语的变化和发展》，北京：人民教育出版社，1984年，第20—24页。
2 同上书，第29页。

чая喝茶，купить джема，шоколада买些果酱，巧克力；купить шоколад，сыр，джем买巧克力，奶酪，果酱。

受到大众化趋势的影响，阳性名词的复数形式以-а作词尾的越来越常见，如：трактора 拖拉机，цеха车间，слесаря钳工，токрая车工，катера快艇，крейсера巡洋舰。受到简化趋势的影响[1]，阴性名词的工具格-ой，-ою两种词尾，现在更多选用-ой，如：весна – весной春天，不用-ою（весною），如此变格，读音更为省力。完成体副动词也出现了两种形式，如：поняв – понявши理解，сказав – сказавши说，且前者因读音、书写更为简便而更常用。名词复数二格使用零词尾的情况增多，如：баклажан茄子，помидор西红柿，мандарин桔子，апельсин橙子，грамм克，килограмм千克，рентген爱克斯射线，микрон微米；原来以-ов结尾的复数二格形式逐渐淡出，如：граммов，килограммов。

俄语就其语言类型而言，属于综合型语言（синтетический язык），即语言主要通过词本身的屈折变化（词形变化）来表达种种语法关系，如：русская литература. Студент читает русскую литературу；而分析型语言（аналитический язык）则是通过虚词、词序、语调等手段表达，如汉语即是典型的分析型语言。由于受到分析型语言的影响[2]，俄语中不变格的现象增多，如：беж米色，хаки草绿色，коми科米的（коми язык科米语，коми литература科米文学），пик 顶，巅峰（час пик高峰期），модерн现代派的，时髦的（стиль модерн现代派风格，мебель модерн时髦的家具），экспресс 快速的（экспресс информация快速信息）；жить в Пушкино住在普希金诺，работать в Иваново工作在伊万诺沃。

由于词义的扩展，某些关系形容词获得性质形容词的意义，如：ленинский列宁的，列宁式的，большевистский布尔什维克的，布尔什维主义的，астрономический天文的，极大的，极高的，космический宇宙的，宏伟的（космические планы，задачи宏伟蓝图，任务，космический размах宏伟气魄）。

---

1 张会森：《现代俄语的变化和发展》，北京：人民教育出版社，1984年，第25—28页。
2 同上书，第30页。

在动词方面，双体动词增多，如：военизировать 军事化，газифицировать 煤气化，кинофицировать 把电影普及到，схематизировать 公式化，提纲式地说明，электрифицировать 电气化。

俄语的**句法**结构在标准语大众化的进程中，出现了鲜活口语的句法模式大量涌入书面语文本和标准语口语的现象。如：希罗金宁娜（О.Б.Сиротинина）在研究苏联时期的政论语体特点后，指出了从20年代起口语入侵书面语体的现象：报刊文本中简单句、问答结构增多，接续结构广泛使用，简化了句子结构（缩短了句子长度），减少了带有独立成分的句子的使用等[1]。如：Неужели это в центре города? Да, вот видна статуя римского воина... （Н.С.Тихонов «Город-фронт»）难道这不是在市中心吗？是，瞧可以看到罗马士兵的塑像……；Но что можно сделать против блокады, голода, арктической зимы? Хватит ли у Ленинграда физических, нервных и духовных сил? Об этом думали миллионы людей. （В. Вишневский «Нам светит солнце победы»）但如何对抗封锁、饥饿、如北极般寒冷的冬天？列宁格勒的体力、神力、精力是否足够？千百万人都在思考这个问题。

最能够快速、鲜明地反映出语言的变化的是报刊语言。"现代报刊语言中表现出口语特有的纷繁多样的句法结构渗入书面语的趋势[2]。"语言学家注意到，在政论语体中，带有前置词的名词性短语被用作祈使结构，如：За работу! 为了工作！Под знамя Труда! 在劳动的旗帜下！В поход за химический всеобуч! 踏上普及化学知识的征程！；使用各种提位复指结构，如：Принципиальность – она тоже границы имеет. 原则性也是有限度的。Инструктор. Очень ответственная это должность. 教官，这是一个很重要的职位。诸多研究者指出现代书面语和口语中广泛使用由名词和前置词组成的合成前置词结构，如：в области, по линии, в деле, в смысле, по пути, в сторону, в направлении, по направлению к, в связи с тем, что; в результате того,

---

1 Сиротинина О.Б. Некоторые жанрово-стилистические изменения советской публикации // Развитие функциональных стилей современного русского языка. М.:Наука. 1968. С. 101-125

2 Шведова Н.Ю. Активные процессы в современном русском синтаксисе （словосочетание）. М.:Просвещение. 1966. С. 140.

что；в свете того, что。

现代俄语标准语中还积极使用分割结构，即不同类型的接续结构，如：帕乌斯托夫斯基（К.Г. Паустовский）的短篇小说《Дождливый рассвет》（雨蒙蒙的黎明）：На скатерти лежали ножницы и отрезанные ими лишние стебли цветов. И рядом – раскрытая книга Блока. «Дорога дальняя легка...» И черная маленькая женская шляпа на рояле, на синем плюшевом альбоме для фотографий. Совсем не старинная, а очень современная шляпа. И небрежно брошенные на столе часики в никелевом браслете. Они шли бесшумно и показывали половину второго. И всегда немного печальный, особенно в такую позднюю ночь, запах духов. 桌布上放着一把剪刀，还有被它剪下的无用的花茎。旁边，是那本打开的书——布洛克的《道路轻轻飘向远方》。钢琴上有一顶小巧的黑色女帽，一本用蓝色长毛绒作封面的贴像簿。帽子完全不是老式的，非常时兴。还有一只小手表，配着镍表带，随便扔在桌上。小表悄不出声地走着，正指着一点半。还有那种总是带着点儿沉郁、在这样的深夜格外显得沉郁的香水气味。

综上所述，苏联时期的俄语标准语的语法体系发生了些许变化，这主要是由标准语与鲜活口语的融合所引起的，出现了语言的大众化趋势、简化趋势、统一化趋势及分析语因素增长的趋势，但根本性变化并未发生，也就是说，现代俄语标准语还保留着形成于19世纪上半叶的语法结构。

6. 语言学家对俄语标准语的影响

苏联语言学家对俄语标准语的规范功不可没，一系列不同类型词典的发行对提高苏联人民言语素养发挥了积极作用。其中，诸多词典历经多版，在21世纪仍然广为传用。

苏联时期出版的第一部详解词典是乌沙科夫主编的《俄语详解词典》（1935—1940），在此基础上，原参编者之一奥热果夫主编的单卷本《俄语详解词典》（Толковый словарь русского языка）于1949年问世，再版二十余次。1992年，该词典经过大幅度的充实和扩展后，再版时词典上出现了两位主编的名字：奥热果夫和施为达娃（Н.Ю. Шведова）。

1957—1961年苏联科学院出版了四卷本的《俄语词典》（Словарь русского языка），收录逾80000多条通用词和成语。1948—1965苏联科学院出版了十七卷本的《现代俄语标准语词典》（Словарь современного русского литературного языка），该词典1970年获得列宁奖。苏联时期还出版了巴尔胡达罗夫等（С.Г. Бархударов и др.）主编的《俄语正字词典》（Орфографический словарь русского языка）[1]（1956），阿万涅索夫（Р.И. Аванесов）主编的《俄语正音词典：发音、重音、语法形式》（Орфоэпический словарь русского языка. Произношение, ударение, грамматические формы）词典（1983），格拉乌金纳等（Л.К.Граудина и др.）主编的《俄语语法正确性词典》（Грамматическая правильность русской речи）（1976），罗金塔里（Д.Э. Розенталь）和杰林科娃（М.А.Теленкова）主编的《俄语疑难词典》（Словарь трудностей русского языка）（1976），季洪诺夫（А.Н. Тихонов）主编的《俄语学生构词词典》（Школьный словообразовательный словарь русского языка）（1978），扎利斯尼亚克（А.А. Зализняк）主编的《俄语语法词典》（Грамматический словарь русского языка）[2]（1977），罗金塔里主编的《俄语接格词典》（Управление в русском языке）（1986），马罗特科夫（А.И. Молотков）主编的《俄语成语词典》（Фразеологический словарь русского языка）（1967），叶甫盖尼耶娃（А.П. Евгеньева）主编的《俄语同义词词典》（Словарь синонимов русского языка）（1970—1971），利沃夫（М.Р. Львов）编纂的《俄语反义词词典》（Словарь антонимов русского языка）（1978），卡列斯尼科夫（Н.П. Колесников）编纂的《俄语同音异义词词典》（Словарь омонимов русского языка）（1976），卡列斯尼科夫编纂的《俄语近音异义词词典》（Словарь паронимов русского языка）（1971），巍施尼亚科娃（О. В.Вишнякова）编纂的《俄语近音异义词词典》（Словарь

---

[1] 该词典历经多版，最新版为：Бархударов С.Г. и др. Орфографический словарь русского языка. М.: Оникс. Мир и образование. 2007.

[2] 该词典为倒序词典，即按词末字母排序。该词典历经多版，2009作为唯一毫无争议的词典入选俄罗斯教育科学部认定的包含现代俄语标准语规范的语法、词典、手册名单，最新版为：Зализняк А.А. Грамматический словарь русского языка. М.: АСТ-Пресс Книга. 2008.

паронимов русского языка）（1984）。

苏联科学院还出版了施为达娃主编的两卷本《俄语语法》（Русская грамматика）（1980），简称80年语法。该书在各种书面语和口语资料的基础上，对现代俄语标准语语法和语音结构进行了科学描述。该语法著作的权威性保留至今。

此外，1967年建立的俄罗斯语言和文学教师国际联合会（МАПРЯЛ），1974年成立的普希金俄语学院（Государственный Институт русского языка им. А.С.Пушкина）为推动俄语在全世界的普及和研究发挥了重要作用。

本章小结

1. 十月革命开启了俄语标准语发展的新时代。尽管在词汇、构词、语法和语音方面发生了些许变化，但没有根本性的变化。

2. 十月革命后，布尔什维克直接使用了现成的正字法改革方案：取消了字母ѣ«ять»，θ«фита»，і«и десятеричное»，代之为е，ф，и，消除ъ«ер»出现在词尾，并运用了革命方法进行推广，简化了俄语，在短时间内提高了苏联人民的文化水平。

3. 列宁和高尔基密切关注俄语的发展，不仅提出了诸多引领标准语正确发展的论断，而且身体力行，创作出一系列俄语标准语的典范之作。

4. 苏联时期俄语功能语体的发展迈入崭新阶段：一方面，各语体之间互动频繁，特别是口语对其他语体的渗入、影响加强；另一方面，各语体的界限日渐分明，最终在60年代后形成了涵盖政论、科学、公文、文学、口语五大领域的俄语标准语语体体系。

5. 苏联语言学家编纂了一系列词典和语法著作，规范了俄语标准语，促进了人民言语素养的提高。

6. 俄语标准语作为外交语言登上世界舞台。爱好自由的世界人民极大地增长了对俄语的兴趣，俄语被看作是进步与友谊的语言，并成为联合国的工作语言之一。

第八章

新世纪之交的俄语标准语
（20世纪末—21世纪初）

1. 苏联解体对俄语标准语的影响

20世纪80年代中期，戈尔巴乔夫积极倡导公开性（гласность），推行社会制度改革（перестройка），90年代初苏联政权瓦解（распад СССР），俄罗斯联邦（РФ）和独联体国家（СНГ）成立，俄罗斯社会政治制度、经济体系、人们的思想意识、道德基础、价值观念发生了"翻天覆地"的变化。"社会变革为语言的加速演变提供了最为有利的土壤[1]"，特别是在语言中最为敏感、最为活跃的领域——词汇方面：与苏联、布尔什维克有关的词语淡出（如：ЦК中央委员会，КПСС苏共），用来表示新现象、新事物的新词语大量产生（如：челнок国际倒爷，новые русские俄罗斯新贵）；十月革命前的旧词语卷土重来（如：губернатор州长，департамент局，司，милосердие仁慈，покаяние忏悔），一些词语的语义内涵和修辞色彩发生变化（如：чиновник官员，предприниматель商人，бизнес生意，由贬义转到中性色彩）；外来词大量涌入，尤其是源自美式英语的外来词风行（如：компьютер电脑，спонсор赞助商）；非标准语中的俚语、黑话进入标准语（如：тусовка聚会，авторитет罪犯头目），频繁出现在最能够鲜明、快速地反映语言变化的报刊语体中。诚然，俄语的变化并不局限于词汇层面，在语法和语音方面也发生了些许变化。但根本性的改变在语言领域并没有发生。新旧世纪之交的俄语标准语继承了19—20世纪的语言财富，在俄罗斯现代社会文化条件的制约下，不断发展和完善，继续履行语言的交际、认知、称名等功能。

---

1 转引自，张会森：《九十年代俄语的变化和发展》，北京：商务印书馆，1999年，第3页。

2. 俄语标准语词汇的变化

20世纪80年代中期戈尔巴乔夫积极推行的社会制度改革，90年代初苏联政权大厦的轰然倒塌，给俄语带来了**政治词汇**的变迁，大致表现在以下五个方面[1]：

（1）国名及与之相关的词语发生变化，如：苏联的解体使得СССР，Советский Союз成为历史词，而俄罗斯作为独立主权国家代替苏联步入世界政治舞台，新国名Российская Федерация（俄罗斯联邦）随即产生，原来的РСФСР - Российская Советская Федеративная Социалистическая Республика（俄罗斯苏维埃联邦社会主义共和国）成为历史词，出现了新缩略语РФ；苏联的11个加盟共和国（除波罗的海三国和格鲁吉亚）宣布成立独联体СНГ - Содружество Независимых Государств；苏联各加盟共和国成为主权国家，其名称中不再使用Советская（苏维埃的）、Социалистическая（社会主义的），Республика（共和国），如：Украина乌克兰, Туркменистан土库曼斯坦；吉尔吉斯斯坦恢复了本民族的称谓，由Киргизия改为Кыргызстан[2]；短语形式на Украине受到动摇，开始出现в Украине的形式。乌克兰作为主权国家为强调其独立性更愿意使用后者，在乌克兰、白俄罗斯等俄语报刊中，更多使用新的用法，如：**В Украине может быть больше кровопролития**乌克兰可能会有更多的流血事件（Украинская правда乌克兰真理报，2014）；而前者的使用受长期语言习惯与规范的影响，多见于俄罗斯报刊，如：создать пространство для политического диалога **на** Украине创建在乌克兰进行政治对话的空间（Комсомольская правда共青团真理报，2014）。

（2）大批苏联时期的政治词语被淘汰，如：ЦК中央委员会，КПСС苏共，райком区委会，партком党委会，горком市委会；

（3）大批旧的政治词语恢复使用并愈加活跃起来，如：Госдума国家杜马，парламент议会，оппозиция反对党，在野党，губернатор州长，мэр市

---

[1] 详见，程家钧：《现代俄语与现代俄罗斯文化》，上海：上海外语教育出版社，1999年，第25—45页。

[2] 在俄语中字母г, к, х与-ы不相拼，常写作-и，如：книги书，ученики学生，стихи诗歌。

长，полиция警察局；

（4）核心政治词汇高频闪现，成为时代的标志，如：20世纪80年代中后期至90年代中后期广泛使用的перестройка改革，гласность公开性，демократия民主，плюрализм多元化。但是，至21世纪初此类词汇所表示的意义已不再具有现实性，逐渐淡出积极词汇之列。较之гласность，今日俄罗斯媒体更愿意使用свобода слова。有学者甚至认为以上两词语的意义并非完全相同。保护公开性基金会（Фонд защиты гласности）主席西蒙诺夫（А.К.Симонов）曾说，"我们这里不曾有过言论自由（свобода слова）……在我们国家至今只存在所谓的公开性（гласность）。大家为它想出来很多定义。但依我看，最成功的定义是：公开性是有机会从人群中发出喊声：皇帝没有穿衣服；而言论自由则是有机会在皇帝出现在大庭广众之前，告诉皇帝他没有穿衣服[1]。"

（5）大批新的政治词语涌现，一些词语原有的褒贬色彩消失或发生变化，如：многопартийная система多党制，президентская команда总统团队，левый 左派（原指共产党人、革命者，现指民主派、自由派）；反之，правый右派（原指反动派、反革命者，现指共产党人），красный（红色的，革命的）具有了贬义修辞色彩，以上变化无一不是受到社会意识形态变化的影响。

苏联解体后，俄经济改革采用休克疗法（шоковая терапия），实行私有化（приватизация），从原来高度集中的计划经济（плановая экономика）转向以市场为导向的市场经济（рыночная экономика），上述变革必然对俄语产生巨大的影响，这突出地表现在**经济词汇**的更新上，表现在旧词语复活和新词语涌现[2]。在谈及经济领域大量旧词语复活的原因时，程家钧教授引用学者И.М.西纳加杜林的话，这是"因为旧俄经济类型所特有的许多现象正在恢复[3]。" 这些旧词语可分为两大类：本民族的和源自外来语

---

1 转引自: Современный русский язык: Активные процессы на рубеже XX-XXI веков. М.: Языки славянских культур. 2008. С. 33.

2 详见，程家钧：《现代俄语与现代俄罗斯文化》，上海：上海外语教育出版社，1999年，第46—60页。

3 同上书，第48页。

的。前者包括：рынок市场，прибыль利润，предприниматель企业家，купец，делец，торговец商人，生意人，купечество商人阶层，частная торговля私营贸易，деловой человек生意人，рынок сырья原料市场，рынок сбыта销售市场，договорная цена商定价，рыночный спрос市场需求，предпринимательский риск经营风险，等等；后者有：бизнес生意，коммерция商业，бизнесмен生意人，коммерсант商人，биржа交易所，биржевик（交易所的）经纪人，акция股票，акционер股东，менеджер经理，менеджмент经营管理，инвестиция投资，инвестор投资人，банкротство破产，контрабанда走私，инфляция通货膨胀，дефицит赤字，компания，фирма公司，корпорация集团，агент代理，полис保险，чаевые小费，акционерное общество股份公司，акционерное общество с ограниченной/неограниченной ответственностью有限/无限责任股份公司，фондовая биржа证券交易所，курс валют汇率，инвестиционный банк投资银行，инвестиционная среда投资环境，等等。在大量旧经济词语复活的同时，源源不断地涌现出了众多新经济词语，同样可分为两大类：本民族的和源自外语的新词语。前者有：комок代售商店，челнок，челночник倒爷，несун从单位小拿小摸者，челночное путешествие倒爷跑生意，мягкая/твердая среда软/硬环境，等等；后者包括：холдинг控股公司，лизинг租赁，листинг列表，ваучер私有化证券，дилер经纪人，маркетинг市场营销，шоковая терапия休克疗法，приватизационный чек私有化证券，холдинговая компания控股公司，лизинговая фирма租赁公司，дилерская фирма经销公司，менеджер по маркетингу营销经理，等等。

Топонимика（地名学）作为语言学的一个分支，是一门跨越地理、历史、语言的综合学科。苏联解体后出现了大规模的**地名**更换运动，这与"俄罗斯民族是一个怀古心理很强的民族[1]"有关。伴随着苏联的解体，苏联的国旗和国徽被送进历史博物馆，新成立的俄罗斯联邦选用彼得大帝钦定的白蓝红三色国旗和带有双头鹰的国徽即可成为佐证。语言领域的复

1　顾亦瑾：《语言与文化——俄语语言国情学概论》，郑州：河南人民出版社，1991年，第91页。

古思潮也有迹可循，苏联解体后俄罗斯地名的更迭即是较为突出的表现之一。十月革命后，苏联政权曾用革命家、活动家、文学家、艺术家、科学家的名字来命名城市、街道、广场，如：原来的Петроград彼得格勒更名为Ленинград列宁格勒，Симбирск西姆比尔斯克改称Ульяновск乌里扬诺夫斯克（列宁的姓），Царицын察里津改叫Сталинград斯大林格勒，Нижний Новгород下诺夫哥罗德改称Горький高尔基，等等。但苏联解体后，这些城市又恢复了其革命前的名称。1989年4月在莫斯科召开了名为"历史名称是文化纪念碑"的全国科学实践研讨会，与会者的观点几乎都与Н.А.列文斯卡娅在会议述评中指出的那样："地名是认识人民历史、语言和文化的极为丰富的源泉。其中反映了人们物质和精神生活的各个方面：从事经济的方法、常见的手艺及行当、传统、习俗、信仰等。某些地名所提供信息的珍贵程度不亚于以往时代的书面史料。所以，对地名不能更换、歪曲，而应加以恢复和保护，赋予地名以民族历史和民族文化纪念碑的地位[1]。"研讨会开启了俄罗斯大规模地理更名的进程。综观80年代末—90年代初的地理更名运动，程家钧教授指出其具有的四个特点[2]：（1）非布尔什维克化；（2）非苏联化；（3）历史文化的回归；（4）街巷名、广场名传统模式的回归。如：多见于历史典籍和文学作品的城市名Нижний Новгород（下诺夫哥罗德）在苏联时期更名为Горький（高尔基，其诞生于此地），苏联解体后，又恢复了原名。这种新旧地名的更替，为俄语带来一些特殊的语言现象，如：双重地名、空名留存等：苏联时期成立的综合性展览中心ВДНХ – Выставка достижений народного хозяйства（国民经济成就展），在苏联解体后，更名为ВВЦ – Всероссийский выставочный центр（全俄展览中心），但在其附近的地铁站名ВДНХ没有更改，保留了下来。2013年11月，俄罗斯总统普京（В.В.Путин）签署法令将ВВЦ的股份转为莫斯科市所有，2014年3月，莫斯科市长萨比亚宁（С.С.Собянин）在考察ВВЦ时建议恢复其原名，与其一起进行考察的首都文化司司长卡普卡夫（С.А.

1　转引自，程家钧：《现代俄语与现代俄罗斯文化》，上海：上海外语教育出版社，1999年，第68页。

2　同上书，第77—82页。

Капков）指出，计划在此筹建展示俄罗斯联邦工业领域成就的大型公园（lenta.ru. 2014.3.26）。可以预见，在莫斯科市政府的领导与参与下，ВВЦ经过重修和改造后，将以全新的面貌示人。关于地名更替的问题，在俄罗斯引发了"该不该全盘实行非布尔什维克化、非苏联化"，"如何对多种历史名称进行取舍"，以及关于"当代人对旧地名的接纳程度如何[1]"的争论。可以说，纯语言问题在此包含着深层次的社会文化因素，解决起来着实应该慎之又慎。

十月革命后，苏维埃政权坚持无神论，进行反宗教宣传，宗教活动受到限制，信教人数大大减少，**宗教词语**的使用相对较少。戈尔巴乔夫的改革及苏联解体直接刺激了宗教活动的复苏，**宗教词语**开始广泛地进入社会生活，变为常用词语，如：Евангелие福音书，Библия圣经，Новый завет新约，Бог上帝，Христос基督，ангел 天使，патриарх大牧首，священник神父，священнослужитель神职人员，верующий 信徒，крещенный受洗的人，крещение洗礼，аминь阿门（祷告结尾用语），аллилуйя阿里路亚（赞美上帝用词），Православие东正教，церковь教堂，монастырь修道院，благотворительность行善，чистосердие心地纯正，духовность灵性，благообразие仪表端庄，добродетель美德，соборность同心同德。

新旧世纪之交，整个人类社会科学技术迅猛发展，特别是电脑和互联网技术空前发展并迅速普及，俄语中丰富和充实了大量**电子技术词语**，如：компьютер电脑，Интернет因特网，ноутбук笔记本电脑，мышка鼠标，факс传真，ксерокс复印，диск光盘，флэшка优盘，принтер打印机，форум论坛，спам垃圾邮件，чат聊天室，блог博客。

如果谈及词汇变化的方式，那么可以说，与苏联时期俄语标准语词汇的丰富和充实方式基本一致，苏联解体后俄语标准语词汇的变化也是通过以下几种方式实现的：（1）在俄语已有词汇的基础上借助构词手段产生新词；（2）在俄语已有词汇的基础上通过词义的扩大或缩小产生新词；（3）消极词汇和积极词汇的互相转化，即十月革命前已有的旧词复活，苏联时期特有的词汇淡

1　详见，程家钧：《现代俄语与现代俄罗斯文化》，上海：上海外语教育出版社，1999年，第84—85页。

出；（4）外来词涌入；（5）非标准语元素：俚语、黑话等入侵。

　　社会的发展需要对诸多新事物、新主体进行称名，由此提升了一系列构词模式的能产性，如表示人的后缀-ант, -ик, -ец, -вец, -щик：подписант签名人，номинант候选人，теневик搞不法经济活动者，бюджетник国家编制内的工作人员，公费生，боевик非政府系统的武装分子，путинец普京的追随者，лужковец卢日科夫的追随者；表进程、趋势的抽象名词后缀-ация，如：информатизация信息化，глобализация 全球化，электронизация 电子化，компьютеризация 电脑化；高能产型前缀раз/рас-, де-, пост-, 如：разбалансирование失衡，раскультуривание文化消失，расчеловечивание人性消失，десоветизация非苏联化，деполитизация非政治化，деидеологизация非意识形态化，постсоветский苏联解体后的，постперестроечный（戈尔巴乔夫）改革后的，постмодерн后现代派。高能产型后缀-щин-可用作构成大量具有贬义色彩的词语，如：нелегальщина非法活动，беспредельщина无法无天。俚语、黑话、外来语涌入俄语标准语后，作为生产词，构成了新词，如：тусовка聚会 – тусняк, тусовщик, тусоваться；ксерокс复印 – отксерить, ксерокопия。高能产型后缀-к-构成了大量多用于口语的缩略词语，如：наличка – наличные деньги现金，Ленинградка – Ленинградское шоссе列宁格勒公路，маршрутка – маршрутное такси跑固定线路的汽车，капиталка – капитальный ремонт大修，литературка – литературная газета文学报，совок – советский человек生活方式、行为方式、思想意识仍停留在苏联时代的人（含不赞色彩）。还存在其他类型的缩略语，如：БД – Белый дом白宫，ПК – персональный компьютер个人电脑，ЦБ – Центральный банк央行，БОМЖ- без определенного места жительства流浪汉，ОМОН – отряд милиции особого назначения 特警队，СМИ – средства массовой информации大众传媒，СВЧ-печь – сверхвысокочастотная печь微波炉，сисадмин – системный администратор系统管理员，масскульт或者маскульт – массовая культура大众文化，технопарк – технологический парк工业园，хозрасчет – хозяйственный расчет经济核算。需要指出的

是 БОМЖ，ОМОН 作为生产词，又构成了派生词，如：бомжиха 女流浪汉，бомжонок 小流浪汉，бомжевать 过流浪生活，омоновец 特警队队员，омоновский 特警队的。

词义的扩展或缩小是在已有词汇的基础上进行词汇派生的重要方式，苏联解体后主要表现为词义扩展，如：серый 灰色的，介于合法与非法之间的，афганцы 阿富汗人，参加过阿富汗战争的人，культовый 与宗教祭祀有关的，受欢迎的，престижный 有很高威信的，昂贵的、高品质的，пиратство 海上行劫，音像市场的非法盗版，челнок 织布用的梭子，国际倒爷；语义内涵及修辞色彩的变化，如：前文提及的 левый 左派，правый 右派，красный 红色的；诸多词汇由贬义转到中性色彩，如：чиновник 官员，диссидент 持不同政见者，бизнес 生意。

受到时代特征、价值观念的影响，诸多苏联时期少用或不用的沙皇俄国时期的旧词复活，进入积极词汇层，如：господин 先生，рынок 市场，предприниматель 企业家，лицей 中学，соборность 同心同德，благотворительность 行善。此类旧词不仅包括俄罗斯本民族的旧词，还包括早已进入俄语的外来词，如：менеджмент 经营管理，инвестиция 投资，коммерсант 商人。

受到西方文化的冲击，不同领域的新外来语大量涌入俄语，如 файл 文件，сайт 网站，имейл 电子邮件，чат 聊天室，спонсор 赞助商，фаст-фуд 快餐，плейбой 花花公子，рейтинг 支持率，排行榜，саммит 峰会，ток-шоу 脱口秀，бестселлер 畅销书，чипсы 薯条，薯片，имидж 形象，бренд 品牌，топ-модель 超模，скинхед 光头党，секонд-хенд 二手货，шопинг 血拼，采购，утечка мозгов 人才流失，мыльная опера 肥皂剧，отмывать деньги 洗钱，шоковая терапия 休克疗法。

受到口语化的影响，诸多非标准语元素渗入标准语，出现在报刊用语、公开发言中，如：заказать 雇凶杀人，тусовка 聚会，авторитет 罪犯头目，совок 生活方式、行为方式、思想意识仍停留在苏联时代的人，подогреть 贿赂，свалить 移民。

3. 俄语标准语语法的变化

苏联时期俄语标准语的词法变化已经呈现出分析语元素增多的趋势，新旧世纪之交，俄语的发展仍可以观察到分析语元素增长的现象[1]，具体表现为：

（1）不变格词汇增多，如：以-ин（о），-ов（о）结尾的地名：ждать в Шереметьево在谢尔梅捷沃机场等待；人名：Леонардо да Винчи达芬奇；带有术语штат（州），княжество（公国），королевство（王国）的外来地理名称短语：в штате Калифорния在加利福尼亚州，但需要注意в городе Москве, перед городом Москвой更符合规范；

（2）复数所属格的零词尾形式增多，如：грузин格鲁吉亚人，туркмен土库曼人，сапог靴子，яблок苹果，вольт伏特，чулок长筒袜，但носков（短袜）比较特殊；

（3）用表职业和社会地位的阳性名词指称女性的情况增多，如：менеджер经理，дизайнер设计师，президент总统，министр部长，ректор校长，космонавт宇航员，谓语按照"意义一致"的原则与其进行搭配。除此之外，还可观察到口语现象进入标准语词法体系，如：名词复数主格以-а结尾形式更多地使用在标准语中：бухгалтера会计，договора合同，кондуктора乘务员。

俄语句法方面的变化在一定程度上是语言其他层次变化的继续，如句法中也体现出分析语趋势，简洁化、口语化趋势。具体表现在多使用接续结构、分割结构、更注重意义一致等方面。可以认为这是20世纪中后期句法特征的普遍化、持续化，因此不再赘述。

4. 俄语标准语语音的变化

众所周知，语音领域的变化较为保守，但新旧世纪之交，仍可发现俄语语音的些许变化，这些变化主要表现为：

（1）简约发音体功能领域扩张[2]，即日常口头交际中的发音越来越多地进入

1　Юдина Н.В. Русский язык в XXI веке: кризис? эволюция? прогресс? . М.: Гноз. 2010. С. 108-111.
2　赵洁、李玉萍 当代俄语语音系统的变化，外语学刊，2013. No 4. 第54页。

大众传媒等正式交际场合，严谨发音规范正在消失，其使用领域正在缩小，具体表现为语音的脱落或紧缩，如：сейчас现在 – [щас]，тысяча千 – ты[ща]，здравствуйте 您好– здра[ст]вуйте，сколько多少 – с[ко]ко，никогда从来不 – ни[ка]да，Иванович 伊万诺维奇– Ива[ныч]；

（2）读音变体增多，如：акущёр产科医生– акушер，манёвр – маневр 手腕，策略，недоумённый – недоуменный 困惑不解的，декан系主任– д[э]кан，терапевт 内科医生– т[э]рапевт，термин术语– т[э]рмин，претензия 索赔– прет[э]зия；

（3）出现重音移动现象，如：重音更多地落在实词上，бе́з году неделя 很短的时间 – без го́да неделя，Око за о́ко, зуб за́ зуб以牙还牙– зуб за зу́б，на́ ветер слова бросать信口胡说– на ве́тер слова бросать，и́з году в год 年复一年 – из го́да в год，с гла́зу на́ глаз目不转睛– с гла́зу на гла́з，выйти и́з дому 出门– выйти из до́ма；外来语重音和俄语重音变体，如：ма́ркетинг 市场营销– марке́тинг，апарта́мент豪宅- апартаме́нт；不带前缀的动词过去式重音变体，如：зва́ла, зва́ло, зва́ли招呼 – звала́, звало́, зва́ли, ждала́, ждало́, жда́ли等待 – ждала́, ждало́, жда́ли；

（4）软辅音前辅音硬化趋势[1]，如：лю[б´]ви 爱情– лю[б]ви，ло[ф´]кий 灵活的– ло[ф]кий，ко[н´]сервы 罐头制品– ко[н]сервы。

5. 俄语标准语的发展趋势

综观最近二十多年来的俄语状况，可发现如下主要变化：新词语呈现雪崩之势；外来词语如热浪般涌入；语义转变迅速；十月革命前的旧词语复活；标准语与口语接触频繁；各语体相互渗透；俚语、黑话元素渗入报刊、电视、网络等大众传媒。众多俄罗斯学者的研究表明，新旧世纪之交的俄语变化趋势具有双重性和矛盾性，呈现出互相影响和互相渗透的诸多特点，而语言诸多变化的事实直观地展示了俄语的演变呈现出若干趋势正负两极的独特组合，如："大众化/自由

1　详见：Касаткин Л.Л. Процесс отвердения согласных перед мягкими согласными в современном русском языке. // Современный русский язык: активные процессы на рубеже XX-XXI веков. М.: Языки славянских культур. 2008. C. 271-309.

化"—"粗俗化/犯罪化";"国际化"—"崇洋化";"智能化"—"言语素养普遍降低"[1]。

(1) 大众化/自由化—粗俗化/犯罪化

俄语继续走"大众化""民主化""自由化"的道路。在这个过程中,俄语一方面,吸收大众口语的有益元素,使口语化成为现代文学、报刊媒体和演讲语言的主流,这在发音、词汇、句式、修辞、语法和篇章布局等各个方面均有表现;但,另一方面,受到社会变革、时代特征、价值观念的影响,俚语、黑话元素也渗入通用语言,广为流行,造成语言的粗俗化,甚至犯罪化,引起俄罗斯学者的高度重视,呼吁提高全民语言的品味。

(2) 国际化—崇洋化

诸多研究表明,外来词语在20—21世纪之交的俄语词汇变化中占相当比重。一方面,外来词语大大充实了俄语表达,丰富了俄语语言的世界图景,有效促进了不同文化间的交流与对话;另一方面,受崇洋思想、时髦因素的影响,外来词语使用过度,引起俄罗斯学者关注,呼吁保护语言的纯洁性。2000年俄罗斯政府发布法令,宣布成立俄语委员会,其任务之一即是保持俄语的纯洁性,防止外来语,特别是英语的侵袭。

(3) 智力化—言语素养的普遍降低

20世纪末,后现代主义思潮笼罩俄罗斯社会,这在语言上表现为:言语表述追求个性化,标新立异,与众不同;表述口气力求戏谑化,风趣幽默,甚至玩世不恭;表述方式"智力化",广泛使用文化联想、隐语暗示、借古讽今等手段[2]。21世纪初,全球迎来电子化、智能化、科技化的时代,众多科技语融入大众口语,成为通用词语。与此同时,在大众传媒中可发现言语素养普遍降低的现象,词汇、语法、修辞错误频出,引起俄罗斯学者注意,呼吁提高全民言语素养。

---

1 部分参考Юдина Н.В. Русский язык в XXI веке: кризис? эволюция? прогресс? . М.: Гноз. 2010. C.127-128.
2 李英男:《苏联解体后的俄语新变化》,《俄罗斯研究》,2005. No 3. 第80页。

本章小结

1. 20世纪末苏联社会剧变的影响波及了语言领域，特别是在活跃的词汇领域变化最为明显，但语言没有发生根本性的变化。

2. 俄语标准语词汇领域发生了新旧词汇更迭，积极词汇和消极词汇转化，外来语潮涌，俚语、黑话泛滥等变化趋势。

3. 俄语标准语语法的变化呈现为：分析语元素增多、口语化、简约化趋势明显。

4. 俄语标准语语音的变化有简约发音体功能领域扩张、读音变体增多、软辅音前辅音硬化的趋势。

5. 俄语标准语的总体发展呈现大众化、国际化、智力化趋势，有鉴于此，俄罗斯学者呼吁保护语言的纯洁性、提高全民语言的品味与言语素养。

参考书目

Абрамов Н. Словарь русских синонимов и сходных по смыслу выр. 7-е изд. М.: Русские словари, 1999.

Адрианова-Перетц В.П. Очерки по истории русской сатирической литературы XVII в. М.—Л., 1937.

Аксаков И.С. Биография Ф.И. Тютчева. М., 1886.

Аксаков К.С. Ломоносов в истории русской литературы и русского языка // Собр. соч. М., 1875. Т.2.

Баранникова Л.И. К проблеме соотношения русского литературного языка и общенародного койне. //Типы наддиалектных форм языка. М. 1981.

Бархударов С.Г. и др. Орфографический словарь русского языка. М.: Оникс. Мир и образование. 2007.

Бахтин М.М. Эстетика словесного творчества. М., 1986.

Белинский В. Г. Полн. собр. соч.: В 13 т. М.: Издательство Академии наук СССР, 1953–1959.

Белинский В.Г.Собр.соч.:В.3 т.М., 1948.Т.2.

Бельчиков Ю.А. О развитии русской лексики в советскую эпоху//Русский язык в школе. 1965.№ 6

Белявский М.Т. ...Все испытал и все проник. М., 1990.

Борковский В.И., Кузнецов П.С. Историческая грамматика русского языка. М., 1963.

Будагов Р.А. Литературные языки и языковые стили. М., 1967.

Будде К.Ф. Лекции по истории русского языка. 2-е изд.Казань, 1913.

Булич С.П. Очерк истории языкознания в России. СПб., 1904.

Буслаев Ф.И. Историческая грамматика русского языка. 5-е, изд. 1881.

Вестник Европы. 1811.Ч.59.

Виноградов В. В. «Язык Пушкина» М.-Л. 1935.

Виноградов В.В. Избр. труды: История русского литературного языка. М.: «Наука», 1978.

Виноградов В.В. Итоги обсуждения вопросов стилистики //Вопр. языкознания. 1955.№1.

Виноградов В.В. Основные проблемы и задачи изучения русского литературного языка донациональной эпохи. — В кн.: Славянские литературные языки в донациональный период (Тезисы докладов). М., 1969.

Виноградов В.В. Основные проблемы изучения, образования и развития древнерусского литературного языка. М., 1958.

Виноградов В.В. Очерки по истории русского литературного языка XVII-XIX веков. М.: Высш. школа, 1982.

Виноградов В.В. Проблемы литературных языков и закономерностей их образования и развития. М., 1967.

Виноградов В.В. Язык Гоголя и его значение в истории русского литературного языка. – Материалы и исследования по истории русского литературного языка. т. 3. М.-Л. 1953.

Виноградов В.В. Язык Лермонтова – Русский язык в школе.1938. №3.

Винокур Г.О. Избранные работы по русскому языку. М., 1959.

Винокур Г.О.История русского литературного языка / Общ.ред. С.Г.Бархударова. М.:Книжный дом «ЛИБРОКОМ» 2010.

Войловна К.А.и др. История русского литературного языка. М.: Дрофа. 2009.

Вомперский В.П. Стилистическое учение М.В.Ломоносова и теория трех стилей. М., 1970.

Воспоминания о В.И.Ленине: в 10 т .М.: Политиздат.1989—1990.

Вячеславовна Е.М. Заимствованная лексика западноевропейского происхождения в языке А.С.Пушкина. Автореф. Нижний Новгород, 2009.

Гоголь Н.В.Собр. соч. М., 1959.Т.6.

Горбачевич К.С. Нормы современного русского литературного языка. М., 1978.

Горшков А.И. История русского литературного языка. М., 1969.

Горшков А.И. Теория и история русского литературного языка. М., 1984.

Горшков А.И.Язык предпушкинской эпохи. М., 1982.

Горький М. О литературе. М.: Советский писатель. 1953.

Греч Н.И. Чтения о русском языке. СПб., 1840. Ч.1.

Гуковский Г.А. Тредиаковский как теоретик литературы// Русская литература XVIII века. М. -Л., 1965. Сб.6.

Ефимов А.И. История русского литературного языка. М.: Учпедгиз. 1961.

Зализняк А.А. Грамматический словарь русского языка. М.: АСТ-Пресс Книга. 2008.

Золотова Г.А., Онипенко Н.К., Сидорова М.Ю. Коммуникативная грамматика русского языка. М., 1998.

Исаченко А.В. К вопросу о периодизации истории русского языка. — в кн.: Вопросы теории и истории русского языка. Л., 1963.

Калайдович И.Ф. Опыт правил для составления русского производного словаря//Труды Об-ва любителей российской словесности. 1824.Ч.5.

Камчатнов А.М. История русского лит. языка XI-первая половина XIX века. М.: Академия. 2008.

Карамзин Н.М.Избр. соч.М. -Л., 1964. Т.2.

Карамзин Н.М.Соч. Т.2. Москва — Ленинград: Художественная литература. 1964.

Касаткин Л.Л. Процесс отвердения согласных перед мягкими согласными в современном русском языке. // Современный русский язык: активные процессы на рубеже XX-XXI веков. М.: Языки славянских культур. 2008.

Князькова Г.П. О некоторых аспектах изучения просторечия 50-70-х годов XVIII в.// Очерки по истории русского языка и литературы XVIII в. Казань. 1969.

Ковалев А.Н. Азбука дипломатии. 2-е изд. М.: Международные отношения. 1968.

Ковалевская Е.Г. История русского литературного языка. М.: Просвещение. 1978.

Кожин А.Н. Литературный язык Московской Руси. М.: Русский язык, 1984.

Кожин А.Н., Крылова О.А., Одинцов В.В. Функциональные типы русской речи.

М., 1982.

Котков С.И. Московская речь в начальный период становления русского национального языка. М., 1974.

Курц Й. Роль церковнославянского языка как международного (культурного) языка славян. — В кн.: IV международный съезд славистов. Материалы и дискуссии, т.II. проблемы славянского языкознания. М., 1962.

Кустарева М.А. История русского литературного языка. М., 1971.Ч.1.

Ларин Б.А. Лекции по истории русского литературного языка (X-середина XVIII в.) СПБ., «Авалон», «Азбука-классика».2005.

Ларин Б.А. Лекции по истории русского литературного языка (X-середина XVIII в.). М.,1975.

Левин В.Д. Краткий очерк истории русского литературного языка. М., 1958.

Левин В.Д. Очерк стилистики русского литературного языка конца XVIII — начала XIX в. Лексика. М., 1964.

Ленин – журналист и редактор. М.: Гослитиздт. 1960.

Ленин В.И.Полн. собр. соч. 5-е изд. М.: Изд. Политической литературы. 1967—1975.

Лингвистический энциклопедический словарь. МОСКВА: «СОВЕТСКАЯ ЭНЦИКЛОПЕДИЯ», 1990.

Лихачев Д.С. «Задонщина» и «Повесть о разорении Рязани Батыем»//Древняя Русь и славяне. М., 1978.

Лихачев Д.С. Некоторые задачи изучения второго южнославянского влияния в России. М., 1958.

Ломоносов М.В. Полн.собр.соч. М.-Л., 1952.Т.7.

Лудольф Г.-В. Русская грамматика (Оксфорд, 1696).Л., 1937.

Лурье Я.С. Проблемы изучения русского летописания. — В кн.: Пути изучения древнерусской литературы и письменности. Л., 1970.

Материалы и исследования по истории русского литературного языка. М., 1953. Т.3.

Мещерский Н.А. История русского литературного языка. Л., 1981.

Миллер В. Экскурсы в область русского народного эпоса. М., 1892.

Милов Л.В. К истории текста закона судного людем краткой редакции. — Советское славяноведение, 1978, №6.

Мурьянов М.Ф. К интерпретации старославянских цветообозначений. — ВЯ, 1978, №5.

Новиков Н.И. Избр. соч. М.-Л.1951.

О типах письма см.: Дьяконов И.П. Письмо. — БСЭ.2-е изд. М., 1975.

Орлов А. С., Язык русских писателей, М. — Л., 1948.

Памятники деловой письменности XVIII в. М.,1981.

Прижимова Е.Н. Кирилло-мефодиевский вопрос в болгарской историографии второй половины XVIII в. — Советское славяноведение, 1974, №4б.

Пушкин А.С. О предисловии Лемонте к переводу басен И.А.Крылова. — Соч., т. 8, СПб., 1887.

Ремнева М.Л. Пути развития русского литературного языка XI-XVII вв. М., 2003.

Розов Н.Н. Древнейший памятник русской литературы в издании и интерпретации современного немецкого ученого. — Изд. АН СССР. Отд. Литер. и языка, 1973, т. 22, вып. 5.

Русские писатели о языке. \\Под общей редакцией Докусова А.М. - Ленинград: Учпедгиз, 1954 .

Русский первопечатник: «Азбука» Ивана Фёдорова 1578 г. М., 2000.

Русский язык и советское общество. Под ред.: М.В. Панов. М.: Наука. 1968.

Русский язык: Энциклопедия/ Под ред.Ф.П.Филина. М., 1979.

Селищев А.М. О языке «русской правды» в связи с вопросом о древнейшем типе русского литературного языка//Вопр. Языкознания. 1957. №4.

Сиротинина О.Б. Некоторые жанрово-стилистические изменения советской публикации // Развитие функциональных стилей современного русского языка. М.:Наука, 1968.

Словарь русского языка. СПБ: Императорская Академия Наук. 1895.

Словарь церковно-славянского и русского языка. СПБ: Имп. Академия Наук. 1847.

Смирнов Н.А. Западное влияние на русский язык в Петровскую эпоху. СПб.,

1910.

Современный русский язык: Активные процессы на рубеже XX-XXI веков. М.: Языки славянских культур. 2008.

Солганик Г.Я. Стилистика текста. М., 2002.

Сомов О.М. Обзор российской словесности// Северные цветы на 1831.

Судавичене Л.В. и др. История русского лит. языка. Ленинград: Просвещение. 1990.

Сумароков А.П. Избр. произведения. Л., 1957.Т.2.

Сын Отечества. 1822. Ч.77.№20.

Томашевский Б.В.Язык и литература. — В кн.: Вопросы литературоведения в свете трудов И.В.Сталина по языкознанию. М., 1951.

Тредиаковский В.К.Стихотворения. Л., 1935.

Труды Отдела древнерусской литературы: Памятники российской словесности XII века. М.-Л.,1957.Т.13.

Тургенев И.С. Собр. соч.. В 12 т. М.: Художественная литература. 1976—1979.

Успенский Б.А. «Краткий очерк истории русского литературного языка (XI-XIX вв.» М. «Гнозис» 1994.

Успенский Б.А. История русского литературного языка (XI--XVII вв.). — 3-е изд. — М., 2002.

Успенский Б.А.Из истории русского литературного языка XVIII — начала XIX века. — М., 1985.

Устинов И.В. Очерки по истории русского языка. Ч.2.

Ушаков Д.Н.Русский язык. М., 1995.

Филин Ф.П. Истоки и судьбы русского литературного языка. Изд. 2-е. М.: КРАСАНД, 2010.

Филин Ф.П. Истоки и судьбы русского литературного языка. М., 1981.

Цейтлин Р.М. Лексика старославянского языка (Опыт анализа мотивированных слов по данным древнеболгарских рукописей X—XI вв.) АДД.М., 1973.

Цейтлин Р.М. Лексика старославянского языка. Опыт анализа мотивированных слов по данным древнеболгарских рукописей X-XI вв./ М., 1977.

Шахматов А.А. Введение в курс истории русского языка. Ч.1: Исторический процесс образования русских племен и наречий. Пг., 1916.

Шведова Н.Ю. Активные процессы в современном русском синтаксисе（словосочетание）. М.:Просвещение. 1966.

Шевырев С. История русской словесности, преимущественно древней. М., 1846.

Шкляревский Г.И.История русского литературного языка. Харьков, 1967.

Щерба Л.В. Избранные работы по русскому языку. Государственное учебно-педагогическое издательство Министерства Просвещения РСФСР, 1957.

Щербакова Н.Н. Словообразовательные особенности русской просторечной лексики XVIII века. Омск. 2006.

Юдина Н.В. Русский язык в XXI веке: кризис? эволюция? прогресс? . М.: Гноз. 2010.

Юшков С.В. Русская правда по древнейшему списку: происхождение, источники, её значение. М., 1950.

《聪明误》，李锡胤译注，北京：商务印书馆，1983年。
《莱蒙托夫诗歌精选》，余振译，太原：北岳文艺出版社，2010年。
《穆旦译文集》，第5卷，北京：人民文学出版社，2005年。
《普希金全集》，第3卷，石家庄：河北教育出版社，1999年。
《十七世纪俄国文学作品选读》，左少兴编译注，北京：北京大学出版社，2013年。
《叶甫盖尼·奥涅金》，智量译，武汉：长江文艺出版社，2010年。
《伊戈尔远征记》，魏荒弩译，北京：人民文学出版社，1991年。
程家钧：《现代俄语与现代俄罗斯文化》，上海：上海外语教育出版社，1999年。
顾亦瑾：《语言与文化——俄语语言国情学概论》，郑州：河南人民出版社，1991年。
李英男：《苏联解体后的俄语新变化》，《俄罗斯研究》，2005. № 3。
张会森：《现代俄语的变化和发展》，北京：人民教育出版社，1984年。
赵洁、李玉萍：《当代俄语语音系统的变化》，《外语学刊》，2013. № 4。